汉译世界学术名著丛书

世界的逻辑构造

〔德〕卡尔纳普 著

陈启伟 译

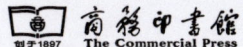

Rudolf Carnap

DER LOGISCHE AUFBAU DER WELT

Felix Meiner, Hamburg 1961

本书根据 Felix Meiner 出版社 1961 年版译出

汉译世界学术名著丛书
出 版 说 明

我馆历来重视移译世界各国学术名著。从20世纪50年代起，更致力于翻译出版马克思主义诞生以前的古典学术著作，同时适当介绍当代具有定评的各派代表作品。我们确信只有用人类创造的全部知识财富来丰富自己的头脑，才能够建成现代化的社会主义社会。这些书籍所蕴藏的思想财富和学术价值，为学人所熟悉，毋需赘述。这些译本过去以单行本印行，难见系统，汇编为丛书，才能相得益彰，蔚为大观，既便于研读查考，又利于文化积累。为此，我们从1981年着手分辑刊行，至2021年已先后分十九辑印行名著850种。现继续编印第二十辑，到2022年出版至900种。今后在积累单本著作的基础上仍将陆续以名著版印行。希望海内外读书界、著译界给我们批评、建议，帮助我们把这套丛书出得更好。

商务印书馆编辑部
2021年9月

中译本序

《世界的逻辑构造》是卡尔纳普早期的一部代表作,也是维也纳学派的经典著作之一。

《世界的逻辑构造》的初稿是卡尔纳普在1922—1925年间酝酿和写成的。后来在维也纳学派内部经过讨论,卡尔纳普改竣,于1928年出版。

卡尔纳普写作此书的思想背景,据他自己所述,情况是这样的。

卡尔纳普是学物理和数学出身的,在耶拿大学曾受业于弗雷格门下,因而尤精于现代数理逻辑。在哲学上,卡尔纳普早年曾受新康德派的影响,他最早的一些作品(《空间。论科学哲学》,1921年;《论物理学的任务和简化原则之应用》,1923年;《空间的三维性和因果性:关于两种虚构的逻辑关系之研究》,1924年;《论空间属性对时间属性的依存》,1925年;《物理学概念的形成》,1926年;《本原的概念和非本原的概念》,1927年)中可以看到这种影响的深刻印迹。同时他也受到马赫实证论和经验论的影响,而且这种影响愈来愈大,使卡尔纳普完全走上了实证论的道路。但是,正如卡尔纳普自己所说:"对我的哲学思想影响最大的是弗雷格和罗素。"① 从弗雷格

---

① "思想自传",载《卡尔纳普哲学》,希尔普编,1968年版,第12页。

那里,他不仅学会了"缜密而清晰地分析概念和语言表达式",而且根据弗雷格关于逻辑与数学为一切知识领域提供逻辑形式的"至为重要"的观点,特别注意它们"在非逻辑的领域,尤其在经验科学中的应用"[①];卡尔纳普在1919年就研读了罗素和怀特海合作的巨著《数学原理》,1921年又读了罗素的《我们关于外间世界的知识》。罗素在后一著作中号召未来的哲学家运用从数理逻辑中提升为一种哲学方法的"逻辑分析"去探讨和澄清哲学问题,卡尔纳普说:"我觉得这个呼吁仿佛是向我个人发出的。从今以后我的任务就是以这种精神去工作!的确,此后我的哲学活动的基本目标就是应用这种新的逻辑工具去分析科学概念和澄清哲学问题。"[②] 从1922年到1925年,卡尔纳普正是按照这个基本目标进行了大量的紧张的哲学工作,"在分析与我们周围的事物及其可观察特性和关系有关的普通语言的概念和借助符号逻辑来构造这些概念的定义方面,做了许多的尝试"[③]。这些尝试的主要结果就是《世界的逻辑构造》一书。

一、构造系统的方法论原则

卡尔纳普说,《世界的逻辑构造》旨在"提出一个关于对象或概念的认识论的逻辑的系统,提出一个'构造系统'"。哲学家们曾经提出种种的概念系统,主要是把概念加以分类并研究它们的区别和关系;概念的构造系统与此不同,"是要把一切概念都从某些基本

---

① "思想自传",载《卡尔纳普哲学》,希尔普编,1968年版,第12页。
② 同上书,第13页。
③ 同上书,第16页。

概念中逐步地引导出来、'构造'出来，从而产生一个概念的系谱"。

建立这样一种概念的构造系统，必须应用由弗雷格和罗素肇始的"逻辑斯蒂"即现代数理逻辑的逻辑分析方法。弗雷格和罗素首先将这种方法用之于数学的分析，指出纯数学的一切概念都可根据一个基本的逻辑概念（在他们看来就是类的概念）通过逐步的定义而引导出来；罗素和怀特海在《数学原理》中就建立了一个宏大的数学概念的构造系统。如卡尔纳普所说，罗素和怀特海曾经设想将逻辑分析方法应用于"非逻辑对象"，即逻辑和数学领域之外的对象，亦即经验科学和日常生活所涉及的所谓外间世界的对象。罗素在《我们关于外间世界的知识》等著作中就已着手外间世界构造的工作。罗素通过对我们关于外间世界的知识的逻辑分析，指出外间世界的知识问题归根结底是世界的究极成分的感觉材料与物质、空间、时间等等的关系问题，即一方面把物质、空间、时间等等外间世界的概念分析为（也就是还原到）感觉材料；另一方面又从感觉材料把它们构造出来，一切外间世界的对象都是感觉材料的"逻辑构造"，罗素也称之为"逻辑虚构"。罗素说这种逻辑构造的方法是一把有力的"奥康剃刀"，可以把一切不是由感觉材料构造出来而仅仅是被设定、被推论出来的东西统统剃掉。因此，他说："科学的哲学研究的最高准则是：凡是可能的地方，就要用逻辑构造代替推论出的存在物。"[①]

卡尔纳普说，他在《世界的逻辑构造》一书所遵循的就是罗素

---

① 罗素："感觉材料和物理学的关系"，载《神秘主义和逻辑》，1918年版，第150页。

提出的这个"方法论原则"。不过,卡尔纳普认为,这个原则在罗素那里并没有得到完全的贯彻。例如,罗素在《我们关于外间世界的知识》中只是致力于对日常感官世界和物理学世界的分析,在感觉材料的基础上构造属于这些世界的存在物,对于他人心理的对象和社会人文领域的对象则不曾涉及,而且他甚至认为,关于他人的心,"不可能没有某种推论的成分而被认识",它们是他所"容许"的一类"推论出的存在物"。[①] 这显然与他的逻辑构造原则是矛盾的,卡尔纳普批评他对这个原则"尚未在逻辑上予以贯彻",是很对的。

与罗素不同,卡尔纳普则力图将罗素构造理论的方法论原则贯彻到底,他说:"我们将比罗素更为彻底地应用这个原则。"所谓彻底,就是要毫无例外地把一切知识领域的对象或概念(卡尔纳普说他是在同一含义上使用对象和概念的)都从某种基本对象或基本概念中构造出来。

卡尔纳普把这样一个构造系统也称为一种"理性的重构",因为一切知识领域中旧有的概念或对象都是通过分析被还原到作为系统之基础的基本概念或基本对象再构造出来的。更确切地说,这种还原是把关于一切旧有概念或对象的命题都还原或转换为关于基本概念或基本对象的命题。卡尔纳普说,这也就是给这些概念以新的定义,所以,"所谓理性重构"就是"指给旧的概念找出新的定义",于是形成"一个系统的概念结构"。既然这整个的概念或对象系统是在同一基础上建立或构造出来的,那么我们就可以把一切知识领

[①] 罗素:"感觉材料和物理学的关系",载《神秘主义和逻辑》,1918年版,第151—152页。

域的概念或对象看作实际上属于一个统一的领域,甚至可以说"只有一个对象领域,因而也只有一种科学"。这也就是维也纳学派后来大力加以阐发和宣传的"科学统一"或"统一科学"的思想。当然,这不是要抹煞各门科学及其对象的种类差别,卡尔纳普把不同种类的对象也称之为不同领域的对象,并且认为"领域混淆"是哲学上错误的一个重要根源。但是我们不能把这些不同种类的对象视为"互不相关的领域",而是要按不同的层次或等级把它们安排在由同一基础建立起来的统一的系统中。建立一个构造系统,就是"建立一个按等级顺序排列起来的对象(或概念)系统"。这样的系统就仿佛是一个概念或对象的"系谱"。

二、构造系统的基础和系统形式的选择

构造系统作为一个有等级顺序的"系谱",其中每一等级的对象都是在较低等级对象的基础上"构造"出来的。因此,我们在进行系统的构造时,首先必须选择作为整个系统之最后亦即最初基础的基本概念或基本对象,卡尔纳普说:"首先,我们必须选择一个出发点,即所有其他对象都以此为基础的一个最初的等级";系统的基础一旦选定,那么由此出发,"从各种对象种类高低层次划分中获得"的系统的"总形式"也就可以确定了。

卡尔纳普认为,在建立概念或对象的构造系统时,对其基础和系统形式的选择有多种可能性。说到底,其实主要是两种可能的选择,一是具有物理基础的系统形式,一是具有心理基础的系统形式。

具有物理基础的系统形式,就是"把系统的基础放在物理的对

象域中",而将所有其他领域的对象(心理对象、社会人文对象)都"还原为物理对象"。至于这种物理基础可有三种不同的选择:电子及其时空关系;四维时空连续统的时空点及其在连续统上的位置等关系;世界点及其一致性和特定的时间关系。卡尔纳普说,"根据这样一种物理基础构造出物理对象之后",我们就可以按照其他对象(心理对象、社会人文对象)之还原为物理对象的可能性而把它们构造出来。卡尔纳普认为,具有物理基础的系统形式的优点在于,作为其基础的物理对象的过程具有明显的规律性,在此系统形式中由物理对象构造出来的心理对象和社会人文对象"也被安排在这个有规律的全体事件中"。这样的系统形式与实际科学的任务是一致的,因为科学就是要一方面"发现普遍规律",另一方面"把个别的现象包摄于普遍规律之下来说明这些现象",因此"从实际科学的观点看",可以说具有物理基础的构造系统表现了"最适当的概念次序"。卡尔纳普在这里关于构造具有物理基础的系统形式的可能性的讨论实已暗伏了他后来向"物理主义"转变的因由。他说,他到了30年代初提出"物理主义",就是因为在他看来,具有物理基础的构造系统"特别适于把实际科学的概念系统加以理性的重构"。

在《世界的逻辑构造》中,卡尔纳普没有采取具有物理基础的系统形式。其理由不是逻辑方面的,而是认识论上的。这种系统形式按照其他各种对象之还原为其物理基础的可能性而加以逻辑的次序安排,从实际科学的观点看固极适当,但是从认识论的观点看却非如此。所谓认识论的观点,就是根据"认识在先性"的原则看问题。如果我们对一个对象的认识是以对另一个对象的认识为前提的,或者说是以之为中介的,那么我们就称后者为认识在先的。卡尔纳普要求在建立构造系统时,"不仅要就其可还原性来表现对象的次序,而且要就其认识上的在先性来表现对象的次序"。在他看来,具有物理基础的系统形式不能满足这个逻辑次序与认识次序相统一的要求,因为作为这个系统的起点的物理对象在认识上是后于我们的直接经验的,在认识次序上不是在先的。因此,卡尔纳普说:"从认识论的观点出发,我们将提出另一种概念次序",这就是一种具有心理基础的系统形式,更确切地说,是具有自我心理基础的系统形式。因为可以有两种具有心理基础的系统形式:"一种以整个心理的对象域为基础,另一种只以自我心理的东西为基础。"第一种系统形式不可能完全遵循认识在先性的原则,因为对他人心理的认识是以对物理对象的认识为中介的。"为了表现对象的认识次序,我们只能采用第二种具有自我心理基础的系统形式。"卡尔纳普说,对自我心理过程的认识"不需要以物理对象为任何中介,而是直接发生的"。就其与物理对象的关系来说,"自我心理对象在认识上是在先的,反之他人心理对象是随后的。因此我们将从自我心理对象构造物理对象,从物理对象构造他人心理对象"。

在《世界的逻辑构造》中,卡尔纳普在自我心理基础即自我经验或直接经验的基础上构造其概念或对象系统,这种观点被称为"现象主义"的。卡尔纳普曾一再表明,他选择现象主义的系统形式是深受马赫主义的实证主义和罗素在感觉材料的基础上构造外间世界的现象主义观点的影响,不过卡尔纳普在那时和后来都曾反复申明,他的现象主义只是在构造概念系统时采取的一种语言形式,只具有方法论的意义,而不是一个形而上学的体系。例如他说:"即使在我们(指维也纳学派——引者)的运动而特别是我的思想的早期现象主义阶段,我们也不曾接受一种形而上学的现象主义,而只是主张一种'方法论的现象主义'(如果可以使用这个词的话),意即优先选择一种在现象主义的基础上构造的语言。"① 在卡尔纳普看来,马赫也好,罗素也好,其现象主义似乎都没有脱掉形而上学的意味,这又是卡尔纳普的"方法论的"或"语言的"现象主义之有别于他们的地方。

三、构造系统的基础:
基本要素和基本关系

《世界的逻辑构造》中的系统是以自我心理对象为基础的,所谓基础,又可分为两个部分:基本要素和基本关系。基本要素是"作为最低构造阶段的对象",但是,只有基本要素而没有某种基本关系将其纳入关系结构,也不可能从基本要素进一步构造其他的对象。卡尔纳普认为,基本关系"在构造的意义上先于"基本要素,是构造系统的"开端"。那么,什么是基本要素?什么是基本关系?

(一)原初经验之为基本要素

按照认识在先性的原则,作为构造一切其他对象的基本要素应当是"在认识上先于一切他物的东西",这就是不经任何中介而被直接经验到的东西,亦即现代哲学家们所谓之"所予"。但是,对

---

① "回答和系统说明",载《卡尔纳普哲学》,希尔普编,1968年版,第867页。

于所予的性质，人们的看法是不同的。马赫认为所予即感觉，在罗素那里，所予是感觉材料，它们都是一个个原子式的离散的感觉要素。卡尔纳普不赞成这种观点。在20年代，他受到格式塔心理学的影响，认为"新近心理学研究愈来愈证实，在各个感觉道中，全体印象是认识在先的，只是通过抽象才由之得到所谓个别感觉，后来人们才习惯地把知觉说成是由这些个别的感觉'组成'的"。实际上，最初的直接的所予乃是一种"作为总体和不可分的单元的经验本身"，他把这种经验叫作"原初经验"，也称之为"经验流"。他说："原初经验应当是我们构造系统的基本要素。前科学知识和科学知识的其他一切对象都应在这个基础上构造出来。"

作为基本要素的原初经验被称为系统的自我心理基础，这样，它似乎就是某个单独的主体即自我的经验，由此去构造一切其他对象，这当然也可以说是一种"唯我论"。但是，卡尔纳普特地指出，如果把这称为唯我论，那么这"只是应用了唯我论的形式、方法，而非认可它的论点的内容"，即"认为只有一个主体及其经验是实在的，其他的主体是非实在的"，所以这种唯我论"可以说是一种'方法论的唯我论'"。事实上，"在构造系统的开端，还不存在实在对象和非实在对象的区别"；"最初既谈不上其他主体，也谈不上我"；"我们必须否定在原初经验中有任何的二重性，像人们常常假定的那样，例如'主客相关'及其他等等"，一切经验"最初都是单纯未分的经验，而自我与对象之分乃是加工制作的结果"。总之，在原初经验中，还没有"你"、"我"之分，"主体"、"客体"之分，在单个意义上，它是"中立的"要素，"就是说，其本身既非心理的，亦非物理的"。如果把原初经验称为所予，那么这并不意味着它是被给予某人或某个主体的，所予不属于任何主体，"所予是无主体的"。

（二）以原初经验间的相似性记忆为基本关系

卡尔纳普说:"要确定一种构造系统的基础,除了基本要素之外,我们还须做一些(对基本要素的)初始的次序安排,否则我们就不可能从基本要素出发而做出任何构造。"由于被选定为基本要素的原初经验或经验流是统一而不可分的单元,因此对它们的初始的次序安排不能采取分类的形式,而应当采取关系的形式,"我们必须选择(一种或者更多的)基本关系作为最初的次序安排的概念"。卡尔纳普认为,在构造系统的基础中,基本关系比基本要素更基本,我们甚至可以说:"基本关系,而非基本要素,构成了系统的不予定义的基本概念;基本要素则只是由这些基本关系构造出来的。"卡尔纳普认为,这种基本关系虽然可以有多个,但是,最后归溯到一个就足够了。这个唯一的基本关系就是原初经验间的相似性的记忆(第78节)。这个基本关系的关系项是两个原初经验,其中一个先于另一个且与另一个相似(或部分相似)。要知道这两个原初经验是相似的,我们必须把在先的原初经验的记忆印象与在后的另一个当下的原初经验相比较,因此这里就包含了记忆。卡尔纳普在《世界的逻辑构造》中就是从原初经验间的相似性记忆这种基本关系出发,逐步推导、构造出各个等级、各个种类的对象来的。

四、各个等级对象的构造

前面提到,卡尔纳普要建立的构造系统是一个按等级次序排列的概念或对象的系谱。他把对象分为四大种类:自我心理的对象、物理的对象、他人心理的对象、社会人文的对象（卡尔纳普原文为"精神的对象"，我们在译文中亦按原文译为精神的对象）；其中自我心理的对象为低等级对象，物理的对象为中间等级对象，他人心理的对象和社会人文的对象为高等级对象。

卡尔纳普说，对构造系统的表述，最精确的是逻辑斯蒂即符号逻辑的语言，但为了便于读者理解，他同时使用了其他三种语言表达形式：语词文字的意译、科学惯用的实在论语言、虚拟构造的语言。不过，事实上，卡尔纳普只在表述低等级对象即自我心理对象的构造定义时使用了符号语言，对其他领域对象的构造都不曾提供符号语言表达的定义。下面我们以普通语言的表述形式简略地介绍一下卡尔纳普对各个领域对象的构造程序和内容。

低等级：自我心理对象的构造。首先，从基本关系构造出基本要素，这就是把"原初经验"定义为"相似性记忆"关系的关系项；然后将彼此含有相似成分的两个原初经验的关系定义为"部分相似性"；基于部分相似性可构造出"相似圈"，"相似圈"是彼此有部分相似性的那些性质的可能最大的类；"性质类"被定义为代表原初经验的某种共同的东西的对象；根据性质间的相似性关系，我们可对感觉道进行分类，把由同一感觉道构成的类称为"官觉类"；由此将视官觉定义为具有五维度（即色调、饱和性、亮度、高度和宽度）的官觉类；在一个官觉类内，就其相似性来说，诸性质的次序是由它们的邻近关系规定的；邻近关系具有一定的维数；视野是作为邻近位置的二维次序被构造的；颜色体被定义为邻近颜色的次序并且是三维（色调、饱和度和亮度）的；在定义或构造了性质类和官觉类之后，我们就可以构造作为个别经验成分的感觉了，感觉被定义为一个原初经验及属于它的一个性质类的有序偶；卡尔纳普认为，在这个构造过程中，我们不仅有了空间次序（如视野位置），而且有了时间顺序，因为原初经验的相似性记忆关系就包含着一个经验要素在另一个之先的时间前后顺序，不过这还是一个"先行的、尚不完整和无严密序列的时间次序的关系"。至此就完成了对系统的低等级对象即自我心理对象的构造，从而进入对中间等级对象的构造。

中间等级：物理对象的构造。物理对象又分为知觉的世界和物理学的世界。知觉的世界的构造是从时空世界的构造开始的。时空世界被定义为被赋以颜色（或其他官觉性质）的世界点的类。时间和空间是作为世界点的四维的次序由这些点构造出来的。视觉的事物是在一束世界线内在一段较长的时间保持邻近关系的那些世界点的类。触觉的事物也是以同样的方式构造的。视觉触觉事物中最重要的是"我的身体"。感觉器官是身体的部分，由感觉器官的概念可进而构造各种官觉性质；借助于这些东西，我们就可以把一切意识过程和无意识的心理过程构造出来了，这时才出现了"自我"。各种官觉性质之被赋予世界点，就从视觉触觉事物得到知觉的事物，构造出"知觉的世界"。通过消除官觉性质而代之以数量值，我们就进入了"物理学的世界"。在物理学世界中被赋予世界点的不是性质，而是数，即物理状态值。因此，物理学世界是一个主体间化的世界，而且有严格的可以数学表述的规律适用于它。由此我们就可以对从无机物到有机物，从植物、动物到人的物理对象的全部领域加以特征描述和构造了。人作为生物学上有机体分类的一个类，既包括"我的身体"，也包括"其他的人"。"其他的人"构成一个对象种类，对于构造系统具有特殊的重要性，他人心理的构造和更高级的对象的构造都与这个对象种类有联系。

高等级：他人心理对象和社会人文对象的构造。他人心理对象的构造在于借助表达关系把心理过程赋予一个他人的身体；如果我们对人的中枢神经过程与其相应的心理过程的联系有确切的认识，那么也可以根据这种心物关系来构造他人心理的对象。我们还利用他人的语言表达和他人的报道来构造他人心理。正如"我的世界"是从"我的经验"构造出来的，他人的世界是从他人的被构造的经验中构造出来的。他人世界的对象与我的世界的对象有一种主体间相互配置关系。在我的对象系统和他人的对象系统中彼此主体间相互配置的那些对象的类被称为"主体间的对象"，它们构成"主体间的世界"。这是科学的真正的对象领域。至于社会人文对象（精神对象）的构造，首先和主要是根据"显现关系"。最初的社会人文对象是完全根据它们的显现，即根据那些使它们现实化或表现出来的心理过程构造出来的。在最初的社会人文对象的基础上我们可以构造出所有的社会人文领域的对象，即经济、政治、法律、语言、艺术、科学、技术、宗教等等的产物、性质、关系、过程、状况等等。卡尔纳普特别指出，社会人文对象虽然是由心理的东西构造出来的，但这决不意味着把它们"心理化"了，因为社会人文对象已构成一个新的对象领域。

五、逻辑构造与反形而上学

卡尔纳普认为，构造系统的建立，从积极方面说，给出了一个概念的系谱，把一切科学的概念都纳入一个既是逻辑的也是认识论的次序的系统而予以重构；从消极方面说，则使许多重大的传统哲学问题得以澄清，从而划清科学和形而上学的界限。卡尔纳普在《世界的逻辑构造》一书的最后一部分中就是根据其构造理论对若干哲学问题（如本质问题、心物问题、实在问题等）进行讨论，加以澄清。我们这里不去介绍卡尔纳普对这些问题的具体论述，而只就其对构造系统的概念和形而上学的概念的区别的论述略做说明。

卡尔纳普认为，形而上学是"超科学的理论形式"。形而上学的概念，例如形而上学的实在概念，"只在传统哲学中才有，在实际科学中是没有的"。卡尔纳普说，形而上学的实在概念赋予"实在"一种"特殊的意义"，而"以对于认识着的意识的独立性为其特征"。卡尔纳普认为，这样的概念就是超乎经验的，不可能被安排在一个具有自我心理基础即建立在直接经验之上的构造系统中，也就是说不可能将这种概念的命题还原为原初经验的命题，而这种还原就是指出其构造的条件，亦即"经验确证的"条件，或者说赋以"可证实的形式"。这里，卡尔纳普实际上提出了一个区分科学和形而上学的标准：可构造性亦即可证实性的标准。他说："只有从基本对象出发构造出一个对象后，先前对此对象所做的论断才成为严格意义上的科学命题。因为只有对象的构造式——把此对象的命题翻译为基本对象即原初经验关系的命题的规则——才给这些命题一种可证实的意义。证实意即根据经验进行检验。"由此可见，可构造性、可证实性不仅是区分科学和形而上学的标准，而且是区分命题之有意义和无意义的标准。形而上学的概念和命题不可能在一个构造系统中构造出来，不可能被还原或翻译为原初经验关系的命题，因而不可根据经验加以检验，所以缺乏可证实的意义，或者如卡尔纳普在也发表于1928年的"哲学上的似是而非问题"中所说,形而上学命题都是"似是而非的无意义的陈述"。

不过,这里有两点值得指出来。第一,卡尔纳普在《世界的逻辑构造》中关于命题意义标准的表述与维也纳学派最初提出的(实际来自于维特根斯坦)"命题的意义是它的证实方法"的说法是有区别的,后者是讲实际的证实,前者则强调:"每个合法的科学概念在构造系统中原则上都有其确定的位置(在原则上,就是说,并非今天就已有其位置,而是在科学知识发展的一个可以设想的更高阶段上会有其位置)","一切由科学概念构成的命题原则上都可确定其真假"。这就是说,科学的有意义的命题是原则上可能而不必是实际上已然确定其真假,即具有一种原则上的可证实性。我们知道,维也纳学派的其他人,如石里克,在1932年写的"实证论和实在论"一文中着重指出命题意义的标准不是实际的证实,而是原则上或逻辑上的可证实性。

第二,关于价值的问题是经验科学的对象还是属于形而上学?卡尔纳普似乎把这个问题区别为两个方面。一方面,他企图从"价值经验"的角度考察价值的问题,认为根据价值经验来构造价值,犹如根据"知觉经验"即官觉性质来构造物理的事物。例如,为了构造伦理的价值,我们要考察良心的经验、义务的经验或责任的经验等等。这实际上是一种经验的研究,是对于人的行为、行为的情感和意志的动机及其效果的一种心理学的、社会学的研究。卡尔纳普后来在《哲学和逻辑句法》一书中说这种"价值哲学"或"伦理学""属于经验科学而不属于哲学"。[1] 另一方面,卡尔纳普接受了

---

[1] 《哲学和逻辑句法》,伦敦,1935年版,第23页。

维特根斯坦关于伦理、价值、人生意义属于不可说的超验领域的观点，认为伦理是非理性的领域，"人生之谜"是不能由科学来回答的。他说，科学在经验知识的范围内是没有限度的，"对科学来说，没有任何问题是原则上不可解决的，这个高傲的论断同下面这个谦卑的看法是完全一致的，即纵然回答了所有科学的问题，人生向我们提出的问题肯定还是没有得到解决"。后来在《哲学和逻辑句法》中卡尔纳普则十分明确地把伦理学的价值陈述都归于"形而上学的领域"，说它们"没有任何理论的意义"。[①] 在这一点上他不同于罗素，罗素相信可以在科学的基础上建立一种囊括自然、社会、人生的世界观，人们有可能创立一种像关于机械的数学一样精确的"关于人的行为的数学"。卡尔纳普却把伦理、人生的问题逐出科学的疆域，认为科学的认识力量不是无远弗届的。在这个意义上，同罗素相比，卡尔纳普的科学主义是不彻底的。

我们的这个译本是根据《世界的逻辑构造》1966年第3版德文原著翻译的，有些地方参照了洛尔夫·乔治的英译本（*The Structure of the World*，美国加州大学出版社1969年版）。书中有大量的科学（数学、数理逻辑、物理学、心理学等等）方面的术语，译者参阅数种中外辞典译出，或有不当，敬请读者批评指正。

陈启伟
于北大外国哲学研究所

[①] 《哲学和逻辑句法》，伦敦，1935年版，第26页。

目 录

第一版序 1
第二版序 5
第二版序所引书目（1961年）....................................13
第三版弁言 17

第一部分 绪论 研究的任务和计划

第一章 任务 20
　第1节 目的：概念的构造系统 20
　第2节 何谓"构造"？ 21
　第3节 方法：借助于关系理论对实在的分析 23
　第4节 对象领域的统一 25
　第5节 概念和对象 26
第二章 研究计划 28
　第6节 预备性的讨论（本书第二部分）...................28
　第7节 构造系统的形式问题（本书第三部分）........29
　第8节 一个构造系统的纲要（本书第四部分）........31
　第9节 对若干哲学问题的澄清（本书第五部分）....32

第二部分 预备性的讨论

第一章 论科学命题的形式 34
  第 10 节 特性描述和关系描述 34
  第 11 节 结构概念 36
  第 12 节 结构描述 38
  第 13 节 关于限定摹状词 40
  第 14 节 纯结构性限定摹状词的例子 42
  第 15 节 结构性限定摹状的一般可能性 45
  第 16 节 一切科学命题都是结构命题 47

第二章 对象种类及其关系概述 50
  第 17 节 对象种类对于构造理论的意义 50
  第 18 节 物理对象和心理对象 51
  第 19 节 心物关系、表达关系和符号关系 52
  第 20 节 关系的配置问题和本质问题 54
  第 21 节 上述关系的配置问题和本质问题 56
  第 22 节 心物问题是形而上学的中心问题 58
  第 23 节 精神对象 60
  第 24 节 精神东西的显现和文物记录 61
  第 25 节 各种独立的对象种类 63

第三部分 构造系统的形式问题

第一章 等级形式 68
  第 26 节 构造理论的四个主要问题 68
  第 27 节 准对象 69

第28节	命题函项	73
第29节	对象领域；领域同源性	74
第30节	"领域混淆"是谬误的根源	76
第31节	应用举例	78
第32节	命题函项的外延	81
第33节	类	82
第34节	关系外延	85
第35节	可还原性；构造	87
第36节	复合与整体	89
第37节	类并非由其分子构成	91
第38节	通过定义产生构造	94
第39节	用法定义	94
第40节	等级形式：类和关系	97
第41节	构造的等级	100
第42节	存在和有效（可略过不读）	101
第43节	对外延构造方法的一个诘难	103
第44节	符号命题、意义命题和意谓命题的区分	107
第45节	外延方法正确性之证明	110

第二章 系统形式 113

一 形式的研究 113

第46节	系统形式以可还原性为根据	113
第47节	实在论语言的可还原性标准	114
第48节	关于一个对象的基本事实	116
第49节	表征和条件	117
第50节	逻辑价值和认识价值	120

第51节　逻辑翻译和意义翻译 121
第52节　实在论的和构造的语言 122
第53节　小结。解决系统形式问题的方法 125

二　实质的研究 126

第54节　认识上的在先性 126
第55节　精神对象可还原为心理对象 127
第56节　根据心理对象构造精神对象 129
第57节　物理对象可还原为心理对象，反之亦然 131
第58节　自我心理的东西和他人心理的东西 133
第59节　具有物理基础的系统形式 134
第60节　具有心理基础的系统形式 136

第三章　基础 138

一　基本要素 138

第61节　基础问题的两个部分：基本要素和基本关系 138
第62节　各种可能的物理基础 139
第63节　各种可能的心理基础 140
第64节　自我心理基础的选择 141
第65节　所予是无主体的 145
第66节　自我心理基础中的客观性问题 150
第67节　基本要素的选择："原初经验" 151
第68节　原初经验是不可分的单元 154
第69节　处理不可分的单元的任务 155
第70节　基于关系外延描述的真正的分析方法 157
第71节　准分析方法 159
第72节　基于部分相似性关系的准分析 163

第73节 基于传递关系的准分析 166
第74节 关于分析和综合 168

二 基本关系 170

第75节 基本关系是系统的基本概念 170
第76节 部分同一性 174
第77节 部分相似性 176
第78节 相似性的记忆是基本关系 177
第79节 进一步推导的可能性 178
第80节 相似圈 180
第81节 性质类 182
第82节 只有一个基本关系是否足够？ 185
第83节 作为范畴的基本关系（可略过不读）............... 186

第四章 对象形式 189

第84节 推导是构造的预备步骤 189
第85节 官觉类 190
第86节 视官觉的特征描述 191
第87节 时间次序 192
第88节 视野位置的推导 193
第89节 视野的空间次序 196
第90节 颜色的次序 197
第91节 对视野次序和颜色次序的某种推导的诘难 198
第92节 视野推导的其他可能性 200
第93节 作为个别经验成分的"感觉" 202
第94节 对其他推导的展望 204

第五章　一个构造系统的表达形式 207

第95节　四种语言 207
第96节　逻辑斯蒂的符号语言 208
第97节　对若干逻辑斯蒂符号的说明 210
第98节　文字语言的意译和实在论语言的意译 212
第99节　虚拟构造的语言 213
第100节　构造是理性的重构 214
第101节　关于所予的分解和可保存性的虚构 215
第102节　基本关系表的虚构 217
第103节　关于构造的一般规则（第103—105节可略过不读）.. 219
第104节　试举若干构造规则 220
第105节　构造规则的演绎问题 223

第四部分　一个构造系统的纲要

第一章　低等级：自我心理对象 226

第106节　关于纲要的形式、内容和目的 226
第107节　逻辑对象和数学对象 228
第108节　基本关系（Er） 230
第109节　基本要素（erl） 231
第110节　部分相似性（Ae） 232
第111节　相似圈（ähnl） 233
第112节　性质类（qual） 234
第113节　部分同一性（Gl） 235
第114节　性质间的相似性（Aq） 236
第115节　官觉类和视官觉（sinn, gesicht） 236

第116节　感觉（emp）和原初经验的分解 238
第117节　视野位置和视野（stelle, Glstell, Nbst） 239
第118节　颜色和颜色体
　　　　（Glfarbnb, Glfarb, farbe, Nbfarb） 240
第119节　定义和命题倒译的例子 242
第120节　先行的时间次序 244
第121节　对象的推导关系 245
第122节　上述构造只是一些例子 246

第二章　中间等级：物理对象 248
　第123节　关于其他构造等级的表述 248
　第124节　构造物理空间的各种可能性 249
　第125节　空间-时间-世界 252
　第126节　颜色之被赋予世界点 253
　第127节　用实在论语言表述的事实 256
　第128节　视觉的事物 257
　第129节　"我的身体" 259
　第130节　触觉视觉的事物 260
　第131节　其余官觉的特征描述 261
　第132节　自我心理的领域 263
　第133节　其他官觉性质的赋予 266
　第134节　知觉的事物 268
　第135节　通过类比使知觉世界完善化 269
　第136节　物理学的世界 271
　第137节　生物学对象；人 273
　第138节　表达关系 274

第三章　高等级：他人心理对象和精神对象 ... 276

第139节　关于进一步的构造等级之表述 ... 276
第140节　他人心理的领域 ... 277
第141节　符号给予 ... 280
第142节　他人的报道 ... 282
第143节　直观的理解和函项的依存性 ... 284
第144节　利用他人的报道 ... 286
第145节　他人的世界 ... 287
第146节　主体间的相互配置 ... 288
第147节　主体间的相互配置适用于一切对象种类 ... 291
第148节　主体间的世界 ... 293
第149节　主体间的世界即科学的世界 ... 296
第150节　最初的精神对象 ... 297
第151节　更高的精神对象 ... 298
第152节　价值的领域 ... 300
第153节　消除基本关系的问题（第153—155节可略过不读）.. 302
第154节　"有根据的"关系 ... 303
第155节　消除基本关系 Er ... 305
第156节　关于构造系统的若干论题 ... 307

第五部分　根据构造理论对若干哲学问题的澄清

第157节　构造理论是哲学研究的基础 ... 310

第一章　关于本质的几个问题 ... 312

第158节　个别概念和一般概念的区别 ... 312
第159节　关于同一性 ... 316

第160节　心理的、物理的和精神的对象种类的本质................322
第161节　构造的本质和形而上学的本质................................323
第162节　关于身心二元论..325
第163节　自我问题..329
第164节　意向性关系的本质..331
第165节　因果性的本质..333

第二章　心物问题..336
第166节　问题之提出..336
第167节　心物问题并非来自他人心理的东西........................337
第168节　心物问题的基本状况..339
第169节　构造的问题和形而上学的问题................................341

第三章　构造的或经验的实在问题..344
第170节　实在的和非实在的物理对象....................................344
第171节　实在的和非实在的心理类对象和精神类对象........346
第172节　实在型对象的概念..347
第173节　物理领域中实在型对象的界限................................349
第174节　心理的和精神的领域中实在型对象的界限............352

第四章　形而上学的实在问题..354
第175节　实在论、唯心论和现象论..354
第176节　形而上学的实在概念..356
第177节　构造理论与实在论、唯心论或现象论
　　　　　并不冲突..359
第178节　这三个派别只是在形而上学的范围内
　　　　　有分歧..360

第五章 科学的任务和限度 363
- 第179节 科学的任务 363
- 第180节 关于科学知识的限度 365
- 第181节 信仰和知识 368
- 第182节 直觉形而上学 371
- 第183节 理性主义? 373

本书提要 376
人名书名索引 397

第一版序

一部科学著作的目的在于什么？在于表达一种思想并使读者相信它提出的思想之正确。不过，除此之外读者还想知道：这些思想从何而来又引向何处？它们在其他领域同哪些思潮有联系？只有整部著作才能为这些思想的正确性提供论证。这里，在理论的范围之外，我们可以尝试对第二个问题做一简略的回答：本书在现代哲学以及整个现代生活中占有什么地位？

在过去几十年中，数学家们已经建立了一种新的逻辑。他们这样做乃是出于必需，乃是由于数学基础的危机，因为旧逻辑在这个危机中已经完全失去作用了。人们不仅发现它无力应付这种困境，而且更糟糕的是，旧逻辑还陷入了一种科学理论可能遇到的最坏的情况，即它导致矛盾。这一点给新逻辑的建立以最强有力的推动。新逻辑避免了旧逻辑的矛盾；但是除了这种消极的贡献之外，它还证明自己具有积极的功能，当然这首先只是在检验和重新奠定数学基础方面。

历史地看，新逻辑最初只是在极小部分数学家和逻辑学家中间才受到注意，这是可以理解的。只有少数人能预感到它对整个哲学具有极其重要的意义；它在这个较广阔的领域之充分应用几乎还未开始。如果哲学想要走上（严格意义的）科学的道路，那么它就不能丢开这种卓有成效的阐明概念和澄清问题的方法。本书是沿着这条道路走出的一步，并将以此促使人们在这个方向上迈出更大的步子。

本书主要讨论认识论问题，亦即知识之相互还原的问题。新方法之富有成果表现在：对还原问题的回答导致建立了一个统一的系谱式的科学概念的还原系统，这个系统只需要很少几个根本概念。可以预期，通过对科学概念的相互关系的这种澄清，一些普遍的哲学问题也可以得到新的说明。我们将可看到，通过所获得的这种认识论的见解，某些问题会变得极其简单，另外一些问题则被揭露为纯粹似是而非的问题（Scheinproblem）。对于如此广泛的推论结果，本书只能做简短的讨论。这还是一个宽广的，大部分尚未经人开垦，正待我们耕植的领域。

本书的基本观点和思路不是作者一人的财富和事业，而是属于既不由任何一个个人所创造，又不由个人所包揽的某种科学氛围。我在这里写出的思想得到一批积极的或乐于接受它们的合作者的支持。对这些合作者来说，首先是有某种共同的科学基本观点。他们背离传统哲学只是一个消极的特征。更重要的是其积极的宗旨；要概述这些宗旨并不容易，我只能尝试做一点提示。这种新型哲学的产生同各专门科学尤其是数学和物理学的工作有密切的联系。于是，人们也力求把科学家的严格负责的基本态度作为哲学工作者的基本态度，而旧哲学家的态度则更类似于诗人的态度。这种新的态度不仅改变了思想方式，而且改变了为哲学提出的任务：各个哲学家不再想一下子就建立起一幢完整的哲学大厦，而是每人都在一个总的科学内在一定的职位上进行工作。对物理学家和历史学家来说，这种态度是理所当然的。但是在哲学上我们看到的却是下面这种情景（这种情景一定会使具有科学信念的人们感到沮丧）：许许多多互不相容的哲学体系一个接一个、一个挨一个地建立起来。如果我们在哲学工作方面也如在各专门科学工作方面一样给每个人只分派一部分的任务，那么我们确信可以满怀希望地展望未来，我们将通过缓慢的审慎的筑造获得一个又一个识见；这里每个人所承担的任务只是他对合作者全体所能负责并能证明其正确性的东西。这样小心翼翼地把一砖一瓦累积起来，我们就会建立一个稳固的建筑物，而未来的每一代人可以继续扩建。

由于对每个哲学命题都要求为其正确性提出证明和强有力的根据，这就会把玄想的、诗意的作品从哲学中排斥出去。当人们开始认真地对待在哲学上亦需持有科学的严谨态度的要求时，就必然要把全部形而上学从哲学中驱逐出去，因为形而上学命题不可能得到合乎理性的证明。任何科学的命题必须具有理性的根据；但这并不是说，通过理智的思考，就一定能够发现一个科学命题是合理的。人们的基本态度和兴趣当然不是由思想产生的，而是受情感、欲望、素质和生活环境的制约的。不仅哲学如此，即使如物理和数学这样最理性化的科学也是如此。但是具有决定意义的是：物理学家不援引非理性的东西作为其论断的根据，而是给以纯粹经验的和理性的论证。在哲学工作中我们对自己也要有这样的要求。实际处理哲学问题并找到新的解决不必纯粹是思想方面的，而是常常由欲望决定的，常常要使用直观的方法。但是，其根据必须摆在理智的法庭面前被评判；在这里不允许乞援于任何直观体验或感情需要。我们在哲学上确亦有一些"感情的需要"，但是它们有赖于概念的清晰、方法的严整、论题的认真负责以及各人参与合作所取得的成果。

毋庸隐讳，而今正有几股反抗上面这种哲学倾向的形而上学的和宗教的思潮重又发生了强大的影响。尽管如此，我们仍然相信我们要求清晰性、要求一种摆脱形而上学的科学的呼吁终将得以实现，这又是为什么呢？这是因为我们知道，或者说得更谨慎些，我们认为，这些对立的力量是属于过去的。我们觉得，在以我们哲学工作为基础的态度和目前在所有其他生活领域中颇有影响的思想态度之间有一种内在的亲缘关系；在艺术特别是在建筑艺术思潮中我们感觉到这种态度，在为人类生活、个人和集体生活、教育及一般外在组织争取一个有意义的形式而进行的运动中我们也感觉到这种态度。在这里我们到处都感觉到同样的基本态度、同样的思维方式和创作风格。这是一种信念，这种信念在任何地方都诉诸清晰性，但承认不可能穷究尽探生活的全部错综复杂，它既仔细探讨个别的形式，同时又宏观把握整体，它既重视人们的联合，同时又关心个人的自由发展。本书相信，未来是属于这种信念的。

鲁道夫·卡尔纳普
1928年5月于维也纳

第二版序

《世界的逻辑构造》是我的第一部篇幅较大的著作,是以系统的形式来论述我的早期哲学思想的最初尝试。第一稿写于1922—1925年。今日重读旧文,觉得有许多段落现在来写当会是另外一个样子,或者会完全舍掉;但是我今日仍然赞同作为本书之基础的那种哲学观。对于本书的问题之提出及其使用的方法的基本特征尤其如此。它讨论的主要问题是根据涉及直接所予的概念把一切知识领域的概念加以理性重构的可能性问题。所谓理性重构,这里是指给旧的概念找出新的定义。这些旧的概念通常都不是经过深思熟虑形成的,而或多或少是不知不觉自发地发展起来的。新的定义应当在清晰和精确方面超过旧的定义,首先应当更适合于一个系统的概念结构。这样一种概念的澄清,今日常被称为"阐明"(Explikation),在我看来仍然是哲学的最重要的任务之一,尤其是如果它涉及的乃是人类思维的主要范畴的话。

长久以来,各种不同流派的哲学家们都坚持这样一种观点,即认为一切概念和判断都是经验和理性合作的结果。经验主义者和理性主义者在这一点上基本是一致的,尽管两者对这两种因素的重要性各有很不同的估计,而且当各自的观点被推到极端时往往还会掩盖他们的这种基本的一致性。他们共同持有的这个观点常常以下面这样一种简单化的说法被表述出来：感觉提供认识的材料，理性把这些材料加工改制成为一个有秩序的知识系统。因此问题在于为旧经验主义和旧理性主义建立一种综合。以往的经验主义正确地强调了感觉的贡献，但是没有看到逻辑和数学形式的重要和特性。理性主义注意到这种重要性，但是认为理性不仅能提供形式，而且从理性本身就能（先天地）产生新的内容。由于弗雷格（我在耶拿曾在他的指导下学习，不过他直到死后才被人们公认为一位杰出的逻辑学家）的影响并通过对罗素著作的研究，我认识到数学对于知识系统的构造具有根本的重要性，同时也认识到数学之纯粹逻辑的、形式的性质，正是由于这种性质，数学才得以独立于实在世界的偶然性。这些见解成为我这本书的基础。后来，通过在维也纳石里克小组内的交谈和维特根斯坦思想的影响，这些见解发展成了作为"维也纳小组"之特征的一种思想方法。这种哲学倾向有时被称为"逻辑经验主义"（或"逻辑实证主义"），这个名称应可表示它所包含的两个方面的成分。

在本书中我讨论的就是上述论点，即把一切概念还原为直接的所予在原则上是可能的。不过，我向自己提出的任务并不是要在人们为支持这个论点而提出的许多一般哲学论证之外再增加点什么，毋宁说，我是第一次要去尝试把上述这类概念系统实际地构造出来；这就是说，我首先要选择一些简单的基本概念，例如呈现于粗糙的经验材料之中的那些官觉性质和关系；然后在此基础上对各类概念做出更进一步的定义。为了完成这个任务，即使仅仅在少数几个范例中，我们也必须有一种逻辑，这种逻辑远远优于传统逻辑，尤其在涉及关系逻辑方面。我之能够实现自己的任务，只是由于有了近几十年来而特别是由弗雷格、怀特海和罗素发展起来的新逻辑；这种逻辑包含着一个很广泛的关于关系及其结构特性的理论。而且，通过在纯粹逻辑概念基础上定义数和数的函数，已使整个数学的概念系统成为逻辑的一个部分。新逻辑已经取得的成就给我以极深的印象，我觉得进而把这种方法富有成果地应用于对一切领域包括实际科学的概念的分析和重新表述是可能的。这时大多数哲学家甚至也不再担心新逻辑对于哲学和科学基础研究具有革命性的重要意义了。

本书提出的概念系统以原初经验为基本要素（第67节），所用的基本概念只有一个，即原初经验间的某种关系（相似性的记忆，第78节）。由此指出其他的概念（如不同的官觉、视官觉、视野位置及其空间关系、颜色及其相似性关系）都可以在这个基础上加以定义。能够把基本概念限制在单独一个概念，这诚然是很有趣的。不过，今天在我看来这种方法是太矫揉造作了。我现在宁愿使用更多一些基本概念，特别是因为这样做会避免在构造官觉性质时出现的某些缺点（参阅第70和72节的例子）。我现在考虑把类似马赫要素那样的东西（例如具体的感觉材料，如："在某个时间某个视野位置上的某一种类的红"）而不是原初经验（尽管根据格式塔心理学的发现，有一些理由支持这种选择，参阅第67节）用作基本要素。因此我会选择这类要素间的某些关系（如"x早于y"，在视野和其他官觉场内的空间邻近关系，质的相似性如颜色相似的关系）作为基本概念。

我在上面刚刚谈到的这样一个概念系统以及我在本书中所给出的系统是以自己的经验，即"自我心理的东西"为其基础的。不过，在本书中我已经指出有可能构造另外一种系统形式，而其基本概念是与物理对象相关的（第59节）。除了书中作为例子的物理基础的三种形式（第62节）之外，我现在要特别考察一下这样一种形式，它包含物理事物作为基本要素并包含物理事物的可观察特性和关系作为基本概念。这种基础形式的优点之一在于：同上述那类特性和关系相比，具有更大程度的主体间的一致性。科学家在其未经系统化的语言交往中所使用的一切概念都属于此类。因此在我看来，以此为基础的构造系统特别适于把实际科学的概念系统加以理性的重构。在维也纳小组内部的讨论中，我和诺依拉特一起阐述了在物理的基础上建立一个概念的总系统的可能性。这种"物理主义"最初以相当粗糙的形式在诺依拉特和我于1931—1934年在《认识》杂志第2—4卷上发表的好几篇论文中被提出来，在其进一步的发展中又在某些方面被修正和改进。

下面我要指出，我在本书中阐述的观点后来在哪些方面发生了变化。这里我只谈最重要的几点。我在"思想自传"[①]中曾详细地叙述了我的哲学思想方法和观点的发展。

最重要的改变之一是我认识到高层次概念之还原为低层次概念不可能总是采取显定义的形式；一般说来概念的引进必须使用更宽泛的形式。实际上，在尚未明白认识到这一点时，我在构造物理世界上已经超出了显定义的界限。例如，关于颜色和时空点的相互配置，我就仅仅给出了一般的原则，而没有提出任何明确的操作规

---

① "Intellectual Autobiography"，载希尔普编：*The Philosophy of Rudolf Carnap*（《卡尔纳普哲学》），拉萨尔，1965年。

则（第 127 节）。这个做法与通过设准引进概念的方法类似，我在后面还要回来再谈这种方法。实证主义关于事物概念可还原为自我心理概念的论点仍然是正确的，但是现在我们必须放弃认为前者可用后者加以定义的主张，因而也必须放弃认为关于事物的命题都可翻译为关于感觉材料的命题的主张。类似的考虑也适用于物理主义关于科学概念可还原为事物概念和他人心理概念可还原为事物概念的论点。这些观点的改变已在"可检验性和意义"一文的第 15 节中做了说明[①]。在这篇论文中我提出作为概念引进的一种更宽泛形式的所谓还原语句，这种形式尤其适用于性向概念（Dispositionsbegriff）。

后来我又考虑了一种方法，这种方法是科学上尤其是理论物理学上已经习常使用的，即通过理论设准和对应规则引进"理论概念"，并研究了这些概念的逻辑的和方法论的性质（参阅"科学的理论概念：逻辑的和方法论的研究"[②]）。对应规则把理论词项与关于可观察的东西的词项联系起来。理论词项由此而得到解释，但这种解释总是不完全的。理论词项和显定义的词项之基本区别就在这里。理论物理学和其他更高的科学分支的概念无疑最好作为上述意义的理论词项来理解。现在我倾向于认为这种方法也适用于所有涉及他人心理对象的概念，不仅适用于科学心理学的概念，而且适用于日常生活的概念。

[①] "Testability and Meaning"，载《科学哲学》第 3 期（1936 年），第 419—471 页和第 4 期（1937 年），第 1—40 页。

[②] "Theoretische Begriffe der Wissenschaft; eine logische und methodologische Untersuchung."载《哲学研究杂志》，第 4 期（1960—1961 年），第 209—233 页，571—596 页。

对我们现在的物理主义观点，费格尔在"'心理的'和'物理的'"①一文中有全面的阐述；请参阅他的论文"物理主义，科学的统一和心理学的基础"②和我在《卡尔纳普哲学》一书里对费格尔和艾耶尔的回答。③

我已不再满意本书中对外延方法的讨论（第43节至第45节）。维特根斯坦、罗素和我在先前常见的那种形式中所主张的外延性的论点（第43节）宣称，一切命题都是外延的。然而，具有这种形式的外延性论点并不正确。因此我后来提出了一个较弱的说法，即认为每个非外延命题都可以在一种外延语言中被翻译为一个逻辑上等值的命题。这种外延性论点似乎适用于迄今所知的一切非外延命题的例子，但这还未得到证明；我们只能把它作为一种推测提出来（参阅《语言的逻辑句法》第67节，《意义和必然性》第32节，方法 V）。我在本书第43节中所谓的"外延方法"基本上不过是把一种外延语言应用于全部构造系统。这是无可非议的。但是我对这种方法的叙述有些地方是不清楚的。人们可能得到一种印象，以为只要概念B和概念A具有同一外延，就足可通过概念B重构概念A。实际上，必须满足一个更强的要求，才能进行这种重构，这个要求就是：A和B之具同一外延不是偶然的，而是必然的，即必须是建立在逻辑规则的基础上或建立在自然规律的基础上（参阅《卡尔纳普哲

---

① "The 'Mental' and the 'Physical'"，载《明尼苏达州科学哲学研究》，第2卷（1958年）。

② "Physicalism, unity of Science, and the Foundations of Psychology"，载希尔普编：*The Philosophy of Rudolf Carnap*，拉萨尔，1965年。

③ "Replies and Systematic Expositions"，载希尔普编：*The Philosophy of Rudolf Carnap*，拉萨尔，1965年。

学》中对古德曼的回答①）。这个条件在本书中并没有提到。但是我的目的毕竟是想要以这样一种方式来进行概念的重构，使得外延的同一适用于任何一个人（假定他具有正常的官觉而且并无对他"特别不利的"环境，见本书第70节和第72节），因而不依赖于他对观察的偶然选择，这种选择是受其生活经历的制约的。因此本书系统的那些定义（就其不被视为谬误加以摒弃而言）是满足上述的条件的。例如，把五维作为视官觉的特征就是基于生物学-心理学的规律的，这个规律说，视官觉是每个正常的非色盲的人的官觉中唯一具有五维的性质次序的官觉。

我想简略地考察一下对本书的一些最重要的解说和批判的评论。古德曼对本书讨论的问题曾给以最透彻的研究。他在《现象的结构》一书中对我的理论做了详尽的阐释并给以透彻深入的批判审查，这种分析还涉及我使用的方法的一些技术性问题。然后他描述了他自己的系统的构造，他的系统与我的系统具有基本相同的目标，但是在某些方面则有相当大的分歧。古德曼在为《卡尔纳普哲学》一书撰写的论文（"《世界的逻辑构造》的意义"）中简述了他对我的系统的看法，我做了回答。②凡是想要着手构造类似的概念系统的人都会在古德曼的作品中找到有价值的启示，尽管他并非在一切方面都赞成古德曼的意见。克拉夫特的《维也纳小组：新实证主义的起源》和耶恩森的《逻辑经验主义的发展》是在阐述维也纳小组和逻辑经验主义的观点的范围内对《世界的逻辑构造》加以讨论

---

① "Replies and Systematic Expositions"，载希尔普编：*The Philosophy of Rudolf Carnap*，拉萨尔，1965年。

② 同上。

的。巴罗内的《逻辑的新实证主义》则做了更广泛的阐述。他的小册子《鲁道夫·卡尔纳普》是为更广大的读者群写的一本简略的非技术性的概述,而且附有其他作者论述我的哲学观点的各个方面的一份著作目录。施太格缪勒在其《当代哲学主流》第9章第5节中对我这本书的主要思想以及物理主义和类似的问题做了很好的阐述和讨论。

  自从第二次世界大战以来,《世界的逻辑构造》一书就无法购到了,因为不仅已印好的书而且连此书的纸型都在战争中毁掉了。我要对出版家 F. 迈纳博士先生表示感谢,他使此书现在得以重新出版。趁此机会,我也要代表我自己和我的朋友们感谢他在30年代不顾一切政治的困难尽可能长时间地继续出版我们的《认识》杂志。

鲁道夫·卡尔纳普
1961年3月
于加利福尼亚大学洛杉矶分校

第二版序所引书目（1961年）

这是我在第二版序中提及的我和其他哲学家发表的著作目录。有关卡尔纳普、维也纳小组和逻辑经验主义的书目可见于：艾耶尔的《逻辑实证主义》（66页），巴罗内的《鲁道夫·卡尔纳普》（4页），戴尔·普拉主编的《哲学史评论杂志》（17页），费格尔的《"心理的"和"物理的"》（14页），希尔普主编的《卡尔纳普哲学》（54页）。

艾耶尔（Ayer, Alfred J.）主编

《逻辑实证主义》（*Logical Positivism*），Glencoe, Illinois, 1958。

巴罗内（Barone, Francesco）

《鲁道夫·卡尔纳普》（*Rudolf Carnap*），Torino, 1953。根据《哲学》（*Filosofia*）1953年，第4期，第353—392页翻印。

《逻辑的新实证主义》（*Il neopositivismo logico*）Torino, 1953。

卡尔纳普（Rudolf Carnap）

《语言的逻辑句法》（*Logische Syntax der Sprache*），Wien, 1934。

"可检验性和意义"（Testability and Meaning）载《科学哲学》（*Philosophy of Science*），1936年，第3期，第419—471页；1937年，第4期，第1—40页。亦有单行本

(New Haven, Conn., 1950)。

《意义和必然性,语义学和模态逻辑的研究》(*Meaning and Necessity: A Study in Semantics and Modal Logic*),Chicago (1947),增订第2版,1956。

《符号逻辑引论,附有对其应用的特别考察》(*Einführung in die symbolische Logik, mitbesonderer Berücksichtigung ihrer Anwendungen.*),Wien (1954),第2次修订版 (1960)。

"科学的理论概念;一个逻辑的和方法论的研究"(Theoretische Begriffe der Wissenschaft; eine logische und methodologische Untersuchung.) 载《哲学研究杂志》(*Zeitschrift für philosophische Forschung*),第4期 (1960—61),第209—233页和第571—596页。A. Scheibal译自费格尔主编的《明尼苏达州科学哲学研究》(*Minnesota Studies in the Philosophy of Science*),第1卷 (1956),第38—76页。

"观察语言和理论语言"(Beobachtungssprache und theoretische Sprache),载《辩证法》(*Dialectica*),第12期 (1958),第236—248页。重印于《逻辑:献给贝尔内斯的研究》(*Logica: Studia Paul Bernays dedicata*)(科学丛书第34卷),Neuchâtel,1959。

"思想自传"(Intellectual Autobiography),载希尔普编《卡尔纳普哲学》。

"回答和系统解释"(Replies and Systematic Expositions),载希尔普编《卡尔纳普哲学》。

"费格尔论物理主义"(Herhert Feigl on Physicalism),"回答

和系统解释"之§7,载希尔普编《卡尔纳普哲学》。

"艾耶尔论他人的心"(A. J. Ayer on other Minds),"回答和系统解释"之§8,载希尔普编《卡尔纳普哲学》。

"古德曼论《世界的逻辑构造》"(Nelson Goodman on "Der logische Aufbau der Welt"),"回答和系统解释"之§21,载希尔普编《卡尔纳普哲学》。

戴尔·普拉(Del Pra, Mario)主编

《哲学史评论杂志》(Rivista Critica della Storia di Filosofia)1955年,第10期,V—Ⅵ分册为关于卡尔纳普的合刊专号。

费格尔(Feigl, Herbert)

《明尼苏达科学哲学研究》(Minnesota Studies in the Philosophy of Science),第1卷(1956),第2卷(1958)。(这两卷是费格尔与他人合编)。

"'心理的'和'物理的'"(The "Mental" and the "Physical"),载《明尼苏达科学哲学研究》,第2卷。

"物理主义,科学的统一和心理学的基础"(Physicalism, unity of Science and the Foundations of Psychology),载希尔普编《卡尔纳普哲学》。

古德曼(Goodman, Nelson)

《现象的结构》(The Structure of Appearance),Cambridge, Mass, 1951。

"《世界的逻辑构造》的意义"(The Significance of "Der logische Aufbau der Welt"),载希尔普编《卡尔纳普哲学》。

重印于 S. Hook 编《在工作着的美国哲学家》(*American Philosophers at Work*), New York, 1956。

耶恩森（Jørgensen, Jørgen）

《逻辑经验主义的发展》(*The Development of Logical Empiricism*),《统一科学百科全书》(*International Encyclopedia of Unified Science*), 第 2 卷, 第 9 册, Chicago, 1951。

克拉夫特（Kraft, Victor）

《维也纳小组：新实证主义的起源》(*Der Wiener Kreis. Der Ursprung des Neupositivismus*), Wien, 1950。

希尔普（Schilpp, Paul A.）主编

《卡尔纳普哲学》(*The Philosophy of Rudolf Carnap*),《在世哲学家丛书》(*The Library of Living Philosophers*) 之一, 1964。

施太格缪勒（Stegmüller, Wolfgang）

《当代哲学主流》(*Hauptströmungen der Gegenwartsphilosophie*), 第 2 版, Stuttgart, 1960。

第三版弁言

本书第二版曾附有拙著《哲学上的似是而非问题。他人心理问题和实在论争论》，这本小册子是在1928年差不多与本书同时发表的。它是为更广大的读者群写的，因此很少使用技术性的手段。本书现在这一版不再重印这个小册子，因为苏尔坎普出版社在此期间已得到版权许可将它收入"理论"丛书单独出版，并由G.帕特契希写了一篇导言。

鲁道夫·卡尔纳普
1966年6月

第一部分

绪论 研究的任务和计划

第一章 任务

> 科学的哲学研究的最高准则是：凡是可能的地方，就要用逻辑构造代替推论出的存在物。
>
> ——罗素

第1节 目的：概念的构造系统

本书研究的目的是提出一个关于对象或概念的认识论的逻辑的系统，提出一个"构造系统"。此处"对象"一词总是在最广泛的意义上使用的，即指可对其做出陈述的一切东西。因此，不仅事物属于对象，而且特性和联系、类和关系、状态和过程以及现实的和非现实的东西都算是对象。

与其他的概念系统不同，构造系统的任务不是仅仅把概念区分为不同的种类并研究各类概念的区别和相互关系，而是要把一切概念都从某些基本概念中逐步地引导出来、"构造"出来从而产生一个概念的系谱，其中每个概念都有其一定的位置。认为一切概念都可能从少数几个基本概念中这样推导出来，这是构造理论的主要论点，它之有别于大多数其他对象理论者就在于此。

第2节 何谓"构造"？

为了更清楚地说明我们的目的即"构造系统"的意义，我们在这里就须对构造理论的某些重要的概念做一解释。如果关于一个对象（或概念）的一切命题都可以用关于一个或更多其他对象的命题加以转换，那么我们就称这个对象（或概念）是"可还原"为这个或这些其他对象的。（目前暂且用"转换"这个并不严格的概念来解释还是可以的；下面的例子将十分清楚地告诉我们"转换"的意义。关于可还原性和构造的严格定义将在后面（第35节）提出；它们与命题无关，而是涉及命题函项的。）如果 a 可还原为 b，b 可还原为 c，则 a 亦可还原为 c；这种可还原性因而是传递的。

例子：一切分数都可还原为自然数（即实整数）；因为所有关于分数的命题都可转换为关于自然数的命题。例如，3/7 可还原为 3 和 7，2/5 可还原为 2 和 5；就是说，"3/7＞2/5"这个命题可转换为关于自然数的命题："对于任何的自然数 x 和 y 来说，如果 7x=5y，则 3x＞2y"。进而言之，一切实数乃至无理数都可还原为分数。最后，所有属于算术和数学分析的东西都可还原为自然数。

根据上述的说明，如果一个对象 a 可还原为对象 b、c，则关于 a 的命题就可转换为关于 b 和 c 的命题。"将 a 还原为 b、c"或者说"由 b、c 构造 a"意即要提出一个普遍的规则，指明在每一个别情况下我们必须如何转换关于 a 的命题以得出关于 b、c 的命题。这种翻译的规则我们就称为"构造规则"或"构造定义"（因为它具有定义的形式，参阅第 38 节）。

我们把一个"构造体系"理解为这样一种有等级的对象序列，其中每一等级的对象都是由较低等级的对象构造出来的。由于可还原性具有传递的性质，因而构造系统的一切对象间接地都是从最初一级的对象构造出来的；这些"基本对象"就是构造系统的"基础"。

例子：算术概念的构造系统可通过从自然数和直接后继等基本概念一步一步地（借助一连串的定义）推导或"构造"出一切算术概念而建立起来。

一种理论的公理化就在于：这个理论的全部命题都被安排在以公理为其基础的演绎系统中，并且这个理论的全部概念都被安排在以基本概念为其基础的构造系统中。迄今人们对第一个任务即从公理推演出命题给予了较多的注意，而很少重视第二个任务即概念的系统构造的方法。本书就是要讨论这种构造的方法并把它应用于科学的概念系统，应用于全部统一的科学的概念系统。只有在成功地构造出这样一个关于一切概念的统一系统时，才可能不再把整个科学分割为各个互不相关的专门科学。

全部知识的主观出发点虽然是内心体验及其联系，但是正如构造系统要指出的，我们仍然有可能达到一个通过概念把握从而对一切主体都是完全相同的、主体间的、客观的世界。

第3节 方法：借助于关系理论对实在的分析

上述构造理论的研究，就其方法来说，主要的特征在于力图使过去一直被分开探讨且已取得长足进展的两门科学相互为用，照本书的看法，这两门科学只有联合起来才能取得更重大的进步。逻辑斯蒂（符号逻辑）已由罗素和怀特海的研究所充实而提出一种关系理论，这种理论使我们能毫不犹豫地去处理几乎所有纯次序论的问题。另一方面，近来人们致力于把"实在"还原为"所予"，这种还原已由阿芬那留斯、马赫、彭加勒、曲尔佩而且特别是齐恩和杜里舒（这里只举几个名字）部分地实行了。本书拟把这种关系理论应用于对实在的分析，以便把构造的概念系统的逻辑形式条件表述出来，更清晰地了解和探究这个系统的基础，并且通过对这个系统的描述（这个描述部分地还只是一个粗略的纲要）证明在这个基础上和那些逻辑形式的范围内构造系统的可能性。

参考文献 关系理论的基本思想可追溯到莱布尼茨关于"普遍数学"（mathesis universalis）和组合术（ars combinatoria）的思想；关系理论之应用于建立构造系统则与莱布尼茨关于"普遍符号"（charateristica universalis）和"普遍科学"（scientia generalis）有联系。

逻辑斯蒂。逻辑斯蒂的最博大的系统是怀特海和罗素的系统。这是目前唯一包含充分发展的关系理论的系统，因而也是唯一可以考虑作为构造理论的辅助方法的系统。逻辑斯蒂系统是以弗雷格、施罗德、皮亚诺等人的准备工作为基础的。罗素和怀特海合著的《数学原理》(Principia Mathematica)对这个系统做了完备的叙述;卡尔纳普的《逻辑斯蒂概要,并论关系理论及其应用》对这个系统及其应用做了简述。罗素的《数学的原理》(The Principles of Mathematics)、《数理哲学导论》,杜比斯拉夫和克劳贝格的《系统分类哲学辞典》没有使用符号来解说逻辑斯蒂系统;贝曼的《数学和逻辑》则用了另外一套符号来讲述这个系统。C. I. 刘易斯的《符号逻辑概论》提供了直至1917年符号逻辑发展的一个历史梗概和丰富的文献资料。

关系理论之应用。怀特海和罗素对关系理论之应用于非逻辑对象曾有所设想,但尚未在逻辑上予以贯彻,如怀特海在《空间、时间和相对论》、《自然知识原理研究》、《自然概念》等著作中提出"外延抽象理论"和"过程理论",罗素在《我们关于外间世界的知识》、《物质的究极成分》、《感觉材料和物理学的关系》等著作中提出外间世界的构造。本书提出的构造理论在具体实施上与罗素颇有不同,然而构造理论还是以罗素的方法论原则为基础的,即:"科学的哲学研究的最高准则是:凡是可能的地方,就要用逻辑构造代替推论出的存在物"(见"感觉材料和物理学的关系"一文)。不过,我们将比罗素更为彻底地应用这个原则(例如,对自我心理基础的选择(第64节),由已见物构造出未见物(第124节),他人心理对象的构造(第140节)。卡尔纳普的《逻辑斯蒂概要》第二部分含有关系理论之应用于各个不同领域的例子(集合论、几何学、物理学、亲缘关系理论、知识分析、语言分析)。

构造理论。关于科学概念如何还原为"所予"的问题，马赫和阿芬那留斯已经为其解决做了最重要的提示。现在有三种不同的建立概念系统的尝试：齐恩的《建立在生理学和物理学基础上的认识论》，杜里舒的《秩序论》，杜比斯拉夫和克劳贝格的《系统分类哲学辞典》；但他们彼此之间没有任何联系。只有杜比斯拉夫的研究具有一种构造系统的形式，因为他勾画出了一个定义的链条。我们的系统和上面提到的这几种系统在个别点上有一致之处，我们将在有关的地方指出这种一致性；但是总的来说，由于本书使用的方法论手段，我们的系统与其他系统有着基本的区别。

另外，我们的系统与胡塞尔作为目标提出来的"经验数学"(《关于纯粹现象学和现象学哲学的观念》，哈勒，1913年，第141页)和迈农的对象理论亦有共同点。同概念的分类系统(如奥斯特瓦尔德、冯特、曲尔佩、梯利希的系统)的关系则比较遥远了，因为这类系统根本不使概念互相推导出来。

第4节 对象领域的统一

如果以上面提出的那种方式建立的概念或对象的构造系统(无论是概念系统还是对象系统都是可以的，参阅第5节)是可能的，那么我们就可以得出结论说：不能把对象分为各种不同的互不相关的领域，而是只有一个对象领域，因而也只有一种科学。当然我们可以把不同种类的对象区别开来，但是这些不同种类对象的特性是根据其对构造系统的不同等级的从属关系和同一等级的东西的不同构造形式来表示的。我们在后面（第三部分第一章）将要指出，从基本要素构造出更高级的东西是在各种等级的形式上发生的，这些不同等级的形式并不意味着组合式的联结，而是指"逻辑的复合物"。例如，"国家"这个对象在构造系统中须由心理的过程构造出来，但这决不是说国家就是一个心理过程的总和。我们要把"整体"和"逻辑的复合物"区别开来。整体是由它的要素组成的，这些要素是整体的部分；独立的逻辑复合物同自己的要素则没有这种关系，其特点是所有关于逻辑复合物的命题都可转换为关于其要素的命题。

例子： 在综合几何学中我们可以看到类似的情形，即对象的统一性与不同组合成分的多样性。综合几何学从点、线、面等要素出发，把更高级的东西作为这些要素的复合物而构造出来。这种构造有各种不同的层次，不同层次的东西彼此有基本的区别。但是，关于这些不同层次的东西的一切命题归根结底都是关于要素的命题。因此，这里虽然也有不同种类的对象，但是只有一个统一的对象领域，一切种类的对象都是由此而来的。

第5节 概念和对象

我们既然总是在最广义上使用"对象"一词，所以属于每个概念的只有一个对象，即"它的对象"（不要同归于这个概念之下的

第一章 任务

那些对象混为一谈）。我们甚至也说普遍概念有其"对象"，因为同迄今所有的概念学说相反，我们认为概念的普遍性是相对的，因而按照这种观点，普遍概念和个别概念的界限是可以变动的（参阅第158节）。某个符号表示一个概念还是一个对象，一个语句适用于概念还是对象，这在逻辑上并没有什么差别，最多只有一种心理的即表象的差别。这根本不涉及两种不同的理解，而只是对解释的两种不同的说法。因此我们在构造理论上有时讲构造对象，有时又讲构造概念，这并没有什么实质的区别。

这两种并行的语言讲概念和对象而实则讲的是同一个东西，但归根结底它们代表了实在论和唯心论两种语言。被构造的东西是像马堡学派所说"由思想产生"的呢，还是如实在论所主张"只是"被思想所"认识"呢？我们的构造理论使用一种中立的语言；按照这种理论，事物既不是"被产生的"也不是"被认识的"，而是"被构造的"；而且我们现在应该强调指出，"构造"一词在这里总是在完全中立的意义上使用的。因此，从构造理论的观点来看，关于对象是"被产生的"还是"被认识的"之争乃是一种无益的言词之争。

我们甚至可以进一步直截了当地说，概念和对象是同一个东西。不过这种同一性并不意味着概念的实体化，相反地，毋宁说是对象的"功能化"。

第二章 研究计划

第6节 预备性的讨论(本书第二部分)

本书第二部分是为构造理论做准备的。因而这一部分的讨论并不以构造理论关于统一的构造系统之可能性的基本观点为前提,而只是说明构造理论当前的科学地位,或更确切地说,它的本体论的地位。①

第二部分的第一章将说明结构(就一种关系的纯粹形式上的意义而言)这个重要的概念并试图指出其对科学具有的基本的重要意义。我们将证明,根据纯粹的结构特性(也就是说根据关系或关系结构的某种形式的逻辑的特性)来描述一切对象的特征,并从而把一切科学命题都转换为纯粹结构命题,在原则上是可能的。

在第二章中我们将按其特点、差异和相互关系简略地讨论最重要的对象种类,尤其是物理的、心理的和精神的(Geistigen)②对象,

---

① gegenstands theoretisch 按字面应译为"对象理论的",现据英译本译为"本体论的"(ontological)。——译者

② Geistigen,我们在这里译为"精神的",但卡尔纳普所谓 Geistigen 与个人心理的东西不同,包括社会群体、国家组织、典章制度、伦理风俗等等,(转下页)

而且我们并不是以构造理论的观点和语言，而是以通常的观点和经验科学的（实在论的）语言来进行讨论的。在某种意义上，通过这种讨论，我们对建立构造系统所需用的材料会得到一个概略的了解，因而这个系统在材料方面就有一个任务，即要求为所有这些被提供的材料在这个体系中安排一个位置。

第7节 构造系统的形式问题（本书第三部分）

对构造理论的阐述是从第三部分开始的。在第一章中我们将较详细地讨论构造的概念，特别着重指出它和组合联结的区别。我们将指出，一个对象的构造必须是用定义的逻辑形式给出的；而且每个要被构造的对象都是通过其构造定义作为类或关系而被引进的。因此，在构造体系内的每一步骤上，都有这两种形式中的一种被构造出来。类和关系是构造系统的"等级形式"；除此之外不需要其他的形式。

在第二章中我们将对构造系统的"对象形式"和"系统形式"进行逻辑的和实际的研究。所谓一个被构造对象的对象形式是指从基本对象引导到该对象的一系列构造的步骤。在这里我们不是仅就个别的特定的对象而是一般地指出，如何能够从关于该对象

（接上页）英译本译为"文化的"（cultural），中文译为"人文的"或许更切近原义。德文中 Geisteswissenschaft 实指人文科学，此处 Geist 乃包括社会人文的各个领域。因此可将 Geistigen 译为"人文的对象"。但为了保持 Geistig 在德国哲学中与个人心理有别的特有的精神的含义，我们仍直译为"精神的"。——译者

而特别是关于其特征的实际科学知识获知其对象形式。所谓"系统形式"是指整个系统的形式，即对系统的各个步骤及其构造的对象的安排。在各种不同的逻辑上和实际上可能的系统形式中，我们选择最适于表现诸对象相互间的认识关系的那种形式。

在第三章中我们将探讨构造系统的"基础"问题，即两类有本质区别的基本对象："基本要素"和"基本关系"，后者指基本要素间最初的次序安排。"我的经验"被选择作为系统的基本要素（更确切地说，这种经验最初是无名且无性质的，只是在进行了某些构造之后才成为被如此指称的关系项）。这样我们就选择了一个具有"自我心理基础"的系统形式。然后我们将指出，如何才能把这些基本要素看作不可分析的单元，并通过一种虽则采取分析的语言形式但实为综合的方法（"准分析"）把后面称为经验的"特征"或"成分"的那些对象构造出来。

然而，构造系统的真正的基本概念，即一切科学概念都要还原到它们的那些概念，并不是基本要素，而是基本关系。其所以如此，乃是根据了构造理论的一个基本的见解，即认为一个关系结构较其诸关系项是居先的。为了选择构造系统的基本关系，我们要进行一些实际的研究，这些研究通过对以何种顺序和何种方式才能构造较低等级的对象以及为此需要何种基本关系这个问题进行的探讨，已为这个系统的较低一些等级做了准备。结果我们看到，构造系统所需的基本关系为数极少，甚至也许仅有一个基本关系也就足够了。

第四章将讨论系统纲要的构造（在本书第四部分中）如何及为何以四种语言来表述，一是真正的系统的语言，即逻辑斯蒂的语言，其他三种则是翻译的语言，这些翻译会使我们易于理解各个构造并检验其是否满足了一定的形式方面的要求。这三种翻译就是：用文字语言把构造定义重述出来；用实在论语言把定义转换为对事态的报道；根据作为直观辅助的某些虚构把定义转换为一种操作规则（"构造性的语言"）。

第8节 一个构造系统的纲要
（本书第四部分）

在第四部分中前面研究的结果将得到实际的应用，我们将就其主要特点勾勒出一个构造系统的纲要。我们将用符号的形式来表述各个构造并将其翻译为三种辅助语言（参阅第7节），从而对系统的较低的等级做详细的说明（第一章）。我们之所以如此详细地说明系统的这个部分，并非因为它的内容已经是确定无疑的，而只是要以此为我们全部研究的意义提供一个明确的例证，另外也要为较低等级的适当构成问题做一点开头的准备工作。在这一部分中，我们以唯一的一种基本关系为基础，还将构造官觉性质、感觉道、视觉、视野的空间次序、有色物体的质的次序以及一种暂时的时间次序。

在第二章中，我们将只用文字语言来说明构造，而且也不像前面那样精确，不过对个别等级的描述则还是清楚的。在这里将构造出空间－时间－世界及其间可见的事物；此外也将构造出作为这种可见事物之一的"我的身体"，视觉之外的其他官觉，以及其他种种"自我心理的"东西、成分和状态。视觉世界借助于其他的官觉才被补足而成其为一个完全的知觉世界，而这个知觉世界与物理世界则是对立的,后者与官觉性质不再有任何关系。

在第三章中,我们只是在为使人们认识构造的可能性所必要的范围内对其他一些构造做粗略的概述。在"他人"(作为物理的事物)的基础上借助表达关系对"他人心理对象"的构造,对"他人世界"和"主体间世界"的构造,最后对精神对象和价值的构造,都做了这样简要的概述。

第9节 对若干哲学问题的澄清 (本书第五部分)

在第五部分中,我们将考虑若干传统的哲学问题并指出,就这些问题属于(理性的)科学范围之内而言,如何可能利用构造理论予以阐明。不过这里讨论的问题只是作为说明方法的例子,而不做详论。

我们首先(第一章)讨论关于本质的一些问题,尤其是关于同一性、心物二元论、意向性和因果性的问题。

第二章试图阐明心身平行论问题。

然后(第三、四章)我们讨论实在问题。我们将指出,构造理论是想回答这个问题的各种哲学派别(实在论、唯心论和现象论)的共同基础,只有超出了构造理论的范围而进入形而上学的领域,这些派别才有分歧。

最后一章(第五章)讨论科学的任务和限度,并要求把科学和形而上学明确地划分开来。

第二部分

预备性的讨论

第一章 论科学命题的形式

第10节 特性描述和关系描述

我们在下面要提出并在进一步的研究中确立这样一个论点，即科学只探讨对象的结构特性。首先我们要给结构下一个定义。然后我们研究一下结构特征描述的可能和意义，以确定上面这个论点。但是我们只有证明了建立一个形式的然而（即使不是实际上也是原则上）包括一切对象的构造系统的可能，才能给这个论点以真正的证明。后面第四部分所述构造系统的纲要就是要提供这样一个证明。

为了阐明构造理论关于结构的基本概念，我们把对任何领域的对象的描述区分为两类：特性描述和关系描述。特性描述告诉我们某个领域的个别对象具有哪些特性；关系描述则告诉我们对象间有哪些关系，而对个别对象本身却无所说。因此特性描述是个别的、在某种意义上是绝对的陈述，关系描述则是相对的陈述。

例子：特性描述如下所述：a、b、c 是属于某个领域的对象；这三个对象都是人，a 20岁、高个子；b 21岁、小个子而且很瘦；c 是胖子。关系描述如下所述：a、b、c 是属于某个领域的对象；

a 是 b 的父亲，b 是 c 的母亲，c 是 b 的儿子，a 比 c 大 60 岁。

尽管这两类描述的任何一种都可能采取多种多样的形式，但是它们彼此还是根本不同的。我们虽然常常可以从特性描述推出有关关系的结论（在第一个例子中，可以推出 b 比 a 大 1 岁），反过来也可以从关系描述推出有关对象特性的结论（在第二个例子中，可以推出 a 和 c 是男性，b 是女性），但是这种结论并不等同于它的前提，而是比其前提的内容贫乏些：我们不可能做逆转的推论。因此根本的区别依然存在。这两类描述经常是混合出现的。

例子：**特性描述**：通过对各个圆锥曲线的特点的说明来描述圆锥曲线的集合。通过对其坐标方程式即每个横坐标上的点的纵坐标的说明来描述一条曲线。历史人物年表有每个人的生卒年月。

关系描述：通过入射关系的说明来描述一个由点和直线构成的几何图形。通过对其固有的方程式即每个线段与在前的大量线段的位置关系的说明来描述一条曲线。通过家谱即通过对人们彼此的亲缘关系的说明来描述一个群体。

我们在这里之所以如此着力强调这两类描述的区别，乃是因为我们认为，这两类描述的价值是不能等量齐观的。关系描述是整个构造系统的开端，因而也是全部科学的基础。而且，每种科学理论的目的，就其内容而言，都是要成为一种纯粹的关系描述。当然，它可以采取一种特性描述的语言形式，而且这常常是合乎实用的，但是它与真正的特性描述是有区别的,即在必要时它可以不失其任何部分而转换为一个关系描述。在科学上,特性描述或者起一种更方便的关系描述形式的作用,或者在转换尚不可能的地方,表示有关理论的一种暂时的状态。

例子:在物理学上使用颜色名称("蓝的"、"红的"等等)显然就是一种特性描述。今天这类描述只是一种语言的简略,因为它是以光波理论为根据的,而且颜色名称可以翻译为光波理论的词汇即波长。不过,由于以前这些特性描述不可能转换为关系描述,因而它们也表现了光的理论的不完善性。

第11节 结构概念

有一类特殊的关系描述,我们称之为结构描述。这类描述不仅像任何关系描述一样不提及各关系项的特性,而且甚至也不提及这些项之间的关系本身。在结构描述中,只是说明关系的结构,即其全部形式特性的总体(我们在下面将给结构以更确切的定义)。所谓关系的形式特性,我们理解为无须涉及该关系的含义和具有该关系的对象的种类即可予以表述的那些特性。它们是关系理论的对象。关系的形式特性只能借助逻辑斯蒂的符号来加以定义,因而最后要借助构成逻辑斯蒂(符号逻辑)之基础的很少几个基本符号来加以定义;因此这些符号不是关系理论特有的,而是构成全部逻辑大厦(命题理论、命题函项[概念]理论、类的理论和关系理论)之基础的一些符号。

第一章 论科学命题的形式

我们举出几个最重要的形式特性。

一种关系如果与它的逆反关系是等同的（例如同龄关系），就称为对称的；否则就称为非对称的（例如兄弟关系）；一种非对称关系如果排除它的逆反关系，就称为不对称的（例如父亲关系）。一种关系如果永远能满足等同性的条件（在其范围内），就称为自反的（例如同龄关系），否则就称为非自反的（例如老师关系）；一种非自反的关系如果排除等同性，就称为不自反的（例如父亲关系）。一种关系如果对再下一个关系项也永远适用，就称为传递的（例如祖先关系），否则就称为非传递的（例如朋友关系）；一种关系如果是决不适用于再下一个关系项的，那么这种非传递关系就称为不传递关系（例如父亲关系）。在一种关系域内两个不同的项之间如果永远具有这种关系或者它的逆反关系，这种关系就称为连通的（例如，六人聚餐会时"某某左边的一、二或三个座位"这种关系）。一种关系如果是不自反的、传递的（因而不对称的）和连通的，就称为一个序列（例如实数中的"小于"）。一种关系如果是对称的和自反的，就称为"相似性"；如果它还是传递的，就称为"相等"。（参阅第71、73节）

关系的其他形式特性有：一对多，多对一，一对一，关系域内给定的诸项的数，前域诸项的数，后域诸项的数，开头诸项的数，最后诸项的数，等等。

为了清楚地说明关系结构的含义，我们且以"箭头"来示意任一关系：所有的关系项均用点来表示，从每一点都有一箭头通到与该点有这种关系的其他各点。一个双箭头指这种关系在正反两个方向上都对之适用的关系项序偶；一个逆转的箭头指这种关系是其自身关系的一个项。如果两种关系具有相同的箭头示意图，那么就称它们为"同一结构的"或"同构的"。这种箭头示意图可以说是对结构的符号表达。当然两种同构的关系并不需要以完全相同的箭头示意图来表示。有两个箭头示意图，如果其中一个可以通过变形（但不打乱联系）而趋近另一个（拓扑学的等值），我们也称它们是同构的。

第12节 结构描述

用语词表达的一种描述相当于用箭头示意图来说明一种关系（但不给出各个项的名字），如果它能把这种关系对其适用的一切序偶都列举出来的话，而对各个分子则无需做在此列举之外的一种意义的描述。例如，仅仅为了这种列举而任意地加以数字标示。因为这样一种列举可从示意图中推出，因而不包含较此示意图更多的东西。但是，反过来我们却可以从这种序偶的列举中描画出箭头示意图。因此，序偶列举正如箭头示意图一样提供给我们完全的结构描述。

如果两种关系具有相同的结构，那么它们在一切形式特性上就都是一致的。因此，如果一种关系的结构被描述了，那么其一切形式特性从而也就确定了。反之，我们不可能笼统地说明哪些形式特性才足以确定某种关系的结构；详细地研究这个问题是关系理论的任务。当然，通过箭头示意图对结构做图解的描写，只有在关系项的数目是有限的情况下才是可能的。即使没有示意图的辅助，我们也一定能够给结构概念下一普遍的精确的定义并对某一结构做出说明。不过，我们还是应该利用箭头示意图以使人们易于理解，因为在凡是能够画出这种示意图的情况下，它都精确地表达了结构，而且在它那里也可以找到关于普遍的结构概念的一切基本的东西。

如前所见，一般地说，我们可以从关系描述推出关于诸关系项的个别特性的一些结论，但是对结构描述来说，情形就不同了。结构描述是最高层次的形式化和非实质化。如果给定一个仅仅包含双重箭头的箭头示意图，那么我们就知道，它表现了一种对称关系结构；但是我们并不能看出这种结构所涉及的是人及其相互结识的关系还是村镇及其有直接电话联系的关系，等等。因此，我们认为科学命题仅与结构特性有关这个论点意味着，科学命题只讲纯形式，而不讲这种形式的成分及其关系是什么。这个主张乍一看似乎是悖理反常的。怀特海和罗素通过从逻辑斯蒂导出数学已经严格地证明了，数学（不仅算术和分析而且几何）所做的只是这样的结构陈述。然而，各门实际科学的情形则似乎全然不同：一门实际科学必须了解它谈的是人还是村庄。关键就在这里：实际科学必须能够把各种不同的东西区别开来；这首先大部分是通过利用其他事物标示其特征来做的，但最后则只是通过结构描述来标示其特征的。我们在下面将更详细地讨论这个问题。

参考文献 关系理论对结构概念（或"关系数"）的推导，见罗素和怀特海《数学原理》第二卷第303页及以下诸页。罗素在《数理哲学导论》第53页及以下诸页中对此亦有解释，并在该书第 61 页及以下诸页中指出了结构概念在一般科学上和哲学上的重要意义。参阅卡尔纳普的《逻辑斯蒂概要》，§22。

近来（与狄尔泰、文德尔班、李凯尔特的思想有联系）人们一再地提出要求一种"个体性的逻辑"，即这样一种概念的研究方法，它适于把握个别材料的特殊性，但并不想通过逐步地归约于类概念来把握其特殊性。这种方法对于个体心理学，对于各门文化科学，尤其对于历史，具有重大的价值（参阅汉斯·弗莱耶：《客观精神的理论》，第 108 页及下页）。我要在此指出，关系理论的结构概念乃是这种方法的一个适当的基础。这种方法必须通过把关系理论的手段运用于每一需要探讨的领域来阐述。参阅卡西勒的关系概念理论（《实体概念和功能概念》，第 2 版，尤其是第 299 页）和卡尔纳普在《逻辑斯蒂概要》第二部分中对关系理论的应用（不过尚未应用于文化对象）。

第 13 节　关于限定摹状词[①]

一个科学命题，只有在我们能指出其中出现的对象的名字的意谓（Bedeutung）时，才是有意义（Sinn）的。这有两种可能的方法。第一种方法是"指示"，就是使所指的对象成为可感知的，然后以一种实指的手势表示所意谓的对象，例如指着那座山说："那是费尔德

[①] 德文原文为 Kennzeichnung，英译者译为 Definite description，即限定摹状词。从书中所述内容来看，这样译是恰当的，我们在这里也采取这个译法，但在后面更多地方我们将译为特征描述。——译者

山"。第二种方法是我们称为"限定摹状词"的一种确定表述。限定摹状词并不指明对象的一切特性以代替具体的感知，而恰恰是要诉诸直观的。限定摹状词甚至也没有指明对象的诸本质特征，而只是指出了我们可在所谈论的对象范围内认出这个所指对象的许多典型的特性。例如，"费尔德山"这个名字表示德国黑林山的最高峰，或距离弗赖堡东面多少公里的那座山。为使限定摹状词是有效的，仅仅摹状句具有意义不够，还必须在所涉及的对象范围内至少有一个具有这些摹状特性的对象，而且只允许有一个这样的对象。因此，一个限定摹状词是否有所摹状以及摹状了什么，这个问题是不可能先天地决定的，而只有放到所涉及的对象范围内才能加以讨论。

在大多数情况下，正如在已提及的那些例子中一样，限定摹状词指出所指对象与其他对象的关系。因此，对对象加以确定的问题最初似乎只是被每个摹状词给推后一步，而且最后还只能通过指示来解决。但是，正如我们即将看到的，在一种对象范围内，即使不借助于指示，原则上也可能有一个独一无二的摹状词系统。不过，这种可能性并非在任何情况下都有，而且就某一对象范围来说，我们不可能先天地决定这种可能性是否存在。关于是否可能有一个限定摹状词系统的问题，对整个认识对象尤为重要。即使在这里我们也不可能先天地做出决定；正如我们在后面将要看到的，对这种可能性的假定乃是超乎主观的纯理性的科学之所以可能的必要前提。

参考文献 关于限定摹状词（Kennzeichnung），参阅罗素和怀特海《数学原理》，第1卷第31页及以下诸页，第69页及以下诸页，第181页及以下诸页；罗素《数理哲学导论》，第168

页及以下诸页;卡尔纳普《逻辑斯蒂概要》,§7,14。(罗素用"description",卡尔纳普用"Beschreibung",但我们这里是在另外一种意义上使用这个词的。)

第14节 纯结构性限定摹状词的例子

我们如何可能在一个确定的对象范围内明确地摹状所有对象,而不通过指示表明其中任何一个对象,并不借助在这个对象范围之外的任何对象?我们用一个具体的例子就可以很容易地了解到这种可能性,由于这个例子说明了一个重要的普遍原则,我们要详细地加以叙述。

例子:我们来看一张欧亚铁路网的地图。这张地图的比例可能并不精确,有如列车时刻表上或其他什么印刷物上的地图一样(后者还要严重)是失真的。在这种情况下,它并没有正确反映铁路的长短距离,但毕竟表现了铁路网的联系,用几何学的术语来说,它表现了铁路网的拓扑学的而非度量的特性。人们曾经利用铁路地图的例子阐明拓扑学特性的概念;这个例子同样也适于用来阐明与拓扑特性有密切关系的结构特性这个更普遍的、逻辑的概念。现在我们进而假定,所有的车站都以点来表示,但在地图上没有任何名字,而且除了铁路线之外,也没有任何其他标志。现在的问题是:我们能否通过对实际的铁路网的观察确定这张地图上的那些点的名字?当然观察实际的铁路网是困难的,因此我们可以用另外一张标明所有车站名字的地图来代替这张地图。我们的第一张地图可能比通常的列车时刻表上的地图更为失真，因此寻找一些富于特征的形式，例如漫长的西伯利亚铁路，是不会有什么助益的。但是我们可以进而采取另一种方法。我们可以找出那些最重要的铁路枢纽，即大量的铁路线交会之点。这样的铁路枢纽是为数很少的。假定我们发现有二十个铁路枢纽，有八条铁路线在那里通过。如果我们对每个枢纽点都计算一下在这八条铁路线的每条线上它与距离最近的另一枢纽点之间有多少个车站，那么这二十个枢纽点中几乎没有两处在所有八条线上都恰好重合；由此就把二十个枢纽点都确定了。但是如果还有两个甚至二十个点在这一点上是一致的（即有同样数目的铁路线在这里通过），那么我们只需看一下这八个彼此邻近的枢纽点之间的联系：它们是否具有直接的联系，在它们之间有多少个车站，有多少条铁路线通过每个邻近的枢纽点，等等，我们肯定会发现在今日实际存在的铁路网上不复有任何重合。但是如果我们与之打交道的是一个连上面提到的特征都无法确定的铁路网，那么我们就不得不一步步地从邻近的枢纽点再进到其邻近的枢纽点，如此等等，以便找到主要枢纽点的更多的特征。我们如此进行，直至找到即使查遍整个铁路网都不复有任何重合的那些特征。只要我们找出了地图上一个点的名字，其他点的名字就容易得出，因为对邻近的点可考虑的名字毕竟是极少的。

但是，如果在查遍了整个铁路网之后甚至还找不出两个铁路枢纽点的区别，那又怎样呢？在这种情况下，就是有两个点就其与邻近车站的关系而言有着相同的结构特征（"同伦点"homotope① Punkte）。由此可见，这种关系不足以使我们对对象做出确定的摹状；我们决不能不借助指示而仅用结构特征就把这个对象范围内的对象标明出来，否则我们还必须借助于一种或更多的其他的关系。首先，我们要选择一些类似的关系，如在公路交通联系上、电话联系上以及其他相互邻近的关系。但是，为了严格地限定在结构陈述的范围之内，我们一定不要用名字去举出这些关系，而只能通过一个表明其全部关系网络的方位图把它描述出来。我们必须假定，只有通过对地理实际的观察，才能弄清楚上述这个网络就是欧亚公路交通、电话联系等的网络。通过所有这些更进一步的联系，正如最初通过铁路交通的联系一样，我们将力图先把个别的一些点然后把所有的点都描述出来。在这种情况下，没有人会认为，涉及所有应用的关系还有两个点是同伦的。这种情形只是与我们的实在概念有抵触，但不是不可想象的，因此为了解决根本的问题，我们必须进而提出以下的问题：如果所有这些关系都不足以给一个对象以完全的描述，那么限定摹状词的情况又怎样呢？直到现在，我们只使用了空间关系，因为用地图把它们在空间示意图上表现出来是人们习惯了的而且是最容易理解的。但是我们也可以利用所有其他的地理关系，通过居民人数的比例（而不是居民人数本身），通过经济过程、气候状况等等，把各个地点联系起来。如果对象领域仍有两个成分是同伦的，那就是恰恰

---

① homotope（同伦的），拓扑学术语。两个点集，如果其中的任何一个可以通过连续变形变到另一个，即被称为同伦的。——译者

有两个在地理上无法分别的地点。于是我们如果转向一种新型的关系,对各个地点之间的一切历史关系都同样加以考虑,那么我们最后就将利用一切真正的科学概念,包括物理科学和文化科学的概念。如果在用尽了全部可供使用的科学关系之后,在两个地点之间仍然看不出任何区别,那么它们就不仅在地理上而且一般说来在科学上也是无法分别的。既然我只能处于这一个地点而不能处于另一个地点,因而这两个地点的区别是主观上的区别,而这就意味着它们在客观上并无区别;这样在另一个地点上就会有一个情况恰好相同的人像我一样说:我在这儿,不在那儿。

第15节 结构性限定摹状的一般可能性

由上例可见,如果一个对象领域不是太狭窄,其间的关系有极其多样的结构,那么,根据一种结构描述,通过该对象领域内的一个或更多的纯结构描述的关系,我们就能反复地以纯结构陈述而无需利用指示对诸个别对象做确定的摹状,凡是还不能做出这样明确的描述之处,则必须扩大对象领域,或者借助于其他的关系。如果科学上可用的一切关系都被使用之后,一个对象领域的某两个对象之间仍然看不出有任何区别,那么对于科学来说,它们就是完全相同的,尽管从主观上来看它们是不同的。(这只是表示,如果所说的前提条件完全实现,那么这两个对象就不仅应被看作是相同的,而且应在严格的意义上被认为是同一的;这里我们不可能详细地讨论这个乍看似乎自相矛盾的论断。)因此,在完全可能做出科学区的范围内，通过纯结构陈述做出明确的限定摹状一般地说是可能的；只有在根本不可能用科学的方法区别这两个对象时，这种描述才失去效用。

通过结构性限定摹状的方法，我们就有可能赋予经验对象以确定的符号，使其成为可给以概念处理的东西。虽然从另一方面说，经验对象又正是由于被赋予这些符号才可能被规定为个别的东西。因而，对下面这个"奇特的事实"的解释就在这种方法之中，即"在认识上，我们使两个集合互相配合，其中一个集合的分子只有通过这个配合才能被界定"（莱辛巴哈：《相对论和先天知识》，柏林，1920年，第38页）。

这里所说的纯结构性限定摹状类似于希尔伯特几何公理所用的隐含定义（《几何学基础》，莱比锡和柏林，1922年版），石里克对其一般方法和科学意义做过叙述（《普通认识论》，柏林，1918年，第29页及以下诸页）。隐含定义或通过公理所下的定义在于，一个概念或更多的概念是由于人们确定了某些公理适用于它们而得到确切规定的。对这些公理，我们所要求的只是其无矛盾性，只是一种通过纯逻辑的考察即可验证的形式逻辑的特性。对于以这种方式被隐含地予以定义的对象可能做出的那些命题都是从这些公理推演出来的，亦即通过纯逻辑的方法得到的。严格地说，通过公理被隐含地加以定义者并不是某一确定的对象（概念）而是一类这样的对象，或者你也可以说，是一种"不确定的对象"或"非原本的概念"，参阅卡尔纳普："原本的和非原本的概念"，*Symposion*，第1辑（1927年），第355—374页。

与隐含定义不同，结构性限定摹状只是描述（或界定）一个个别对象，一个经验的、逻辑之外的领域的对象（在第14节的那个例子中，对象就是铁路车站这个对象领域中的一个单独的车站）。因而，要使这种限定摹状成为有效，不仅需要摹状的结构陈述无矛盾，而且还要出现这样一种事实情况，即在所涉及的对象领域中至少有一个而且不能多于一个这类被摹状的对象存在。对被如此摹状的对象的进一步的陈述不像对隐含定义的对象的陈述那样全都是分析的，即由进行定义的陈述推演出来的，而是部分地也是综合的，就是说，有些陈述是对所涉及的对象领域内的经验事实的陈述。

第16节 一切科学命题都是结构命题

从上述关于结构性限定摹状的考察可以看到，在一个科学命题中出现的每个对象的名字原则上（即如果已具备必要的知识）都可代之以一个对象的结构性限定摹状以及对其所涉及的对象领域的陈述。这不仅适用于个别对象的名字，而且适用于一般对象的名字，即概念、类、关系（如我们在第14节关于街道网络之类的关系中所看到的）的名字。因此，每一科学命题原则上都可转换为一个只包含结构特性和一个或更多对象领域的报道。我们在下面的研究要予以证明的构造理论的一个基本论点（参阅第4节）说明，归根到底只有一个对象领域，每一科学命题所讨论的都是这个领域的对象。因而，在每一命题中都指出对象领域就是不必要的了，其结果则是每一科学命题原则上都可做这样的转换，使它仅仅是一个结构

命题。但是这种转换不仅是可能的，而且是必需的。因为科学要谈
论的是客观的东西，而所有属于质料而不属于结构的东西，所有可
以具体显示的东西，归根结底都是主观的。在物理学中，我们不难
看到这种对主观性的消除（Entsubjektivierung），它几乎把一切物理
概念都已转换为纯结构概念了。

首先，一切数学概念都可还原为关系理论的概念；四维的张
量或向量域是结构性的图式；以重合与原时关系织成的世界线网
也是一个结构性的图式，其中只有一两种关系还具有名称，但
即使这一两种关系也是通过图解的方式被明确规定的。

按照构造理论的考察方法，这一事实是以下面的方式来表述
的。对每个主体而言，各有不同的经验系列。尽管如此，对于根据
经验构造出来的东西，如果在命名上要取得一致，那么这是不可能
诉诸全然相异的质料而实现的，而只能通过对这些东西的结构的形
式摹状来达到。不过，还有一个问题，即如何通过应用相同的形式
构造规则，从极其纷繁多样的经验系列得出具有一种对所有主体一
般无二的结构的存在物，这就是主体间的实在问题。我们在后面还
要讨论这个问题。首先我们要牢记，使科学限定于结构命题是可能
的，同时也是必要的。这就是我们的论题所主张的东西。从前面的
考察（第10节）可见，尽管如此，科学命题还是可以语言的形式表
达一种实质的关系描述乃至特性描述（第10节）。

参考文献 人们从类似上述的考虑出发，有时持这样一

种观点，即认为所予本身，例如感觉，决不可能具有客观的价值，"只有感觉间的关系才可能具有客观的价值"（彭加勒:《科学的价值》，德译本，1910年第2版，第198页）。这个观点的方向显然是正确的，不过还只是迈出了最初的一步。如果我们要达到完全形式化的东西，就必须从关系进到关系结构；关系本身，就其质的特性而言，还不是主体间可传达的。只是到了罗素（《数理哲学导论》，第62页及下页）才指出了结构在取得客观性上的重要性。

第二章　对象种类及其关系概述

第17节　对象种类对于构造理论的意义

在本章中我们不做新的研究，只是按其为人们所熟知的有代表性的特性对各种不同的独立的对象种类做一概述，并对这些对象种类之间的一些关系做一讨论，这些关系或者曾经引起了形而上学的问题（如心理物理的关系），或者对于对象种类之间逻辑的认识的关系，从而对于构造理论的问题（如表达关系）具有重要意义。

构造理论的目的在于建立一个对象系统，因而对象种类及其相互关系问题对于它是非常重要的。这里要指出的各种区别和关系，特别是各种"对象领域"的区别，最终必然表现在我们要构造起来的那个系统中。关于对象种类问题的考察对于我们的构造理论的形式特别重要，因为正是在这里我们提出了这个论点：一切对象概念都可能从一个唯一的共同的基础推导出来。

我们在后面所要叙述的构造理论不是从本章所谈的事实和问题出发，而是完全以这种构造为开端的。只是在这个构造系统的某些阶段上，我们才考虑某些这类的事实情况，把它们作为判断构造系统最终结果的最重要的检验标准。但是，另一方面，这种构造理论将导致这样一个结果，即：此处所述的问题在这个新构造的对象系统中根本不出现，因为问题被弄复杂了，搞混乱了，并非由于事实本身是错综复杂的，而是由于某些传统的概念混乱造成的。（因此对本章论断的异议最好放到后面这些论断用于构造系统时再谈。）

本章较前一章更带有纯粹预备的性质，因此可以略过而不致影响后面几章所论述的构造理论的联系，不过，第20、22、25节中一些带有根本性的讨论则是例外。

第18节 物理对象和心理对象

此处物理的东西和心理的东西的概念是就其通常的意义而言的，因而我们不提出任何详细的解释，更不给它们下任何定义，而由于这两个概念在某些方面是含糊的，而且是"逻辑上不纯的"，我们尤其不宜提出解释和定义（第29节）。

我们可以将最重要的一类物理对象，即物理的事物作为其代表性的例子。物理的事物的特征主要在于，它们在某一时间占有某一空间，即占有一片广延的空间。因此，地点、形状、大小和位置是每一物理的东西具有的一些规定性。而且至少有一种官觉性质如颜色、重量、温度等等属于这些规定性。

我们在这里总是在最广义上使用"对象"一词，即意指可对之作出陈述的某种东西，因而我们对过程和对象不加区别。属于心理对象的首先是意识过程：知觉、表象、情感、思想、意欲，等等。我们还把无意识的心理过程（就其被认为类似于意识过程而言），例如无意识的表象,也算作心理对象。

心理对象和物理对象均有时间的规定,在这一点上它们是一致的。在其他方面两者则是截然不同的。心理对象没有颜色或其他官觉性质,也没有空间的规定性。心理对象除了这些消极特征之外,还有一个积极的特征,即它们都属于某一个别的主体。

第19节 心物关系、表达关系和符号关系

心物关系是存在于一种心理过程和"与之相应"或"平行"的中枢神经系统的过程之间的关系。根据一种最具代表性的观点来看,所有心理对象都属于这个关系中的前域,反之,属于后域者则只是物理对象中一个极小的部分,即有生命的动物的(或许只是人的)身体的神经系统的过程。

从一个人的声音、面部表情和其他动作我们可以知道"在他心中发生了"什么,因此我们可以从物理的过程推出关于心理过程的结果。一个动作和心理过程(那个动作是它的"表达")的这种基本关系我们称之为"表达关系"。几乎身体及其肢体的所有动作,尤其是不自觉的动作,都属于这种"表达关系"的前域。部分心理对象,尤其是情感,则属于表达关系的后域。

我们用来了解其他人并认为其"表达"了心理的东西的许多物理对象同其所表达的东西并无真正直接的表达关系,而是处于一种复杂的关系中。对所有不是他人身体过程的物理对

象，例如书法、雕塑、口语（空气中的声波），等等，都可以这样说。这些物理对象在物理因果关系上可以归溯到实际表达关系的前域，即身体动作。而且这里的因果联系具有这样一种性质，使其能经久保持带有表达意义的形态特征。手写文字只是由于与书写时手的动作在某种形态特征上有一致之处，在笔迹学上它才可能被用来解释心理的东西。因此，甚至在这种情况下，我们也经常要追溯到存在于手的动作（但不是手写文字）和心理东西之间的实际表达关系。

必须把表达关系与符号关系明确区别开来。符号关系是"指称"某物的物理对象和被它们所指称的物理对象（例如，文字符号"罗马"和罗马城）之间的关系。一切对象，就其为概念认识的对象而言，总是以某种方式用符号表示出来，或者说原则上可用符号表示出来，因此一切种类的对象都属于符号关系的后域。

在某些情况下，同一个物理对象与心理的东西同时既有一种表达关系又有一种符号关系。但是这里我们能够而且必须把这两种关系十分明确地分别开来。例如，口语在任何情况下都是某种心理东西的表达，无论其所要涉及的内容如何；因为不仅通过音调、音速、节奏等等，而且通过对个别语词和说话方式的选择，口语泄露了说话人当下的某种心理状态。但是，除此之外，语词还有一种意谓；语词的表达内容和意谓内容的区别在意谓涉及说话人心理过程之外的事物时尤其容易被辨认出来。

第20节 关系的配置问题和本质问题

与每种关系相联系,有两类不同的问题,如果涉及的是不同种类对象的关系,那么这两类问题的区别就尤为重要。所谓"配置问题"我们是指关系存在于哪些对象序偶中的问题,说得更确切些,即我们要考察的关系的普遍配置律是什么。对此我们可做如下形式的回答:如果前项(关系者)具有如此这般的一种性质,那么后项(被关系者)就具有某某性质(反之亦然)。

例子:我们来看一看符号关系、书面语及其意谓的符号关系。由于自然语言没有语词意谓功能的法则,即没有可使我们从一语词的形式推知其意谓的普遍规则,在这种情况下,只有把一个关系的所有关系项的序偶都列举出来,才有可能指明这个关系的范围。假定一种基本语言是已知的,那么借助一本字典就可以做到这一点;否则,回答则必须采取例如一种植物园的形式,即把对象搜集起来,每个对象都注明它的名称。如果语词的意谓已知,则对于语句的符号关系的配置问题就可以通过一种普遍作用给出答案,而这种普遍作用通常具有极其复杂的形式。它也就是该语言的带有一种意谓规则形式的句法。一种意谓规则(在基本的情形中)具有如下的形式:如果一个语句是由三个词构成的(一个主格的名词,一个第三人称单数主动式现在时的动词,一个宾格的名词),那么它就意指下面这个事态,即以第一个词为符号的对象与以第三个词为符号的对象处于以这个动词为符号的那种关系中。

应当把一种关系的**本质问题**与**配置问题**区别开来。这里我们不是简单地问这种关系是什么对象之间的关系,而是要问:把总是配合在一起的关系项联系起来的究竟是什么;这个问题不是追问有关对象的性质,而是寻求关系本身的本质。后面我们将根据构造理论来确定科学和形而上学的区别(第182节)并将认识到本质问题属于形而上学(第161、165、169节)。

例子:从因果关系即原因和结果的关系(这里仅指物理学中的因果关系而言)的例子中,我们可以清楚地看到本质问题之区别于配置问题以及由之而来的事实科学和形而上学之分工的意义。关于什么原因与什么结果有因果关系的问题,亦即配置问题,是物理学探讨的问题。其任务在于以一种普遍作用法则对这个问题做出回答,即以如下的形式做出回答:如果原因有如此这般的性质,则结果就有某某性质。这种形式的回答就是物理学提出的自然律。反之,物理学并不回答具有如此这般性质的两个事件(彼此处于原因和结果的关系中)之间的因果关系究竟是一类什么关系的问题,并不回答它们的联系、"由因致果的作用"的本质是什么。

关于因果性问题,我们将在本书最后一部分讲构造理论之后做更详细的论述和探讨(第165节)。

本质问题的意义与**本质关系**的概念有密切的联系。本质关系是指把诸关系项"本质地"或"实在地"或"实际地"联系起来的东西，有别于仅仅使诸关系项互相配合起来的纯粹安排配置的关系。后面（第161节）还要指出，本质关系问题正如关系本质问题一样，在（理性的）科学范围之内是既不能解决也完全不能提出的。它属于形而上学。

例子：本质关系的概念在因果性问题上恰恰也起着重要的作用。在关于物理学基础的讨论中，与某些实证主义的或"数学化的"观点相反，人们曾反复强调说，作为物理学核心概念的因果性不仅是一种配置（亦即一种数学函数），而且是相关过程间的一种本质关系，即一个过程对另一个过程的真正意义上的"作用"。

第21节 上述关系的配置问题和本质问题

因果性的例子表明，对配置问题的研究是事实科学的任务。对于前面提及的那些关系的配置问题也可以这样说。心物关系的配置问题是大脑生理学、心理学和精神病理学所研究的。它们试图发现在中枢神经系统中与某一心理过程相应的是怎样一类生理过程，反之亦然。科学在这个领域的任务几乎还完全没有解决。进行这些研究显然有技术上的困难；然而，这里并不存在根本的障碍，并不存在我们知识的绝对界限。人们对表达关系的研究比较少，尽管这种关系对实际生活有极重大的意义，因为我们对他人的了解就依赖于对这种关系的认识。但是，我们并不是理论上明显地而是直观地（"移情"）具有和利用这种知识。这种关系的配置问题之缺乏较完满的解决，其因在此。而观相术、模拟术、笔迹学、性格学的理论今天却有了颇有希望的开端。对于极其广泛、极其繁复多样的符号关系的配置问题，要用一个单独的理论体系做出回答几乎是不可能的。尽管符号关系的范围（文字符号、信号、记号等等）几乎是广大无涯的，但是解决配置问题所遇到的困难在这里却是我们讨论过的一切关系中最少的；无论如何这里不存在根本性的困难。

由此可见，上述关系的配置问题必须从期望某些事实科学中得到解决，而且没有任何根本性的困难阻碍其解决。但是关于这些关系的本质问题则情形完全不同。因为这里所涉及的不是对事实的确定而是对事实的说明，所以不可能给这些问题以经验的回答。因而对这些问题的处理不是事实科学的任务。

在对配置问题同时有若干不同的假说疑而未定的地方，我们至少可以指出哪些迄今尚未发现的经验的检验结果能够对这个或那个假说做出有利的判定。相反，对本质问题，各种根本不同的回答不仅没有做出过判定，而且显然也不可能做出判定；对于公正的观众来说，这是一个令人失望的情景，因为即使对未来知识的进步抱着最大胆的期望，也无法预见有什么经验的或通过其他方法获得的知识会带来这种判定。

关于表达关系的本质问题有过各种不同的、彼此分歧的、甚至部分互相矛盾的答案。人们往往把表达活动解释为被表达的心理东西的结果（因此这个问题又回到因果关系的本质问题），但是另一方面又解释为心理东西的原因，或者又认为表达活动和心理东西两者是等同的。有时人们认为被表达的感情以一种特殊的不可分析的方式"寓于"身体的表达中。因此在这里就出现了多种多样的本质关系。在符号关系方面，问题则简单些，因为符号与其所指之间的联系总含有一种约定的因素，就是说，这种联系是以某种任意的方式构成的。在这里很少有人承认有一种特殊的"符号化"的本质关系。

第22节 心物问题是形而上学的中心问题

心物关系的本质问题可以简称为"心物问题"。它不仅是有长久历史的哲学问题中与心物关系联系最密切的一个问题，而且已逐渐成为形而上学的主要问题。

这个问题是：假定一切或某些种类的心理过程总是与中枢神经系统中同时进行的过程相对应的，那么把这些互相对应的过程联系起来的又是什么呢？即使心物关系的配置问题完全解决了（诚然我们几乎还没有着手去解决这个问题），就是说，即使我们能够从一个心理过程的特性推知与之相应的大脑过程，反之又能从后者推知前者，那也丝毫无助于解决本质问题、"心物问题"。因为这个问题所探求的不是配置，而是本质关系，即"本质上"或"根本上"将此一过程引致彼一过程的东西，或者从一共同根源导出两者的东西。

人们为解决这个问题所做的种种努力及其不可调和的互相矛盾是大家熟知的。偶因论和先定和谐说大概只有历史的价值了。就今日而论，要考虑的主要是下面三种假说：心物交感说，心物平行说，心物两面说意义上的心物同一论。心物交感说假定心物两个方面有一种本质关系，而且是双向的因果作用。心物平行说（就其狭义即排斥同一哲学的意义而言）否定本质关系的存在，认为只有两类对象（两类过程）间的一种功能配置关系。最后，心物同一哲学根本不承认有两种不同类型的对象，而将物理的东西和心理的东西看作同一基体的两个"方面"（"外在"和"内在"）。反对者对这些假设提出的反驳似乎是饶有根据的：科学一向假定一切空间过程都具有连续不断的因果联系，在承认心物交互作用的情况下，这个假定就站不住了；另一方面，我们也无法理解纯粹功能的配置，即一种逻辑的而非实在的关系，怎会产生出一种与感官刺激相应的知觉。至于像心理的东西和物理的东西这样两类如此不同的对象的同一性，只要我们还不知道"基体"、"内在和外在方面"这些譬喻之词究竟作何理解，那就始终是一个空话。（因此对于作为心理学上一种纯粹启发式的工作假设的心物平行说或心物交感说，我们就不谈了；我们在这里讨论的是形而上学的观点。）

对心物关系的这三种回答是互相矛盾的，同样不令人满意，而且我们也不可能找到甚至不可能想象有一种能在此处做出判定的经验事实。很难想象有比这更令人丧气失望的情况了。这可能使我们推想，本质问题尤其是心物问题之提出也许就是错误的。构造理论将使我们看到事实确乎如此。当我们发现了对象和对象类型的构造形式，从而认识到它们在构造系统中的逻辑地位，并进而解决了上述那些关系之一的配置问题时，我们就给出了（理性的）科学对那个关系所能说的一切。除此之外再提出关系的本质问题是没有意义的；我们根本不可能用科学的语言把它表述出来。我们将在第五部分的说明中更详细地指出这一点（第157节及以下诸节）。

第23节 精神对象

除了我们讨论过的两种对象，即物理的对象和心理的对象之外，对哲学来说最为重要的对象种类是"文化的"、"历史的"、"社会学的"对象意义上的"精神对象"。它们属于精神科学的对象范围，而且正是由于这些科学的名称，把其对象称为"精神的"对象似乎是适当的。的确，人们已愈来愈少用"精神的"和"精神"这两个词表示心理的东西和心理东西的主体统一性（即"心灵"）或者表示心理东西的某个部分，而且最好完全避而不用它们。个别的事件和广泛的过程、社会学的群体、机构、各个文化领域中的思潮，乃至这些过程和机构的性质和关系，也都属于精神的对象。

精神的东西之为一类独立的对象，这一点在19世纪哲学中并未得到充分的重视。原因在于认识论的和逻辑的研究把目光特别集中于被视为其典型专业领域的物理学和心理学。直至新近历史哲学（从狄尔泰以来）才提出精神科学领域在方法论和对象理论上的特殊性。

精神对象和心理东西的一致在于精神对象也是附着于主体的：其载体总是某一群体的人。但是，与心理对象截然不同，这种载体是可以变换的：一个国家，一种风俗习惯，当其负载主体已然消失而被另一负载主体所取代时，仍能继续存在。精神对象也不是由心理的东西（亦决非物理的东西）构成的。这里涉及的是全然不同的类型的对象；精神对象属于物理的和心理的对象之外的另一种对象领域（在后面第 29 节中将要说明那种意义）。这表明任何精神对象都不可能有意义地被放入一个关于物理的或心理的东西的命题中。

后面，与构造理论相联系，我们将说明主张认识对象的一切领域的统一性意即根据同一基础推导（"构造"）出所有的对象，主张有各自独立的对象领域意即承认有各种不同的构造等级和构造形式；因此，这两种表面看来互相抵牾的观点是可以调和的（参见第 41 节）。

第 24 节 精神东西的显现和文物记录

这里我们拟只讨论精神对象和其他对象间两个最重要的关系，因为对精神对象及其构造的认识完全取决于这两种关系。我们把这两种关系称为"显现"和"文物记录"。

在某一时间存在的一个精神对象不必在这一时段的每一点上都是现实的，即不必现象出来。这个对象总是出现或"显现"于其中的那些心理过程，我们称之为它的"（心理的）显现"。一个精神对象的（心理）显现与这个对象的关系，我们称为"显现关系"（更确切地说，是心理－精神的显现关系，或简称为心理显现关系）。

例子：例如，在一个人此刻决定对另一个人脱帽致意和脱帽这种礼仪习俗之间就存在着这种显现关系。这种习俗不仅存在于眼下某人在某处显现着它的时候，而且存在于任何一个时期，只要其间总有人生活着，带有一种心理倾向，要通过脱帽致意对某种知觉做出反应；只不过在这个时期中，习俗是"潜藏"着的。

一个物理对象也可能是一个精神对象的显现。因此，例如脱帽致意这种习俗，就显现在某人当下适当的身体动作中。但是更仔细的考察表明，即使在这里心理的显现关系也还是根本的；因此当我们只说"显现关系"时，就是指心理显现关系。

我们把精神生活可以说被凝固于其中的那些持久存在的物理的东西（如产品、工具和精神事物的文件）称为精神对象的文物记录。

例子：一种艺术风格的文物记录或体现就是属于这种风格的那些建筑、绘画、雕塑等等；现代铁路系统的文物记录就是全部固定的和转动的铁路材料以及铁路运行的文件。

讨论显现关系和文物记录关系的配置问题是精神科学的任务。因为精神科学必须确定个别的精神对象是通过怎样的行为（物理的和心理的行为）表现、显现出来的。在一定意义上可以说对任何精神对象的名称的定义即在于此。另一方面，文物记录关系对精神科学具有特别重要的意义，因为对已不复存在的精神对象（这些对象确实构成了这个领域的大部分）的研究几乎只能以从文物记录即文字记载、插图、被营造或铸做的事物等等推出的结论为依据。但是这些结论必须以文物记录的配置，即对文物记录关系的配置问题的回答为前提。因此，对于精神科学来说，为其研究对象界定概念和确定认识标准的任务就在于对这两个配置问题之解决。

正如前面考察过的关系那样（第 21、22 节），这里对配置问题的探讨也属于事实科学的任务，反之，对本质问题的探讨则是形而上学的任务。这里我们不拟深谈解决本质问题的种种尝试（如流溢说、道成肉身说、心理主义的解释、唯物主义的解释）。这些尝试的考察证明，这里有一种与先前那些本质问题类似的状况：各种不同的观点互相冲突，无法看到如何根据某种经验获得的知识做出判定。

第 25 节 各种独立的对象种类

除了物理的、心理的和精神的几类对象之外，我们还要举出若干其他独立的对象种类。这些对象种类的每一种都是"独立的"，下面我可以把这个说法更确切地表述为：它们属于不同的"对象领域"（第 29 节）。因此，在描述了构造理论之后，我们将必须考察一下，这个理论在根据它构造起来的概念系统、"构造系统"（见第四部分）中是否为这里提到的对象种类安排了位置。

后面（第 41 节）我们将指出，独立的对象种类的多样性与对象领域的统一性的矛盾只是表面上的。

例子：逻辑对象：否定、蕴涵、间接证明。这些是狭义的逻辑对象，即不包括数学对象在内。数学对象与狭义的逻辑对象有密切的联系，但是按照通常对科学的划分，我们可以对它们分别加以讨论；不过这样划定界限是有点任意的。（逻辑对象将在第107节中被纳入概念的"构造系统"，即被"构造"起来。）

数学对象：数字3、所有代数的数的类、等边三角形。此处三角形不要从直观的空间的意义上而要从数学的抽象的意义上去理解（数学对象的构造，第107节）。

具有空间形状的对象种类：球体、等边三角形。此处用语不要理解为抽象的非空间的几何学的用语，而要从其本来的空间直观的意义上去理解（参见数学对象）。具有空间形状的对象与物理对象截然不同，因为它们缺乏时间、地点、颜色、重量，等等的规定（具有空间形状的对象的构造：第125节）。

颜色对象种类：灰色、红色、绿色。时间和地点的规定（就纯现象的意义而言）不适用于颜色，而且更确切地说，颜色、重量或其他官觉性质也不适用于它们；颜色因此而有别于物理对象。颜色和物理对象的区别乃基于表象内容和表象的区别（颜色的构造，见第118节；为了把它们构造为主体间性的对象，我们还要把第148节讲的主体间化的方法运用于这种构造；对于其他更多方面的构造也是如此）。

声音对象种类：c、e和音c—e—g。气味和滋味对象种类，正如颜色和声音对象种类一样，也应作为独立的对象种类被提出来（这些官觉性质的构造，见第131、133节）。

生物学对象：橡树、马（两者均指种属，非指个体）。这样的一个生物学对象不是物理对象的总和,而是它们的组合,也就是一个类;关于组合与集合的区别,参见第36节,特别是第37节关于类和集合的区别(生物学对象的构造,见第137节)。

伦理学对象:义务、顺从、(一种行为的)伦理价值。关于伦理学对象与心理对象的区别,参见关于颜色的论述(构造,见第152节)。

不难看出,我们还可以继续列举许多对象种类。不过,对我们提出的目的来说,这个对象种类的系列已经足够了。它使我们看到有多种多样的独立的对象种类,而且可被用来检验对象系统,亦即这里所说的构造系统。

第三部分

构造系统的形式问题

第一章 等级形式

第26节 构造理论的四个主要问题

构造理论的目的是建立一个构造系统，即建立一个按等级顺序排列起来的对象（或概念）系统；这个等级顺序是这样确定的：每一等级的对象在下面将要详细说明的一种意义上都是在较低级对象的基础上"构造"出来的。因此，为了建立这样一个系统，我们主要面临下面四个问题。首先，我们必须选择一个出发点，即所有其他对象都以之为基础的一个最初的等级。其次，要确定从一个等级过渡到最近一个等级所经过的反复出现的形式。第三，要研究各种不同种类的对象如何能够通过逐步运用等级形式而被构造出来。第四个问题是关于这个系统如何从各种对象种类高低层次划分中获得总形式的问题。我们把这四个问题称为基础问题、等级形式问题、对象形式问题和系统形式问题。基础问题、对象形式问题和系统形式问题互相密切联系。它们的解决互为条件，因为对象的构造，从而系统的建立，都有赖于对基础的选择，另一方面，对于基础的选择来说，具有决定意义的是要能从它构造出一切对象种类。反之，等级形式问题则很少依赖于对整个系统所要求的效能，而且更不难处理。因为系统的基础虽然是由可做无限多之选择的非逻辑的东西构成的,但是等级形式则只能从为数甚少的逻辑形式中加以选择,而无赖于系统的内容;下面我们将从结构和逻辑复合物的概念得出这些形式。当然,我们不会立即看到只用如我们所主张的极简单极少量(即仅仅两个)的概念就足以得出这些等级形式。首先,从后面对作为构造形式的定义的考察(第38—40节),我们就可得到这个结果。因此,归根结底,我们必须在这个系统的构造本身中来证实这一点。

我们将在本书这一部分的第二至四章讨论关于基础、对象形式和系统形式的问题,在那里我们必须着重考察经验事实,即各门科学研究对象的特性和关系;接着我们还要讨论表现构造系统的那些符号的和语言的形式(第五章)。在本章中我们首先解决等级形式问题,这是一个形式逻辑性质的问题。

第27节 准对象

我们可根据一个(语言)符号是与别的符号相联系才具有意谓抑或其自身即已具有独立的意谓来给符号分类。严格地说,只有表示一个命题的那些符号(大多是复合符号),即语句,才有独立的意谓。对于那些本身不是语句而在科学中只能作为语句的部分出现的符号,我们还要再区分所谓的"专名"即指称某一个别具体对象(如"拿破仑","月亮")的那些符号和语句的其他部分。按照传统的看法,专名至少有一种相对独立的意谓,因而不同于(照弗雷格的说法)我们可称之为"不饱和符号"的其他符号。

但是应当指出，这个区别根本不是一个逻辑上严格明确的区别；这里我们按照传统来谈这个区别，而不打算更精确地界定"专名"的概念。这里所做的区别也许只有程度的不同，因而对分界线的选择在某种程度上是任意的；后面关于个别对象和普遍对象的讨论（第158节）似乎就表明了这一点。

在符号的最初使用上，应当只有专名居于句子的主词地位。但是为了更切实用，语言进而也将代表普遍对象的符号乃至其他不饱和符号都置于主词地位。但是，这种非本义的使用只有在我们能将其转换为正确的用法，即只有在这个语句能够被翻译为一个或几个唯独专名出现在主词地位的语句时才是可以允许的。关于这个问题我们在后面将做更多的论述。因此，不饱和符号虽然并无所指，然而在被非本义地使用时却像对象名称一样被用来指称一个对象。人们甚至谈论"它们的所指"，有意无意地虚构了这种东西的存在。由于这些虚构是有用的，我们这里还要保留它们。但是为了清楚地看到这种虚构的性质，我们不要说一个不饱和符号指称一个"对象"，而要说它指称一个"准对象"。（按照我们的严格的看法，甚至所谓"普遍对象"，如"一只狗"或"狗"就已经是准对象了。）

例子：假如"卢克斯"和"卡洛"是狗的专名，那么在"卢克斯是一只狗"和"卡洛是一只狗"这两个语句中就有一个彼此一致的成分："……是一只狗"。这就是一个不饱和符号（而且是一个命题函项，参见第28节）。同样地，"……是一只猫"这个不饱和符号是其他一些语句的彼此一致的成分。这个不

第一章 等级形式

饱和符号("……是一只猫")又与上面那个不饱和符号("……是一只狗")有一个共同的成分:"……是……"其余的成分("……是一只狗"和"……是一只猫")则仍然是另外一种不饱和符号。为了表达所有的狗都是哺乳动物这个事实,而我们又想保留此前的语句形式"……是一个……"(按照规定,在这里居于主词地位的是一个对象的名字),那么我们就只得造出下面这样繁琐的语句:"对于变项 x 的所有的值来说,'x 是一只狗'蕴涵着'x 是一个哺乳动物'"。如果我们允许把一个不饱和符号放在主词地位,好像对象名字一样,那么我们就会造出一种新的语句形式而不是上面这种形式的语句了。我们说:"狗是哺乳动物。"在这个语句中根本未出现真正的对象名字。现在对于"狗"这个完全不指称任何对象的不饱和符号,我们就说(因为我们把它用于好像指称一个对象这样的语句位置上):它指称一个"准对象"。

如果要更精确地把握所说的这些关系,我们至少必须用逻辑斯蒂的符号替换那些既不指称逻辑外对象也不指称逻辑关系的语句成分,而这些逻辑符号的意义则通过与刚才提到的那些语句的比较就可以了解到(逻辑斯蒂对逻辑构架的表述,见第 46 节)。首先,我们有语句"卢克斯 ε 狗","卡洛 ε 狗";然后有不饱和符号"……ε 狗"和"……ε 猫"(或"xε 狗"和"xε 猫");它们表示命题函项。此外,我们还有不饱和符号"狗"和"猫";它们表示类。在语句"狗⊂哺乳动物"中类符号是作为对象名字来使用的(关于⊂参见第 33 节)。表示类的符号正是为此用途而被引进的,因此所有的类都是准对象(第 33 节)。

语句"狗⊂哺乳动物"是一个只有类符号而无对象符号的语句，按照它的形式而言，其正确性只能通过下述方式来证明，即将其转换为一个只有对象名字出现在主词位置上的语句，也就是转换为上面所说的带有变项 x 的语句。更详细的研究将会指出，"狗"和"哺乳动物"这些类乃是动物个体的复合物（第36节）。

科学的"对象"几乎无例外地都是准对象。这不仅适用于所有的一般概念（今日的唯名论思想很容易使我们相信这一点。参阅第5节），而且适用于大多数个别科学对象。我们从构造理论就会了解到这一点（参阅第158节，关于个别对象和一般对象的论述）。

后面将要讨论在我们的系统中所使用的构造的两种等级形式，它们都是准对象形式。

参考文献 关于不饱和符号的学说是由弗雷格奠定的（《函项与概念》，耶拿，1891年；《算术基本法则》，耶拿，1893年，第1章，第5页）；罗素做了详细的讨论（《数学原理》第1章，第69页及以下诸页，《数理哲学导论》第182页及以下诸页）。如上文所示，我们的观点更为激进。但此处不容详述。

把普遍对象看作准对象的观点接近于唯名论。但是应当强调指出，这种观点仅与指称一般普遍对象的符号（语词）的逻辑功能问题有关；至于这些符号之所指是否具有（形而上学意义上的）实在性的问题，我们并不因此做出否定的回答，而是根本不提出这样的问题（参阅第五部分第四章）。

第28节 命题函项

如果我们把一个或几个对象名字（首先是专名，其次也包括准对象的名字）从一个语句中略掉，那么我们就说那个剩下来的不饱和符号表示一个"命题函项"。通过把略掉的名字作为"主目"填入空位即"主目位置"，我们就恢复了原来的语句。但是，为了得到一个真或假的语句，我们无须正好填入被略掉的对象名字，而是可以取其他一些与不饱和符号联在一起就能产生一种意义的对象名字；我们称它们为命题函项的"合法的主目"。我们最好用一个变项符号而不是用空位来表示主目。

由于置入某些对象而产生一个真语句，我们就说这些对象"满足"了命题函项；其他对象，就其为一般合法的主目而言，则产生一个假语句。仅有一个主目位置的命题函项，我们称为一个"特性"或"特性概念"。满足这个函项的对象都"具有"这种特性或者说都"归于"这个（特性）概念。有两个或两个以上主目位置的命题函项，我们称为（"两项的"或"多项的"）"关系"或"关系概念"。关于满足这个函项的二元组对象、三元组对象，等等，我们就说：这个关系"适用"于它们，或者说这个关系"存在"于它们之中，或者说这些对象互相"处于这种关系"。因此每个命题函项都表示一个概念，或者为一特性，或者为一关系。

例子：命题函项。(a) 特性。我们把"柏林是一个德国城市"这个语句中的对象名字"柏林"删去，就得到具有一个主目位置的命题函项:"……是一个德国城市"或"x是一个德国城市";它表示是一个德国城市这个特性,或者更简单地说是表示"德国城市"这个概念。填入"汉堡"这个名字,这个不饱和符号就成为一个真语句,反之填入"巴黎"这个名字则得到一个假语句,而填入"月亮"这个名字就会产生一行无意义的词串,因此我们就说:汉堡归于"德国城市"这个概念,巴黎则否;而月亮这个对象则既不归于这个概念,亦不属于这个概念;因为与柏林和巴黎不同,月亮并不是函项的合法主目。

(b) 关系。从"柏林是一个德国城市"这个语句中删去"柏林"和"德国",我们得到一个具有两个主目的命题函项:"……是……城市"或"x是y城市",它表示一个城市及其所在国度之间的两项的关系。如果填入"慕尼黑,德国"这一对名字,上述不饱和符号就变成一个真语句,填入"慕尼黑,英国"就变成一个假语句,填入"月亮,德国"则变成一行无意义的词串。这就是说,慕尼黑与德国有上述的关系,反之,慕尼黑与英国无此关系,而对于月亮和德国来说,则根本谈不上有无这种关系。

第29节 对象领域;领域同源性

在一个命题函项中有一个主目位置,如果有两个对象名字都是这个函项的合法主目,那么我们就说这两个对象(这里也兼指准对象)彼此是"领域同源"的。这样,对于任一命题函项的其他每个主目位置来说,总是或者两个名字皆为合法的主目,或者两者皆不合法。这是由逻辑类型论得到的结论，不过此处不可能对逻辑类型论做详细的阐述。如果两个对象不是领域同源的，我们就说它们彼此是"领域相异"的。

例子：在上节例（a）中，汉堡和巴黎表明彼此是领域同源的；反之，月亮与汉堡、巴黎则是领域相异的。在例（b）中，柏林和慕尼黑是领域同源的，德国和英国亦是如此。"月亮，德国"是一对不合法的主目；由此并不能得出结论说，对于上面论及的主目位置而言，这两个对象都不是合法的主目，我们只能说其中至少有一个是不合法的主目。因为德国是合法的主目，所以月亮是不合法的主目。因此月亮与柏林、慕尼黑是领域相异的。

一个对象的"对象领域"是指与之领域同源的一切对象的类。（由于领域同源性是传递的，因而对象领域是相互包含的。）如果一个对象种类中的每一对象与另一种类的每一对象是领域同源的或领域相异的，那么我们把这两个对象种类本身也称为"领域同源的"或"领域相异的"。对于"纯粹的"对象种类来说，这是唯一可能的情况；如果一个对象种类的一切对象彼此是领域同源的，因而这个对象种类是一个对象领域的子类，我们就称这个对象种类是"纯粹的"；否则，我们就称一个对象种类为"不纯的"。只有纯粹的对象种类是逻辑上无可指摘的概念，只有这种对象种类才以类为其概念范围（"外延"，参阅第32—33节）。然而，不纯的对象种类在科学的实际操作过程中却起着很大的作用；例如，正像我们将要看到的，科学上的主要对象种类，即物理的、心理的和精神的对象种类就都是不纯的。

第 30 节 "领域混淆"是谬误的根源

如果两个对象的命题是以文字语言表达的，那么对这两个对象之领域同源性的考察归根结底就是对一串语词是否构成一个有意义的语句的考察。由于语言的一种特殊的意义含糊性，这种考察常常是很困难的。这里所说的意义含糊性通常并不为人们所注意，然而正是这种意义含糊性在哲学上造成了极严重的后果，尤其阻碍了此处提出的构造概念系统的任务；即在今天它也仍然使我们难于解决这个任务。我们这里讨论的不是例如 Hahn、Feder[①] 等语词具有的那种简单的意义含糊性（同音异义），也不是例如"Vorstellung"、"Wert"、"Objektiv"、"Idee"[②] 等日常生活、科学以及哲学上的许多用语的那种细微的意义含糊性。这两种意义含糊性中，第一种是我们在日常生活中已经注意到的，第二种则在哲学上已受到重视，因此我们至少可避免比较严重的错误。这里要讨论的是第三种意义含糊性，我将举例说明。"dankbar"[③]（感谢的、感激的）一词，就其本义

[①] Hahn 有雄鸡、水龙头、旋塞、扳机等词义；Feder 有羽毛、钢笔、弹簧等词义。——译者

[②] Vorstellung 有观念、表象、表演、介绍、异议等词义；Wert 有价格、价值、意义、数值、贵重物品等词义；Objektiv 有客观的、讲求实际的、公正不偏的、无成见的等词义；Idee 有理念、观念、思想、想法、主意等词义。——译者

[③] dankbar 用于描写一个任务或工作时有有益的、值得的等词义。——译者

第一章 等级形式

而言（即撇开其属于第二种意义含糊性的转义的用法，例如用在一个任务或一项工作上），似乎是明确而无歧义的。但是，我们不仅习惯说某人 daβ sie dankbar sei（她很感激），而且也常用 dankbar 说某人的品性，说一道目光，一封书信，一群人。但是这五种对象各自属于不同的领域。根据类型论，我们可以看出，领域相异的对象的特性本身也是领域相异的。因此这里"dankbar"有五个彼此领域相异的概念，不把它们区别开来就会导致矛盾。但是，一般地说，推出错误结论的危险是不存在的，因为用 Dankbarkeit（感谢，感激）来表达的那些对象，彼此的领域相异性恰恰使人们不致误解所指的究竟是五个 Dankbarkeit 概念中的哪一个，这五个概念虽然用同一个词来表示，却是不同的甚至领域相异的概念。因此，一般地说，仅用一个词来表示这些不同的概念并无害处，因而是适当的和合理的。只是在对概念做比较细微的区别时，我们才必须注意这种意义含糊性，而概念的细微区别对于认识论问题以至形而上学问题才有重要意义。忽视领域相异的概念的区别，我们称为"领域混淆"。

参考文献 在逻辑上迄今对上述这种意义含糊性还没有给以特别的重视。但是它与经院哲学家惯于加以区别的一个语词之多种"设定涵义"[①]有某种类似；参阅 K. O. 埃尔德曼：《语词的意义》，莱比锡（1900 年）；1922 年，第 3 版，第 66 页及以下诸页。然而，它与罗素为解决逻辑悖论而提出且已应用于他的

[①] 设定涵义（Supposition），在经院哲学中指同一语词在不同段落中可能具有的各种不同涵义。——译者

逻辑斯蒂系统的类型论有更密切的关系，见罗素："以类型论为基础的数理逻辑"，载《美国数学杂志》，XXX（1908年），第222—262页；《数学原理》，第1卷，第39页以下，第168页及以下诸页；参阅卡尔纳普《逻辑斯蒂概要》，维也纳，1929年，第9节。不过，罗素只是把这个理论应用于形式的逻辑的结构，而不曾用之于一个具体概念的系统（更确切地说，只应用于变项和逻辑常项，而未应用于非逻辑常项）。我们的"对象领域"就是罗素类型论之应用于非逻辑概念。因此我们区别不同对象领域并主张在前面例子中涉及五个不同的"dankbar"概念，其根据亦在于类型论，虽然用文字语言表达的那些例子在目前肯定还不怎么令人信服。类型论尚未被普遍承认，但是迄今还没有任何一个反对者提出过一个逻辑系统，不用类型论而能避免困扰着旧逻辑的那些矛盾（所谓"悖论"）。

上面所说的意义含糊性如何会成为考察领域同源性上的一个谬误的根源呢？首先从所谓的五个对象就已明显地看到这一点，人们可用 Dankbarkeit 陈述上面所说的那五个对象，因而根据第29节的标准可能错误地认为它们是领域同源的。从下节的例子可以更确切地看到这一点。

第31节　应用举例

例子：我们首先来研究一下，哪些对象与某一块个别的石头是领域同源的。关于这块石头有以下这些语句："这块石头是红色的"，"这块石头重5公斤"，"这块石头在瑞士"，"这块石头是硬的"。这些语句肯定都是有意义的语句;我们无须知道其为真或假。现在我们必须在这些语句中置入其他要考察对象的名字,确定这些语句在这种情况下是否还有一种意义,而不必首先考虑其是真是假。如果我们要考察另一块石头或一只母鸡,我们就会看到又得出一些有意义的语句。因此这些对象与前一块石头是领域同源的(通过进一步的研究,我们会发现,它们全都属于物理的东西的领域)。反之,下面从石头开始的一系列对象则不包含任何与石头领域同源的其他对象;因为用任何名字替换上面这些语句中的石头都得不到有意义的语句。

各类对象举例:(物理对象):某一块石头、铝;(心理对象):某种忧虑、N先生的愉快;(精神对象):国家宪法、表现主义;(生物学对象):蒙古人种、后天获得的特性之遗传;(数学和逻辑的对象):毕达哥拉斯定理、数3;(感觉现象的对象):绿色、某个曲子;(物理学对象):基本电量、冰的融点;(伦理对象):至上命令;(时间对象):今天。

从下面一些例子可以看到,前面所说的意义含糊性(领域混淆)使得对这些对象的领域同源性的考察更加困难,也增大了错误的可能性。例如,"这块石头是红的"和"这块石头是硬的"这两个句子,如以铝替换这块石头,它们似乎也是有意义的,即前句是假的,后句是真的。另外两个关于这块石头的句子("这块石头重5公斤","这块石头在瑞士")如换成关于铝的句子,则是无意义的,只有确定了这一点,才能指明这两个对象(这块石头和铝)是不同领域的对象。由此引起的更详细的思考又使我们认识到,说某个东西有"红"和"硬"的特性,与说一种实体有"红"和"硬"的特性,不是一回事。

这个例子告诉我们,为了不致被语词的不纯的领域归属引入歧途,我们常常必须通过若干不同的语句来考察领域同源性。

从对上面列举的诸对象的详细考察可见,它们全都是领域相异的对象。对于第一个对象即石头,我们最先提出的那四个语句就可用以说明这一点。我们已经看到,其中有的语句似乎表明石头与上面列举的其他对象有领域同源性。但是,合起来看,它却是与所有其他对象领域相异的。上面列举的任何其他对象名字都不可能放入所有这四个语句中而构成即使只是表面上有意义的语句。对上面列举的任何其他对象的考察,情形也是如此。

上面列举的诸对象彼此是领域相异的,这表示它们各自代表一个不同的对象领域。前面列举的对象可以随意这样增加,使得所有新增的对象都是彼此领域相异的,从而我们可以认识到,有为数众多的不同的对象领域;其数目是否有一个最后的极限,至少眼下还看不出来。换言之,不仅彼此同等并列的对象种类(例如属于同一分类的一些领域),而且就连彼此全然不同的那些对象种类(因为它们各自都有其自己的"天宇"[coelum],即自己的对象领域),也是为数众多的。

在上面列举的一系列对象中,不同的对象种类各有若干对象代表之。因为这些对象不是领域同源的,由此证明这些对象种类是不纯的。几乎可以普遍地说,通常科学上的对象种类差不多无例外地都是不纯的,因此都不是逻辑上合法的概念(例如,物理的、心理的等等对象种类)。

第32节 命题函项的外延

两个命题函项如果有下面这样的关系，即每个满足此一函项的对象（或二元组对象、三元组对象，等等）也都满足另一函项，我们就说前一个函项"普遍蕴涵"后一个函项。两个命题函项如果有普遍蕴涵关系，我们就称它们为"普遍等值"或"外延相同"。因此，外延相同的命题函项被完全相同的主目所满足。如果我们赋予外延相同的命题函项以相同的符号，并且此后只用这些新符号，而不再使用命题函项本身原有的符号，那么我们显然就把外延相同的诸命题函项中一切不同之点撇开了，而仅仅把握其一致的地方。我们把这种方法称为"外延的方法"；外延相同的诸命题函项所用的一致的符号，我们称为"外延符号"。它们没有独立的意义，我们只有在对所有要使用它们的语句形式中指出如何能把这些语句转换为不再包含外延符号的语句，才有理由使用它们；在把这些符号反译回来时，它们就被相当的命题函项本身所取代了（更确切地说，每个外延符号都由任何一个被赋予这个符号的彼此外延相同的命题函项所取代）。外延符号没有独立的意义，因而也是（比命题函项更高程度上的）不饱和符号，但是我们根据通常语言上的习惯用法谈论它们，仿佛确有其所指的对象；这些对象我们就称为"外延"。因而外延是准对象。例如，我们说两个外延相同的命题函项有同一外延（因而才有"外延相同"一词），因为它们被赋予同一外延符号。而且，如果两个命题函项有这样的关系，即每个满足此一函项的对象（或二元组对象、三元组对象，等等）也满足另一函项，那么我们就不难看出，如果这两个命题函项中一个函项是被另一个外延相同的函项所替换的，则两者也就发生了普遍蕴涵的关系。因此我们可以借助外延符号来表达这个关系；两个外延符号之间的⊂符号被定义为意指有关的命题函项间的普遍蕴涵。如果我们又采用把外延符号对象化的习惯用法，我们就可以说，假如语句"a⊂b"是正确的，则"(外延)a被(外延)b所包含"，两个外延间的这种关系我们称为"包含"或"包摄"。

给定一个命题函项，我们就用符号来表示其外延，方法是将冠以重音符号∧的变项置于用括号括起来的命题函项表达式之前：x̂ŷ(…x…y…) 我们在下面讨论两类外延即类和关系时，将举例说明之。

第33节 类

仅有一个主目位置的命题函项的外延，亦即一个特性的外延，我们称为"类"。因此，外延相同的特性属于同一个类。满足一命题函项的对象g被称为属于例如类a的一个"分子"(用符号表示为g ε a)；g "属于"类a (而非"包含于"类a!)。如果类a被类b所包含 (在前面规定的包摄的意义上)，则称a为b的一个"子类"(用符号表示为：a⊂b)。

我们且对类论的一些主要概念做一简短的解释。不属于某个类a的对象的类称为a的"否定"或"补"(用符号表示为—a)。并非所有其余的对象都属于—a，而是虽然合法但并不能满足关于 a 的命题函项的主目才属于它。同时属于 a、b 两个类的对象属于这两个类的"交"（a∩b）。至少属于 a、b 两个类之一的对象属于这两个类的"并"（a∪b）。一个类及其补的并构成这个类的分子的对象领域；因为只有与此有关的命题函项的一切合法的主目属于这个并。

作为外延的类是准对象。类符号没有独立的意义，只是一种适当的辅助手段，使我们无须一一列举而能普遍谈论满足某一命题函项的对象。因此类符号可以说代表了这些对象即这个类的诸分子所共同具有的东西。

例子：我们假设，命题函项"x 是人"和命题函项"x 是有理性的动物"、"x 是没有羽毛的两足动物"由同样的一些对象所满足。因而这三个命题函项是外延相同的。于是我们赋予它们以同一外延符号，譬如 me。（因此我们就这样下定义：me=$D_f \hat{x}$（x 是人），参阅第 9 节①）。因为这里涉及的是仅有一个主目位置的命题函项，所以 me 是一个类符号。me 是一个不饱和符号；其本身单独并无意谓，但是这个符号在其中出现的语句则有意谓，因为我们确知如何能将这个类符号从语句中消除掉；例如，语句"d ε me"可转换为语句"d 是人"或"d 是无羽毛的两足动物"。因此虽然 me 本身并不指称任何东西，但是我们还是谈论

---

① 德文本原文如此，但按此处所述，须参阅的应为第 32 节，英译本已改为"参阅第 32 节"，是改得对的。——译者

"'me'的所指",似乎它也是一个对象;为慎重起见,我们把它称为准对象;它是作为命题函项"x是人"的外延的"人的类"。

类就其与分子的关系而言是准对象,因而与分子也是领域相异的。强调指出这一点很重要,因为人们常常把类与由类分子构成的整体混为一谈。但是这种整体就其与诸部分的关系而言并不是准对象,而是与诸部分领域同源的。类和整体的区别,类与其分子的领域相异性,我们在后面将作详细的讨论(第37节)。

参考文献 关于命题函项及其外延(弗雷格的"值域"Wertverläufe)的理论肇始于弗雷格(《函项和概念》、《算术基础》),并由怀特海和罗素应用于他们的逻辑斯蒂系统(《数学原理》,亦请参阅罗素:《数理哲学导论》,第157页及以下诸页)。凯塞尔(Cassius J. Keyser)的《数理哲学》(纽约,1924年,第49页及以下诸页)对此亦有很好的阐述;他以"理论函项"的形式对命题函项的概念做了很有意义的扩展(见该书第58页及以下诸页)。参阅卡尔纳普:《逻辑斯蒂概要》,第8节。

弗雷格已经指出,外延符号及类符号都是不饱和符号(参阅第27节的引文)。根据罗素的看法,是否存在类符号所指的实际对象,这对逻辑来说无关重要,因为正如弗雷格指出的,类只能在整个语句的语境中而不能独立地被定义("无类论");最近罗素更明确地表达了这个观点,把类称为逻辑虚构或符号虚构(《我们关于外间世界的知识》,第206页及以下诸页;《数理哲学导论》,第182页及以下诸页)。这同我们称类为准对象是一致的。而且按罗素的看法，在下面一点上类和它的分子是完全不同类型的东西，即对于某个类分子是有意义的任何命题，对于类则不可能是有意义的（即有真假的）（类型论）。这同我们认为类和分子为领域相异的观点是一致的（第37节）。

第34节 关系外延

带有几个主目位置的命题函项的外延，亦即关系（Beziehung）的外延，我们称为"关系外延"（Relation）①。因而关系外延与类具有完全的形式的相似性，后者是仅有一个主目位置的命题函项即特性的外延。因为关系和类有这样的相似性，有些东西无庸赘述而自明，所以我们对关系可以讲得简略一些。像类一样，关系外延也是准对象。

外延相同的关系属于同一种关系。满足一个命题函项因而亦满足与其外延相同的命题函项的二元组对象x，y（或三元组对象、四元组对象，等等），我们称为与此命题函项相应的关系（如Q表示关系，则此命题函项为xQy）的关系项序偶（或有序三元组，等等）。一个命题函项的诸主目位置一般是不能互换的，因而一关系项序偶（或有序三元组，等等）的各个项也必须区别开来；在一关

---

① Beziehung 和 Relation 实为同义词，但卡尔纳普以 Relation 表示关系外延，犹如类表示特性外延，因此英译本将 Relation 一概译为 relation extension（关系外延），我们在本节卡尔纳普第一次说明 Relation 与 Beziehung 区别的地方以及后面凡明显涉及这种区别之处也将 Relation 译为"关系外延"，但在许多地方则仍只译为"关系"。——译者

系项序偶（亦即两项关系）中我们称它们为前项和后项。由于主目位置的这种区分，关系才可能产生有序性；因而关系理论对于任何领域有序性的描述都具有重要的意义。

关系虽系准对象，但是为了使人们易于直观地把握，我们的文字语言也采用一种表象代表它，似乎关系是介于两个关系项之间的第三者。我们大都知道关系的这种实在化是一种形象的比喻的说法，因而没有什么危险；通过这样的实在化，我们的语言表达就成为明白生动的了。为了语言表达的简单性，我们在这里遵循把关系符号作为对象名字使用的语言用法，但是为了强调其比喻的表达方式，我们又将其所指叫作准对象。

我们简略地谈一下初等关系理论的几个主要概念。一个关系（例如 Q）的可能的前项的类，我们称为 Q 的"前域"（用符号表示为：D'Q）；关系 Q 的可能的后项的类，我们称为 Q 的"后域"（用符号表示为：Œ'Q）。如果前域和后域是领域同源的，那么我们就称此关系为"同质的"；在这种情况下，前域和后域就有一种结合，即 Q 的"域"（C'Q）。适用于所有反方向 Q 序偶的关系，我们称为 Q 的"逆反"（Q̆）。假如 aPb 和 bQc 都成立，那么 a 和 c 就有一种被称为 P 和 Q 之"链"（或"关系积"）的关系（P|Q）。"关系幂"：R^2 表示 R|R，R^3 表示 R^2|R，等等；R_{po} 表示幂的结合（"幂关系"或"链"）；R^0 表示 R 域中的同一性。

对称、自反、传递、连通等概念在前面（第 11 节）已经做过解释。一个关系，其各个后项只有一个前项，我们称之为"一多关系"；反之，其各个前项只有一个后项，则称为"多一关系"；如果符合这两个条件，则称为"一一对应的"。

如果一个关系 R 安排关系 P 的诸项与关系 Q 的诸项一一对应，使得每个 P 序偶总有一个 Q 序偶与之相应，反之亦然，那么我们就称关系 R 为关系 P 和 Q 的"相关者"。如果 P 和 Q 有这样一个相关者，我们就称 P 和 Q 为"同构的"。这和我们在前面（第 11 节）借助箭头的比喻为同构性所下的直观的定义是一致的。一个关系 P 的"结构"或"关系数"应当确切地定义为与 P 同构的关系的类（参阅第 40 节对基数所下的与此类似的定义）。

第 35 节 可还原性；构造

在前面第 2 节中我们曾借助关于命题"转换"的不甚精确的概念对可还原性的概念做过说明。现在我们必须更精确地把握"转换"的涵义；为此我们现在要借助于关于命题函项的外延相同性（或普遍等值）概念（第 32 节）。"仅仅关于对象 a、b……"的命题或命题函项，我们是指其文字表达式中只有"a"、"b"……作为非逻辑符号出现的那些命题或命题函项；其中也可出现逻辑常项（第 107 节）和一般变项。如果每一仅仅关于对象 a、b、c……的命题函项（其中也可能没有 b、c……）都相应有一个仅仅关于对象 b、c……的外延相同的命题函项，那么我们就称 a "可还原"为 b、c……。因此我们可以简略地说：如果关于某一对象的一切语句都可翻译为仅仅谈论其他一些对象的语句，那么我们就说这个对象"可还原"为其他一些对象。

下面这种情况是更简单但更重要的，即在要被还原的一个对象的命题函项中只有这个对象而没有其他对象出现。

例子："x 是一个素数"与"x 是一个仅有 1 和其自身为除数的自然数"是外延相同的。因此素数这个对象（或概念）就还原为自然数、1、除数这些对象。

前面第 2 节中解释过的构造概念现在也需要做更精确的规定。从其他概念来"构造"一个概念，意即根据其他概念来指明这个概念的"构造定义"。根据概念 b、c 对概念 a 所下的"构造定义"，我们是指一种翻译规则，这种规则一般都指出每一包含 a 的命题函项如何能被转换为一个其中只有 b、c 而 a 不复出现的外延相同的命题函项。在最简单的情况下，这样一种翻译规则就指导我们在凡是有 a 出现的地方就用一个只包含 b，c 的表达式来替换 a（"显"定义）。

如果一个概念可还原为其他一些概念，那么它原则上必可由这些概念构造出来。但是知道它的可还原性并不意味着就知道它的构造。因为为所有关于这个概念的命题提出一个普遍的转换规则还是一个单独的任务。

例子：分数可还原为自然数，是很容易看出的，关于某个分数的一个命题也可以很容易地被转换为一个关于自然数的命题（参见第 2 节）。反之，构造分数 2/7，亦即指出一个能据以将关于 2/7 的命题转换为关于 2 和 7 的命题的普遍规则，则是比较困难的（参阅第 40 节）。怀特海和罗素解决了所有数学概念的构造问题（《数理原理》）；这样他们就给出了一个数学概念的"构造系统"。

第 36 节　复合与整体

如果一个对象可还原为其他的对象，我们就称其为其他对象的一个"逻辑的复合"或简称为"复合"，而称其他对象为其"要素"。按照前面第 33、34 节所说的，类和关系就是复合的例子。

如果一个对象和其他一些对象有下面这种关系，即相对于一个外延的媒介（如空间或时间）而言，这些其他对象都是它的部分，那么我们就称这个对象为其他对象的"外延的整体"或简称为"整体"；有时我们也把这些部分称为整体的"要素"。整体是由其诸部分"组成"的。

不要将复合与整体的区别同"真正的整体"（"有机整体"、"完形结构"①）与"（纯粹的）聚合"（或"总和"）相混淆；后面这种区别对心理学和生物学是重要的，对构造理论则不具有如此根本的重要性，因为在这里它仅仅是两类整体的区别。此外，这种区别是否仅涉及程度的差异，即是否所有的整体都在很大的程度上（虽然程度或有高低不同）具有被赋予真正整体的那些属性，也还是一个问题。也许根本没有纯粹的聚合。这一点我们还不能确定，因为迄今对真正整体和完形结构并没有一个十分明确的定义。

参考文献　杜里舒（《秩序论》，《整体和总和》，尤其是第 4

---

① Gestalt，格式塔心理学的概念。格式塔心理学派认为，人的每个经验都是一个整体；整体不是其各个部分的简单相加，而是多于或高于各部分总和的东西。——译者

章）认为"整体"（真正整体或有机整体意义上的整体）和"总和"的区别在于一个整体如被拿掉一个部分就会失去其本质属性。格式塔学说所讨论的东西的特点是："一个部分的属性和功能取决于它在其所属的整体中的地位"（柯勒："完形结构问题与格式塔学说原理概述",《全生理学年报》第3辑前半部（1925年），第514页；参阅魏尔特海默:《论格式塔学说》，柏林，1925年）。这两个定义显然是类似的；作为各个肢体环节整体的有机体，作为音色整体的曲调，作为砖石建筑材料整体的房屋，都是这两个定义的适例。纯粹聚合的例子则不易找到。即使作为其全部分子的一块石头，甚至作为全部石块的一座石堆，都是真正的整体。是否可以把地球上所有的铁的总和称之为纯粹的聚合，也是成问题的。

整体和复合这两个概念肯定并不互相排斥。但是构造理论恰恰是要研究这样一些复合，它们不是像整体由部分组成那样由其要素组成的。这样的复合我们称为"独立的复合"。因此区别整体和独立复合的标志在于，一物的要素是否是其外延意义的部分。

根据构造和复合的定义，我们可以推知，如果一个对象是由其他一些对象构造出来的，那么它就是这些对象的复合。因此一个构造系统的所有对象都是这个系统的基本对象的复合。

如果我们有一个关于一准对象的命题，这个命题是由这样一个语句来表达的，在这个语句中，一个不饱和符号出现在按语句形式原来只有对象名字才能出现的地方，如果这样，那么对不饱和符号的这样应用就必须加以规定：这个语句必可转换为一个其中只有真正的对象名字占据对象位置（例如，主词位置）的语句。由此可见，属于某一对象领域的准对象总是该领域的对象的一个复合，而且是一个独立的复合，而非其诸要素的整体，因为整体乃是与其要素同一种类的对象。既然类对于其分子[①]而言是准对象，因而类是这些分子的自发复合（参阅第37节）；同样，关系也是其诸关系项的自发复合。

第37节　类并非由其分子构成

如果一个整体的部分即是一个类的分子，我们就说这个类和这个整体是互相"对应"的。一个整体可以各种不同的方式分解为诸部分，因而总有各种不同的类与一个整体相对应。反之，最多只有一个整体与每一个类相对应，因为诸分子是明确地由类规定的，而且由相同的部分构成的两个对象是等同的。如果类是由其分子构成的，就是说，如果它等同于与之相对应的整体，那么对应于同一整体的许多的类就会是彼此等同的了。但是如前所见，它们是互不相同的。因此，类不可能由其分子构成，像整体由部分构成那样。类对其分子而言为准对象，乃是其分子的复合，而且既然非由其分子所构成，类就是其分子的独立的复合。

对于与类的逻辑概念相对应的数学的集合概念也可以这样说。集合也不是由其元素构成的，注意到这一点很重要，因为集合概

[①] 原文为 Elemente，即要素、元素，但我以为对于类来说，最好译为"分子"。——译者

念自从康托尔定义提出之后就被错误地加之以整体或聚合（或"聚集"）的特性。在集合论本身，这种观点一般地说并未带来任何后果；但是，对于幂（或基数）概念以在方法上最适当、逻辑上无可指摘的形式加以定义屡遭拒绝，这种观点应负有责任（参阅第41节）。

例子：我们可以认为狗的四肢是狗这个整体的部分，但也可以认为狗的细胞或原子是它的部分。反之，狗的四肢的类，狗的细胞的类，狗的原子的类，则是三个不同的类。因为属于每个类的是各不相同的分子，而且每个类亦各有其不同的基数，所以它们不可能是等同的。这三个不同的类都对应于狗这个整体。既然这些类彼此是不同的，那么它们也不可能完全等同于狗这个整体；由于从不同观点所做的分析在逻辑上具有同等地位，这三个类在逻辑上也具有同等地位，因此我们也不能认为其中有一个类是与整体等同的。

参考文献 本节所述的论点已为弗雷格明确地讲过了："一概念的外延不是由归属于此概念的那些对象构成的"（"对施罗德《逻辑代数讲义》若干论点的批判说明"，载《系统哲学档案》，1895年第1辑，第455页）。罗素也曾举只有一个分子的类和零类为例论证这一点（《数理哲学导论》，第184页）。亦可参阅韦尔（H. Weyl）在"数学和自然科学的哲学"（载《哲学手册》，波依姆勒和施略特编，1926年版，第二部分A，第11页）中的中肯的评论。

但是，一个类不仅不等同于与之相对应的整体，甚至与此整体还是领域相异的。如前所见，外延对其要素而言都是准对象。由此可知，逻辑斯蒂告诉我们，一个外延不可能是一个可以其要素为主目的命题函项的同一主目位置上的合法主目。对于一个类的分子所做的任何陈述都不可能用以陈述这个类本身；对于一个关系的诸项所做的任何陈述都不可能用以陈述这个关系本身。（逻辑斯蒂的那个众所熟知的原理：既不能说一个类属于它自身也不能说它不属于它自身，不过是此处这个论点的一个个例而已。）

一个整体与其部分是领域同源的，而一个类与其分子则是领域相异的，因而一个类和与其对应的整体也是领域相异的。

例子：作为砖石之整体的一道墙和这些砖石的类的区别特别明显地表现在墙与砖石是领域同源的，反之类与砖石则是领域相异的。这是应用了借助于命题函项的那个标准而得到的结果（第29节）。一块砖石和一道墙都可满足命题函项"x是由烧结的黏土制成的"，"x是四角形的"，"x是坚硬的"；砖石可满足命题函项"x是单色的"，"x是（空间上）很小的"，墙则既可满足这两个命题函项，亦可满足它们的否定式。总之，对于所有这五个命题函项而言，砖石和墙都是合法的主目。反之，砖石的类则不是这些命题函项中任何一个的合法主目。但是，它是命题函项"x有基数100"，"x是一般砖石的类的一个子类"的合法主目，而无论墙还是一块砖石则都不是这些命题函项的合法主目。

第 38 节　通过定义产生构造

如果建立构造系统时有一个新的对象被"构造"出来，那么，按照我们构造概念的定义，这就意味着这个对象的命题如何能够转换为这个系统的基本对象的命题或在此对象之先已被构造出来的对象的命题已得到表明。因而必须提出一个规则，以使我们能够在所有可能包含这个新对象的语句中消除它的名字，换言之，就是：给这个对象的名字提出一个定义。

现在我们得区分两种不同的情况。在比较简单的情况下，一个由已知的符号（即基本符号和迄已定义的符号）组成的符号被给出，这个符号总是可以被用以替换那个新对象的符号，如果后者应该消除的话。这里构造是通过显定义而产生的：这个新符号被解释为与那个复合符号是同义的。在这个情况下，这个新对象，就其与先前某些对象的关系而言，并不是一个准对象，因为我们可以明确地指出它是什么。即使我们也许认为这个新对象代表一个新的对象种类，它也还是属于一个已然形成的对象领域。与领域的区别相反，种类的区别在逻辑上并不明确，而是有赖于分类的实际目的。

当我们不可能提出显定义时，就出现第二种情况。在这个情况下，就需要有一类特殊的定义，即所谓"用法定义"。

第 39 节　用法定义

对一个对象如不能下一显定义，那么其对象名字就不能独立地指称像先前的对象那样的任何东西；在这种情况下，我们就必须处理一个与这些先前的对象有关的准对象。但是，如果我们要把这个对象说成是"在先前那些对象的基础上构造出来的"，那么我们就一定能将它的命题转换为其中只有先前那些对象出现的命题，尽管我们并不能用给定一个由先前对象的符号组合成的符号来代表它。因此我们必须有一种翻译规则，这种规则为包含这个准对象的语句形式的转换程序做了一般的规定。与显定义相对，我们把这样引进一个新的符号称为"用法定义"（Definition in use），因为它对这个并不具有任何独立意义的新符号本身不做任何解释，而仅说明它在整个语句中的使用。

参考文献　参阅罗素和怀特海：《数学原理》，第1卷，25，69。"隐定义"一词常用于通过公理系统来界定对象的另外一种完全不同的定义方法，我们可以继续用之于这个目的（参阅第15节）。有时，例如当问题涉及与隐定义相对比时，我们则在其广义上把"显定义"既理解为狭义的显定义，亦指用法定义。

为使翻译规则可用之于具备一定语句形式的一切现有语句，必须把它与命题函项联系起来。它必须将两个命题函项的符号互相对照，其中一个含有新的对象名字，另一个则仅包含先前已有的对象名字，而且在两者中都必须出现相同的变项；于是后一个命题函项就被表明为前一个命题函项的翻译了。略作思考就可以看到我们必须选择这种形式。如果包含新符号的表达式不包含任何变项，就是说，它不是一个命题函项的表达式，而只是一个命题的表达式，亦即只是一个语句，那么这个翻译规则就会是只适用于这个语句而不能用之于各种不同的语句了。如果这个表达式包含变项，那么由这个规则所规定的翻译就必然包含相同的变项，因为不然的话它不可能指明，在应用于某个要加以翻译的语句时，在其中居于主目位置的那个对象名字如何被转移到这个翻译里去。

例子：我们假定显定义的形式或许已为人们所熟悉；但是重要的是弄清楚它和用法定义的区别。如果已知数1和加法演算+，那么其他数就可以明显地加以定义："2=Df1+1"，"3=Df2+1"，等等（"=Df"读作："根据定义意为"或"恒可代之以"）。

用法定义。假定已知自然数和乘法的概念。现在要引进素数的概念。我们不可能像先前定义符号"2"和"3"那样给"素数"一词下一个显定义。表面看来我们似乎可以下述形式来定义它："素数 =Df 那些……的数"或"一个素数 =Df 一个……的数"。不过这种形式的定义只是看上去像一个显定义，这个假象的发生是由于那种赋予诸如"素数"或"一个素数"之类的符号以对象符号的外观的语言表达式，因为这种语言表达式把这些语词用作语句的主词。像"那些……的数"或"一个……的数"这样的表达式已经是用法定义的（很适当的）缩写了。它们与逻辑斯蒂的类符号是一致的。与数1、2、3……相比，素数概念不是一个真正的对象。因此我们只能通过指出一个具有"a是一个素数"这种形式的语句（a在那里是一个数）

应有何意谓而给素数概念以应用定义。我们必须以下述方式来指明这种意谓，即给出一个与命题函项"x 是一个素数"意谓相同的命题函项，这个命题函项只包含已知的符号，因而可用作具有"n 是一个素数"这种形式的语句的翻译规则。我们或许可以这样来定义素数："x 是一个素数"=Df "x 是一个自然数；x 只以 1 和 x 为除数"。

第 40 节 等级形式：类和关系

我们已经看到，构造一个对象必须采取一种定义的形式。这种构造定义或者是显定义或者是用法定义。如果是显定义，则被构造的对象与先前的某些对象是领域同源的，不会由此而达到一个新的"构造等级"。因此进到一个新的构造等级总是通过一种用法定义才达到的。我们通过每个用法定义指出，借助于一个新符号来描述的命题函项与仅以旧的符号来描述的命题函项具有相同的意谓。所谓"相同的意谓"是指这两个命题函项被同一些对象所满足。因为与另一命题函项外延相同的命题函项可被与前者相同的一些对象所满足，所以在用法定义中我们可用任一与前一命题函项外延相同的命题函项来替换它。因此，借助于新符号来表达的命题函项不能归入某一个别的先前已有的命题函项，而是同时归属于所有这些彼此外延相同的命题函项，换言之，它归属于这些命题函项的外延。因此，我们也可以纯粹外延地理解新的命题函项：我们把新符号作为外延符号引进来。通过导致一个新的构造等级的构造定义，我们就可根据间接定义的命题函项仅有一个或多个主目位置给类或关系下定义。类和关系因而就是构造的等级形式。我们可以算术中的例子解释这两种形式。

例子：1. 类。在逻辑斯蒂中我们把基数（或幂）定义为等项的类（或"集合"）的类；如果两个类是一一对应的，它们就被称为等项的类。例如，凡是包含5个分子的类都是等项的类；以所有这些类为其分子的更高一等级的类则被称为"基数5"。根据这个定义而构造出算术就表明这个定义在形式上是无可指摘的和充分的，因为它使我们可以推导出基数的一切算术性质而不陷入矛盾。尽管如此，人们还是一再地对这个定义提出了驳难，不是从逻辑上而从直观易解的理由提出驳难。例如，世界上所有由五个分子组成的类所归属的类似乎是无穷之多、包含万有的，因而将其等同于基数5这个勾画分明的算术的创造物似乎是荒谬的。但是这个假象只是由于在想象中用相应的整体来替换类而造成的，如我们在前面已讨论过的（参阅第37节）；这种替换常常是方便有用的，但在这里却把人引入歧途。我们再回到上面这个例子：我的右手的手指的类并不是"我的右手"这个整体，所有由5个分子组成的类的类并不是由所有的手、脚、5块石头堆成的石堆等等构成的。这个无穷多的聚合作为一种算术的创造物当然是无用的。但是，我们不能说我的右手的手指的类是什么，因为这个类只是一个准对象，亦即一个独立的复合；被引进来代表它的符号本身没有任何意谓，而只是用以做出关于我右手手指的命题而无须逐一点数这5个对象，亦即关于这5个手指所共有的形状、颜色、质料等特性

第一章 等级形式

的命题。同样，我们也不可能说由5个分子组成的类的类本身（亦即其分子可与我右手手指的类的分子一一对应的那些类的类）是什么。它也只是一个准对象，即一个独立的复合；如果我用一个符号代表它（例如 kl_5），那么这个符号并不指称任何真正的对象，而只是用以做出关于这个类的分子即所有由5个分子组成的类的命题，而无须逐一点数由于无穷之多实际也无法点数的这些类。这样，如果 kl_5 是一个可使我们做出关于所有由5个分子组成的类所共有的属性的命题的符号，那么把它和算术符号"5"（代表基数）区别开来的又是什么呢？基数5像类 kl_5 一样也是一个准对象，5这个符号也不指称任何真正的对象，而只是用以做出关于所有可能由5个分子组成的类所共有的一切属性的命题。由此我们看到，上述基数定义并不像人们以为的那样是以另外一个按一定程式构造出来而与基数有某种形式上的类似的东西替换基数，而是这个定义恰好适合于算术概念；只是由于那种从未道出却经常潜在的以类为整体的错误观点才把这个事实弄模糊了。

参考文献 上述关于基数的定义最早是由弗雷格提出来的（《算术基础》，第79页以下；《算术的基本法则》，第1卷，第57页）。罗素在1901年独立地重新发现了这个定义并应用于数学基础（《数学的原理》，第114页，《我们关于外间世界的知识》，第199页以下，《数理哲学导论》，第11页，《数学原理》，第1卷）。

对这个定义提出前述那类驳难的有豪斯多尔夫（《集合论

原理》，第 2 版，柏林和莱比锡，1927 年，第 46 页），J. 柯尼希（《逻辑、算术和集合论的新基础》，莱比锡，1914 年，第 226 页注），参阅弗兰克尔：《集合论导论》（柏林，1928 年，第 3 版第 44 页）。早期的罗素尽管提出了"无类论"，但在他尽可能要同语言的使用保持一致时至少没有十分明确地拒绝把类视为整体的观点（《数学原理》，《我们关于外间世界的知识》，第 126 页）；现在他已坚决地强调类和"堆或堆积"（用我们的话说即整体或聚合）的区别（《数理哲学导论》，第 184 页），不过他认为，仅仅为了用这个基数定义得到一个确定而不含糊的概念，他不得不承受这个定义带有的一点奇特之处（《数理哲学导论》，第 18 页）。我们的观点和韦尔的观点（"数学和自然科学的哲学"）是一致的。

例子：2. 关系。前面已经看到，分数可还原为自然数，因而应被视为自然数的复合。而且分数是独立的复合，即准对象，因为它们可被定义为自然数间的关系。例如，"$2/3 = Df\,\hat{x}\hat{y}$（x 和 y 是自然数，其关系为 $3x = 2y$）"。

第 41 节 构造的等级

在任何一种构造系统中，如果我们根据某种基本对象通过逐步地交替使用类和关系的构造来构造愈来愈广的对象域，那么我们就把这些彼此领域相异的而且相对于先前的对象域而言每个都构成一个准对象域的对象域称为"构造等级"。因此，构造等级是这样一些对象域，它们在一个构造系统内部通过一个对象在另一个对象的基础上构造出来而带上了等级次序。"准对象"概念的相对性在这里表现得特别明显，这一点对任一构造等级上涉及前一等级的任一对象都是适用的。

现在我们也可清楚地认识到，前面已经谈过然而似乎相互矛盾的两个论题在什么意义上是相互一致的。这两个论题是关于对象域之统一的论题（第4节）和独立的对象种类之多样性的论题（第25节）。在构造系统中，所有的对象都是从某些基本对象构造出来的，不过是在一种阶梯式的结构中构造出来的。从在同一基本对象的基础上进行构造可以得出结论：关于一切对象的命题都可以转换为关于这些基本对象的命题，因而按其命题的逻辑意义来说，科学所研究的只有一个对象域。这是第一个论题的意义。但是科学在其实际活动中并不总是运用这种可转换性，把其一切命题实际加以转换。相反地，科学命题主要是以关于构造物而非关于基本对象的命题的形式做出的。而且这些构造物属于彼此领域相异的不同的构造等级。就其命题的逻辑形式而言，科学因而是研究许多独立的对象种类的，这是第二个论题的意义。这两个论题的一致性在于可以从同一基本对象构造出各个彼此领域相异的等级。

第42节 存在和有效（可略过不读）

根据人们有时使用的语言用法，我们也可以说各种不同领域的对象有各种不同的"存在方式"。这个用语尤其可使人们清楚地看到，不同领域的对象是如何完全各自有别而不可比较的。从根本上说，在近代哲学中大量被强调的关于存在和有效的区别就源于对象领域的区别，更确切地说，源于真正的对象和准对象的区别。这就是说，如果一个准对象是根据其所由出发的那个领域的某些要素构造的，那么它对这些要素就是"有效的"；因此它就作为有效的东西而区别于作为存在的东西的要素。一个关系对它的关系项"有效"，这也是我们熟悉的说法；但是我们不大会说一个类对它的分子"有效"，尽管我们在这里有同样的权利可以用这个说法，因为在这两种情形中关系是相同的。构造理论超出了通常对存在的东西和有效的东西的看法，因为它不把这种对立看作一次完成的，只有一道断然的界限，而是把它看作一种不断重复，从一个等级继续进到另一个等级的关系：对第一等级的对象有效的东西被看作一个第二等级的存在的东西，然后它又可成为新的有效的东西的对象（第三等级），如此等等。对构造理论来说，具有严格逻辑形式的概念进展的辩证法就在这里。因此存在的东西和有效的东西的概念是相对的，表现着每个构造等级与直接相继的下一个等级的关系。

例子：有效的东西和存在的东西的关系在其中不断地反复出现的那些构造等级的进展步骤如下：由事物构造出类；类并不是由事物组成的，不是事物意义上存在的东西，而是对事物有效的东西。这些类虽然是一种有效的东西，但是在这种情况下要被看作存在的东西（第二存在方式的存在者）。例如，我们可以由此继续进展到对这些类有效的基数（关于对作为类的类的基数的构造，参阅第40节）。基数属于第三存在方式并且导致分数的构造，分数是对某些基数有效的关系（参阅第40节）；

这些分数也可以被对象化，被看作（第四存在方式的）存在的东西，而且被做成对其有效的某些类即实数的分子；实数属于第五存在方式；复数是对某些实数有效的关系，属于第六存在方式；如此等等。

这里举的例子只谈了六个等级，但是我们由此已经可以料想到，如果按这么多一级级的步骤去做，构造系统会带来各种各样多么不同的对象。最后会达到这样一些构成物，乍一看来人们不会认出它们是由基本对象构造出来的，开始甚至觉得这是不可能的。因此，科洛内克尔关于数学只讨论自然数的名言，而尤其是构造理论关于一切科学对象都是只用类和关系的等级形式从同一些基本对象构造出来的这个论断，表面看来才显得是一种悖论。

第43节 对外延构造方法的一个诘难

我们在前面已经看到，一个具有用法定义形式（第39节）的构造定义在于把两个命题函项解释为意谓相同。我们还认为（第40节），新的命题函项只能按其外延加以确定，因而我们只要通过构造定义引进命题函项的外延符号而不是命题函项本身就可以了，这样我们就只从外延方面来定义每个概念，所以谈到构造的"外延的方法"。这种方法是以"外延性论点"为依据的，即在关于一个概念的一切命题中都从外延方面来看这个概念，亦即通过它的外延（类或关系）来描述它。更确切地说，在关于一个命题函项的一切命题中都用它的外延符号来代替这个命题函项。

现在人们可能提出疑问：如果我们从一个被给以外延定义的概念进到另一个概念和对这个概念的命题，这种外延的方法会不会产生一些困难。因此按照传统逻辑的看法，外延性原则是不能成立的，并非所有关于一个概念的命题都能赋以外延命题的形式。

参考文献 上述这个诘难与传统的关于外延逻辑和内涵逻辑的区分有联系。一个命题涉及一个概念的外延还是它的内涵，我们当然没有一个精确的标准。最初的一些逻辑斯蒂或符号逻辑系统（布尔、维恩、施罗德）不仅在纯外延逻辑的意义上建立这种逻辑，而且把它的界限划得还更狭窄乃至把包摄作为唯一的命题形式，只是这时外延逻辑和内涵逻辑的区别才变得重要了。后来罗素在弗雷格的基础上超出了这个狭窄的界限；在他的系统中内涵逻辑和外延逻辑结合起来了。弗雷格把概念作为函项（其值即真值）与其"值域"（用我们的术语是："命题函项"和"外延"）区别开来，由此第一个使人们久已熟知且多有论争的关于概念的内涵和外延的区别变成可明确把握的东西。之后罗素则把内涵逻辑作为命题函项的理论、外延逻辑作为外延（类和关系）的理论而予以发展了。在这个系统中外延逻辑已不仅包括包摄命题，而且包括根据其谓词关系而互相区别的许多命题形式；而内涵逻辑则并不与某些命题形式有何联系。按照罗素早年代表的观点，内涵逻辑的命题不可能全都翻译为关于外延的命题（《数学原理》，第1卷，第76—77页；《数理哲学导论》，第187—188页）。这个观点遭到了维特根斯坦的批判（"逻辑哲学论"，载《自然哲学年鉴》，第14卷

（1921年），第243—244页），后来罗素自己也倾向于放弃这个观点（为维特根斯坦《逻辑哲学论》所写的前言，载《自然哲学年鉴》，第14卷（1921年），第194页以下诸页；《数学原理》，第2版，导言第14页及第659页及以下诸页）。

从非常接近维特根斯坦观点的一个看法出发，我们将指出，上面所说的那个观点实际上是站不住脚的。我们将认识到外延性原则的正确性，因而对外延方法的诘难是没有根据的。

对外延方法的诘难不仅关系到我们这里所谈的构造系统，而且被那伙对数学疏远陌生的哲学家多半拿来反对这样一种主要使用外延的形式的方法，尤其在我们讨论的问题正如此处一样不是纯逻辑问题而是认识论问题时更是如此。罗素对"外延"命题和"内涵"命题的区别的表述是迄今为止为清楚地把握内涵外延问题所做的唯一的尝试，因此尽管罗素本人犹有疑虑，他对内涵和外延命题的区别无论如何仍是我们为了做出一个有效的决定手中握有的以对付反对者的一个最锐利的武器。

一个命题如能转换为一个外延命题（类命题或关系命题），就被称为"外延的"命题；否则就是"内涵的"命题。关于一个命题函项 f 的命题之为外延的命题的必要而充分的条件是：能以一个与 f 外延相同的命题函项代换 f 而不改变此命题的真值。外延性原则意即关于任何命题函项的一切命题都是外延的，也就是说根本没有内涵命题。

参考文献 罗素《数学原理》，第1卷，第72页及以下诸页;《数理哲学导论》,第 187 页。两处均有(表面上)内涵的命题的例子。

例子:我们来看一看外延相同的两个命题函项:"x 是人","x 是有理性的动物"。下面关于第一个命题函项的命题应就其外延性来判断:"'x 是人'普遍蕴涵(即对其主目的一切值而言)'x 是会死的'。"我们无须研究这个命题的真假。如果我们用外延相同的命题函项"x 是有理性的动物"或任何其他外延相同的命题函项代换"x 是人",这个命题仍保持其真值(即仍然是真的或假的不变)。这样这个普遍蕴涵命题就满足了上面所说的标准,因而是外延的命题。它事实上能转换为一个外延命题即类命题,这是很容易证明的:"人的类包含于会死的东西的类。"(在这里,第二个命题函项同时也被转换了。)

我们把下面关于这同一个命题函项的命题作为一个反例来看一看:"我相信'x 是人'普遍蕴涵'x 是会死的'。"这里我们就不能简单地用某个外延相同的命题函项来代换"x 是人"。因为从这个命题我们并不能推知我们的思想和信念是不是考虑到了另外一些外延相同的概念,例如"有理性的动物"的概念。因此"我相信……"这个命题似乎是一个关于命题函项"x 是人"的非外延的命题,亦即内涵的命题。后面我们将再回到这个例子和外延性原则;在此之前我们要介绍一些新的概念,这些概念是解决这个问题所必需的。

第44节　符号命题、意义命题和意谓命题的区分

为了给外延性原则提出根据从而证明外延的构造方法是正确的，我们首先要介绍另外一种更宽泛的命题分类，即不同于前面所说的把关于命题函项的命题区分为外延的和内涵的两种。这种分类不仅涉及关于命题函项的命题，而且涉及关于任何对象、命题或函项的命题。按照这种分类，我们把命题区分为符号命题、意义命题和意谓命题。

这种区分与符号的三种不同的使用方式有关。我们一方面把符号所"表达"的意义与符号本身区别开来，另一方面又把其所"意指"的"意谓"与其本身区别开来。(这种区别来自弗雷格:"论意义和意谓"，载《哲学和哲学评论杂志》，100(1892);《算术的基本法则》，第1卷，第7页。)如果一个符号被置入一个命题函项的主目位置，那么，即使这个符号及其意谓是已知的，我们也并不立即就清楚了解被指定为命题函项的主目者是什么。通常我们不难从上下文联系猜出它。但是为了把对命题的区分弄得更清楚，我们在这里(仅在第44，45节)要借助一些主目符号的辅助符号来表示所指的是三种使用方式中的哪一种。如果符号本身即是命题函项的主目，那么我们就给这个主目符号加上引号，例如:"'7'是一个阿拉伯数字"，"'5+2'由三个符号成分组成"。如果这个主目符号的意谓，即其所指，像通常那样是用作主目的，我们用方括号把这个符号括起来，例如:"[7]是一个奇数"。但是我们还可能用7这个符号表示

第三种东西。我们把这个第三者称为这个符号的"意义"以区别于意谓，并以角括号把它括起来，例如，"我刚刚有了〈7〉的观念"。如果我们比较一下在保持命题真值的条件下这三种情形中有哪些替换是可能的，这里所说的意思就更清楚了。在符号命题的表达式中主目符号不允许有任何改变：上述关于"7"的陈述既不可代之以"Ⅶ"也不可代之以"5+2"。相反地，在上述包含"〈7〉"的语句中则可代之以"〈Ⅶ〉"。因为意义命题表示我有一个数7的观念，对这个事实我可以用〈七〉,〈7〉,〈Ⅶ〉这三个符号中的任何一个同样恰当地加以表达。相反地，"我刚刚有了〈5+2〉的观念"这个命题则不必具有相同的真值；我并不需要已经具有五和二之和的观念。意谓命题最顽强地保持不变。在语句"[7]是一个奇数"或"[7]大于6"中我可以[Ⅶ]和[5+2]来替换[7]。因此我们说明一下我们所谓符号本身是指这种书写的（或语言的等等）数字；7，Ⅶ，5+2，就这些符号本身来说，是互不相同的；因此在我们的术语表中，"7"，"Ⅶ"，和"5+2"是不同的对象。一个符号的意义是指这个符号所要引起的那些观念、思想等等的意向性对象所共同具有的东西；7和Ⅶ具有相同的意义，即作为观念内容或思想内容的七这个数，5+2则具有另一种意义；因此〈7〉和〈Ⅶ〉是同一个东西，而〈5+2〉则是某种不同的东西。同样地,〈der Abendstern〉① 和〈the evening star〉② 是同一的,〈der Morgenstern〉③ 则是某种不同的东西;〈司各脱〉是与〈《韦弗里》的作者〉不同的某种东西。一个符号的意谓是指

---

① 德文：昏星。——译者
② 英文：昏星。——译者
③ 德文：晨星。——译者

它所意指的对象；7，Ⅶ和5+2具有同一意谓，即七这个数（如弗雷格在《算术基本法则》，第1卷，第9页所指出的，算术的相等是逻辑的等同），[7]、[Ⅶ]和[5+2]是相同的，[der Abendstern]和[der Morgenstern]则是等同的，[司各脱]和[《韦弗里》的作者]也是等同的。

我们这里就以狭义的对象为其意谓的符号所谈的符号本身、符号的意义和符号的意谓的区别也适用于作为命题符号的语句，归根结底也适用于命题函项符号。由于语句和命题函项符号与其意义和意谓的区别类似于上面所解释的符号及其意义和意谓的区别，我们在这里就只是简略地说一下就行了。首先看一看语句。一个语句的意义是其表达的思想；一个语句的意谓（照弗雷格的看法）是其具有的或真或假的真值。

例子：试看下面三个语句：（A）Socrates ist ein Mensch[①]；（B）Socrates homo est[②]；（C）2+2=4；我们把它们简称为A，B，C。A，B和C作为符号（语句）是各不相同的；A和B有相同的意义；A，B和C有相同的意谓，即相同的真值：真。关于这些语句的命题可以像前面那样加以分类。"'A'由四个词组成"是一个符号命题；无论B还是C都不能替换A。"〈A〉是一个历史事实"是一个意义命题；我们可以用〈B〉替换〈A〉，但不可以用〈C〉替换它。"[A]与[1+1=2]等值（即具有相同

---

① 德文：苏格拉底是人。——译者
② 拉丁文：苏格拉底是人。——译者

的真值)"是一个意谓命题。在这里[A]可代之以[B]亦可代之以[C]。

第 45 节　外延方法正确性之证明

上面对命题的三分法最重要的还在于命题函项的命题。且举几个命题函项的例子:(1) x ist ein Mensch①,(2) x homo est②,(3) x 是有理性的动物。这三个命题函项是外延相同的,因为它们可为 x 的相同的值所满足,因此它们具有相同的意谓。但是第一个命题函项的意义只与第二个命题函项的意义相同,而与第三个命题函项的意义则是不同的。对于关于第一个命题函项的符号命题例如"'x ist ein Mensch'由 12 个字母组成",我们既不能代之以第二个命题函项也不能代之以第三个命题函项。"我相信存在能满足〈x 是人〉的事物"是一个意义命题;这里我们可代之以第二个命题函项,但不能代之以第三个命题函项,因为我的思想和信念并不必然也考虑到有理性动物的概念。"[x 是人]普遍蕴涵[x 是会死的]"是一个意谓命题;这里我们可代之以第二个命题函项,第三个命题函项,乃至任何其他外延相同的命题函项。按照前面提出的标准(第 43 节),这个意谓命题是关于 x 是人这个命题函项的外延命题,上述的意义命题则是关于这个命题函项的内涵命题;而上述的符号命题则根本无关乎命题函项,而是关于命题函项的符号即

---

① 德文:x 是人。——译者
② 拉丁文:x 是人。——译者

一组字母的命题。通过思考我们现在认识到，意谓命题和意义命题所论绝非一物，因为〈x 是人〉与［x 是人］并不相同；这个区别有类乎〈5+2〉和［5+2］的区别，亦即我对 5+2 的总数的表象和七这个数的区别。

于是我们的思考得到了下面的结论：关于命题函项的外延命题和内涵命题的区别是没有根据的，因为这些所谓的命题并非关于同一对象。只有被称为外延命题的那些命题才涉及命题函项本身；反之所谓内涵命题乃是关于其他某种东西（例如作为一个表象或思想内容的概念）的命题。

因此，外延性原则是正确的：不存在关于命题函项的内涵命题；被人们当作这样命题的东西并不是关于命题函项的命题，而是关于其意义的命题。所有不是关于命题函项的意义而是关于命题函项本身的命题被任一外延相同的命题函项所取代都保持其真值不变，因而可以外延命题的形式加以表达。

这里无须更多的论证就可指出，这个结论可以推广。因为上面的这种思考不仅适用于关于命题函项的命题，而且按照我们先前的思路也同样适用于关于命题的命题和关于狭义的对象的命题。由此得出一个普遍的结论：不存在内涵命题。一切命题都是外延命题。在每个语句中，由命题加以判断的对象（无论是一个狭义的对象还是一个命题，一个命题函项或别的什么东西）的符号可代之以具有相同意谓的任何符号，即使这个符号具有不同的意义。

既然每个关于命题函项的命题都可赋以外延命题的形式，如果在关于命题函项的命题中仅仅引入其外延，那么做出这样的命题的可能性就不会有什么限制了，因此构造的外延方法被证明是正确的。

第二章 系统形式

一 形式的研究

第46节 系统形式以可还原性为根据

上面我们讨论了等级形式问题并已看到构造系统的各个等级须以类定义或关系定义的形式来构建，现在我们要提出第二个问题，"系统形式"问题即构造系统的总形式问题。我们要怎样来建立这个等级结构才能使得全部科学对象在其中各得其所呢？在第二部分第二章中我们已经考察了一些不同的对象种类。现在我们要把各种不同的对象种类纳入一个系统。构造系统的次序是由下面这一事实决定的，即对象 a 总是可以在先于它的对象 b、c……的基础上构造出来。换言之，a 必可还原到 b、c……，因而关于 a 的命题函项必可转换为关于 b、c……的外延相同的命题函项。

对这个标准的恰当的应用要求所考察的命题函项要么完全地或在逻辑构架上被逻辑地把握，要么至少是逻辑地构成的。一个命题或命题函项如果是用逻辑斯蒂的符号表达的，我们就称这个命题或命题函项是"被逻辑地把握的"。所谓一个命题或命题函项的"逻辑构架"是指其逻辑形式。因此只有在我们用日常语言表达一切非逻辑的概念而以逻辑斯蒂的符号来表达这些非逻辑概念的关系时，我们才能说一个命题的逻辑构架被逻辑地把握了。我们把下面这样的命题称为"逻辑地构成的"，这个命题是完全用一般语言的语词来表达的，不过这些语词使我们能够根据明显的或隐含的约定以逻辑的结构重新表述出来。

例子：用语词表达的命题："如果某人是黑人，则某人亦是人"；其逻辑的构成形式："如果某人属于黑人的类，则某人亦属于人的类"；其逻辑构架的逻辑斯蒂表述："(x)：x ε 黑人 · ⊃ · x ε 人"；整个命题的逻辑斯蒂表述："(x)：x ε ne[1] · ⊃ · x-ε me[2]"。

参考文献 关于逻辑构架，参阅卡尔纳普《逻辑斯蒂概要》，第42节及以下诸节。附有对命题的逻辑斯蒂表述的例子。

第47节 实在论语言的可还原性标准

构造理论是要把一切科学的对象按其相互可还原性有次序地安排在一个系统里。因此在后面我们必须按其可还原性来研究各种

---

[1] ne 代表 Negro（黑人）。——译者
[2] me 代表 Mensch（人）。——译者

不同的对象种类。这样就发生了前面所说的困难，即我们必须用可还原性的标准来检验那些仅以语词表达的命题和命题函项。考虑到这个任务，我们想以另外一种形式来表述这个标准，以便我们谈论的不是命题函项及其逻辑关系，而是事实及其实际关系。于是我们就把这个标准从形式的逻辑的亦即此处的构造的语言转换成事实的语言或"实在论的语言"。（关于这两种语言的区别，参阅第52节。）

这样我们得到了下面这个可还原性的事实的标准，虽然还缺乏逻辑的严格性，但是有利于更容易地应用于各门具体科学的经验的研究成果。如果我们对任何与对象 a、b、c……相关的事实的存在都能指出一个仅仅依赖于对象 b、c……的必要而充分的条件，我们就称对象 a"可还原为对象 b、c……"。

现在必须指出，这个标准同前面提出的标准（第35节）是一致的。两个命题函项 A、B 的外延相同，意即 A 普遍蕴涵 B，反过来 B 亦普遍蕴涵 A（第32节）。如果现在 A 普遍蕴涵 B，那么这就意味着凡是 A 被满足的情况下，B 也被满足；换言之，A 是 B 的充分条件；如果 B 普遍蕴涵 A，那么这就意味着凡是 A 不被满足的情况下，B 也不被满足，因而 A 是 B 的必要条件。因此，如果 A 和 B 是外延相同的，那么 A 就是 B 的必要而充分的条件（同时 B 也是 A 的必要而充分的条件，不过这里我们就不多说了）。但是这两个标准在一点上似乎是不同的，这个新的标准谈的是"事实"，而前一个标准谈的则是命题函项。一个事实是由一个命题函项还是由一个命题来陈述呢？这里我们必须区别：个别事实须由命题表达，一般事实须由命题函项表达。语言表达式并未把这两类事实精确地区别开来。就可还原性标准来说，我们处理的是一般事实，因为只有对这样的事实我们才谈得上条件关系。(自然规律的事实也是如此。)因此,这两个标准在这一点上又是一致的。

第48节 关于一个对象的基本事实

可还原性的事实标准由于"任一事实"这个用语还出现了一个困难。因此,严格说来,为了确定一个对象还原为另一对象的可能性,我们必须考察这个对象在其中出现的常常是无数之多的一切可能的事实。不过我们已经看到,对每个对象来说都有一个"基本事实"。只是在这个基本事实的范围内一个对象才出现在它所在的一切其他事实中。说得更确切些,在构造语言中,对每个对象都有一个"基本命题函项",从而使其出现全都可以借助于这个基本命题函项来表达。对一特性概念来说,基本事实就是这个特性的存在(基本命题函项为:"x 有……特性"或"x 是一个……");对一关系概念来说,基本事实就是这个关系的存在(基本命题函项为:"x 和 y 有……关系")。

按照外延的构造方法,我们用一个类符号,例如 K,代表一个特性概念,用一个关系符号,例如 Q,代表一个关系概念,于是它们的基本命题函项就是:"xεk"和"xQy"。事实上,每个包含类符号 k 的语句都可以转换成使 k 仅仅在"xεk"的语境中才出现;每个包含关系符号 Q 的语句也可以转换成使 Q 仅仅出现在"xQy"的语境中。

我们在构造系统中用以构造一个对象的定义,即其"构造定义",必须使用这个对象的基本事实。基本事实的命题函项是被定义者,给这个基本事实以必要而充分的条件的命题函项是定义者。因为两个命题函项中如果一个给出另一个的充分而必要的条件,两者就是外延相同的(第47节);两个外延相同的命题函项中,如果一个命题函项所包含的符号除变项外仅有一个是在另一命题函项中未出现的,我们就可以把这两个命题函项的对比看作这个符号的定义,亦即这个符号的用法定义(第39节)。

例子:借助其基本事实来构造一个对象。温度均衡的基本事实是:"x 和 y 处于温度均衡状态"。这个基本事实的充分而必要的条件是下面这个事实:"如果物体 x 和 y 发生空间接触(直接接触或通过其他物体的媒介间接接触),那么它们既不会出现增温也不会出现降温"。因此,这两个命题函项是外延相同的。因此我们可以利用它们给第一个命题函项的对象,即温度均衡,设立一个定义:"我们把 x 和 y 之间具有下面这种特点的关系称为'温度均衡',即如果物体 x 和 y 在空间上相互发生(直接或间接)接触,那么它们既不会出现增温也不会出现降温"。在建立构造系统时,我们可以这种形式引进、"构造""温度均衡"这个对象,如果在定义中提及的其他对象是此前已被构造的话。

第49节 表征和条件

按照我们的考虑,对一个对象的可还原性的证明有赖于为该对象的基本事实提出一个既充分又必要的条件。于是又发生了一个问题：是否可为每个基本事实都提出这样一个条件。为了解决这个问题，我们利用了科学表征的概念。一个事实的表征是这个事实的充分条件。但是并非每个充分条件都可称之为表征。我们按照普通语言的用法只把下面这样的条件称为"表征"，我们通常根据这种条件来辨认一个事实，因而它常常是在这个事实之先就已被认识了的。

例子：很高的大气压和很高的气压计读数是互为条件的：如果气压很高，那么气压计读数就很高；如果气压计读数很高，那么气压就很高。但是只在第二种情况下我们才把条件叫作表征。

科学常常为其研究的许多事实指出其表征，尤其是那些组成其他事实的初始事实，亦即诸如"这个东西是一棵橡树"，"这个机构是一个消费合作社"之类被看作基本事实的东西。对这样一种事实的认识过程，亦即对它有某个概念，即使在科学研究上往往也不是借助于这种表征，而是凭直观达到的。但是这个直观认识的概念之所以被认为是一个确定的科学对象，则仅仅因为我们能够指出这样的特征。在很多情况下，尤其在精神科学中，当我们研究的是例如一个艺术作品的风格特征等等的时候，我们通常或者根本不指出这种表征，或者只是含糊地指出来。在这里我们不是通过制定理性的标准而是通过移情作用来判定一个事实的存在的。我们有理由把这种通过移情作用做出的判定看作是科学的判定。不过这个理由则是基于下面这个事实，即我们或者已经能够指定无须移情作用就可加

第二章 系统形式

以应用的那些表征（尽管在个别情况下这是很麻烦的事情），或者我们已经承认寻找这种表征的任务是一个科学任务而且认为在原则上是可以解决的。一个通过移情作用或任何其他方式做出的判定，如果在原则上不可能根据概念的标准加以理性的检验，就没有权利得到科学的认可。甚至精神科学也要注意通过移情作用做出判定的可容许的界限，即使不是非常明显地但肯定在实际做法上要注意这一点。

因此我们说，原则上所有科学的事实都有一个表征；这就意味着对所有的事实都有一个确定其表征的任务，而且这个任务在原则上是可以解决的。更详细的分析（限于篇幅此处从略）会指出，对每个科学的事实来说，原则上都有一个既确实可靠又无时不在的表征，即当且仅当事实存在时才存在的表征。这类表征总是可以通过表示个别情况的各种不同表征之结合而创造出来。因此这样一种表征乃是事实的既充分又必要的条件。因此当我们为一科学对象的基本事实创造出上述这类表征时，我们就建立了这个对象的构造。

例子：赋予眼镜蛇以名称的那个表征是下面这个事实的确实而常在的表征，即有一个动物是一条眼镜蛇。因此下面两个命题函项是外延相同的："x是一条眼镜蛇"和"x是脑袋后面长有一副破碎的眼镜图形的一种动物"。其中第一个命题函项表达对象眼镜蛇的基本事实。我们现在可用这两个命题函项为眼镜蛇提出一个构造定义，用普通语言来表述如下："所谓眼镜蛇系指一种脑袋后面长有一副破碎的眼镜图形的动物。"

第50节　逻辑价值和认识价值

如果我们用其构造定义来替换对象名字，从而把关于一个对象的语句加以转换，那么在很多情况下这个语句的表象的意义及其对认识的价值就会发生变化。因为由此可能引起对此处倡议的构造方法的严重诘难，所以我想较详细地谈一下这个问题：被如此转换的语句在什么地方与原来的语句是一致的，在什么地方是不一致的。

如果 a 可还原为 b、c，那么关于 a 的命题函项 K、L……与仅仅关于 b、c 的命题函项 K'、L'……就是外延相同的。构造的转换，即借助其构造定义来消除对象，就是把命题函项 K、L……改变为 K'、L'……。因为后者与前者是外延相同的，所以在一个命题函项发生构造的转换时，外延保持不变（第32节）；就命题来说，则其真值保持不变，即仍然是真的或假的。我们想把这两种情况概括地表达如下：无论是命题函项还是命题，其"逻辑价值"保持不变。我们可将"逻辑价值"与"认识价值"对照来看。在进行构造的转换时，一个真的具有认识价值的命题可能变成一个琐屑的命题；在这种情况下，我们就说"认识价值"已经改变了；但是因为琐屑的命题也是真命题，所以逻辑价值并没有变。在一个命题（或命题函项）进行构造的转换时，逻辑价值总保持不变，但认识价值则未必不变。（因而这是一种不同于普通语言翻译的翻译，在这种翻译中表象内容不必保持不变。）构造方法的一个本质特征正在于此：它对对象名称、命题和命题函项只考虑其逻辑价值，而不涉及其认识价值；它是纯逻辑的，而非心理学的。

例子：在第49节中我们给出了眼镜蛇的一个构造定义。我们就借助这个定义对下面的语句作构造的转换："这里这只脑袋后面长有一副眼镜图形的动物是一条眼镜蛇。"由此得到一个重言式："这里这只脑袋后面长有……的动物是一只脑袋后面长有……的动物"。原来语句的认识价值由于转换而失掉了。反之，逻辑价值则保持不变：这个重言式正如原来语句一样以真为其真值。

参考文献 我们关于确定表征的理论总的来说是从罗素的摹状词理论而来的（《数学原理》，第1卷第181页及以下诸页；《数理哲学导论》，第168页及以下诸页；"亲知的知识和摹状的知识"，载《亚里士多德学会会刊》，1911年）。然而我们从对逻辑价值和认识价值的区分中得出了一种偏向：我们把表征与被标示对象的专名看作意谓相同（具有相同的逻辑价值）；罗素对琐屑命题的论证（《数学原理》，第1卷，第70页；《数理哲学导论》，第175—176页）不会给我们造成困难，因为一个琐屑命题可与一个具有积极的认识价值的命题有相同的逻辑价值。这个观点是与外延性原则联系着的（第43节及以下诸节）。

第51节 逻辑翻译和意义翻译

如果构造理论是通过为一个对象（更确切地说是为其基本事实）找一个确实可靠而且无时不在的表征来构造这个对象并且表示

以此为这个对象的定义,那么这似乎不符合解释概念的意义上的定义。因为这样的定义必须指出一个概念的本质特征,而表征则通常并不包含这种本质特征。

我们可以把定义看作一种替换或置换规则;它指出某个符号(被定义项)可在一切命题中被另一个(大多是复合的)符号(定义项)所替换。对这种翻译可以以各种不同的方式提出使其保持不变的要求。如果我们只要求被翻译的命题具有与原来的命题相同的逻辑价值,而不必具有相同的认识价值,那么我们谈的就是一种"逻辑的翻译"。反之,如果我们提出更进一步的要求,使命题的认识价值亦即内容的意义经过翻译也保持不变(例如,就像把一段文字从一种语言翻译成另一种语言那样),那么我们谈的就是一种"意义翻译";(在这种情况下,逻辑价值也必然保持不变)。因为在构造系统中对一个对象的构造总是仅与逻辑价值有关,而不涉及认识价值(第50节),所以一个从对象的表征出发从而提供一种逻辑翻译的构造定义恰恰提供了它必须提供的东西。

参考文献 仅仅考虑构造推导的逻辑价值(真值)符合莱布尼茨的同一性定义,即"一个事物能代替另一个事物而保持真值,它们就是相同的"。

第52节 实在论的和构造的语言

人们可能还会提出另一个诘难反对在构造定义中利用表征。因为在实在观上构造理论和各门具体科学似乎是根本对立的。例如,如果我们根据物理的表征，即他人的表意活动和身体反应（包括语言表达）来构造他人心理的东西（他人的心理过程），那么人们就会从实在论的观点提出反驳说，他人心理乃是某种不同于反应行为的东西，反应行为只是起一种表征的作用。

例子：我们来看一下愤怒（这里指他人的心理状态，即某个他人的愤怒，以区别于我们自己的愤怒，这里假定我们自己的愤怒是此前已被构造了的）。对他人的愤怒我们或许可做如下的定义："A某人的愤怒"意指"A的身体的一种状态，其特征表现为这个身体如此这般的一些生理过程或表现为对于由某种生理过程所引起的某种肉体刺激做出反应的倾向"（在这里我们借助自己愤怒时在我们自己身体上发生的过程来描述他人身体上发生的这个过程的特征）。在这里实在论的反驳会是这样的：他人身体的生理行为并不是愤怒本身，而只是愤怒的一个表征。

我们用K来表示某一他人心理过程的表征的身体反应行为。反对的意见是说：这个他人心理过程的概念本身不等于K，因而它要求有一个自己的符号，例如F。对这个反驳我们回答如下。我们可以在保持逻辑价值不变的条件下将所有关于F的科学的（亦即非形而上学的）命题，尤其是心理学提出的一切命题，都转换为关于K的命题。现在K和F既然满足同一些命题函项，按其逻辑价值而言，就应把它们看作是等同的。我们根本不可能以科学的（即构造的）表达式指出F有一种与K不一致的意谓。（这个问题与莱布尼茨关于不可分辨物的同一性原则有联系，参阅第51节；而且与摄入作用①问题和实在问题中的形而上学成分也有联系，参阅第175节。）

（大都在实际科学中应用的）实在论的语言和构造的语言其实具有相同的意谓；在判定实在论或唯心论意义的形而上学的实在问题上，这两种语言都是中立的。当然在实际科学中适用的语言实在论在实践中往往被扩展为形而上学的实在论；而这就意味着超越了科学的界限（参阅第178节）。如果这种超越仅仅发生在伴随着科学命题的想象中，我们无须对它提出任何反对；但是当这种超越界限影响到科学命题的内容时，它就成为非法的了。

我们尤其还要再强调一下关于构造的语言的中立性。这种语言并不表示任何意义上的所谓认识论的而实为形而上学的倾向（例如实在论、唯心论、唯我论），而只是表达认识的－逻辑的关系。同样地"准对象"一词也只表示某种逻辑关系，而非对一种形而上学实在的价值的否定。一切实在的对象（在构造理论和实际科学中都同样承认其为实在的，参阅第170节）恰恰都是准对象。

如果我们承认实在论的语言和构造的语言是意谓相同的，就可得出结论说，构造定义和构造系统的命题是通过用实在论语言讲述的实际科学的表征陈述和其他陈述加以翻译而得到的。

如果我们承认实在论的语言和构造的语言只是表达同一事实的两种不同的语言，那么我们也许就可以说，认识论方面的争论大都是空洞无聊的。

---

① Introjection，摄入作用，亦译内投作用，指将自己所喜爱或厌恶的东西象征性地投向自己，变为自己内在的东西。——译者

第53节 小结。解决系统形式问题的方法

系统形式问题就是下面这样一个问题：怎样把各种不同的对象种类安排在一个系统中，以使较高的对象种类总能从较低的对象种类构造出来，也就是说前者可还原为后者。为了解决这个问题，我们必须从其相互可还原性来研究各种不同的对象种类。为此目的，我们要根据所涉及的对象领域的实际科学知识为每一个要考察的对象寻找其基本事实存在的充分而必要的条件的各种可能性。对此我们可采取下面的办法来进行，即要求这门实际科学给出基本事实的一个（确实而常在的）表征。但是并非任何充分而必要的条件都能够用这种方法找到。因为这种方法只是在某一方向上进行寻找，即从一个对象到已先于它而被认识了的对象。我们在后面为构造系统选择系统形式时就是沿着这个方向进行构造的，因为这个系统要把对象的认识论的梯级结构表现出来。因此我们可反复使用表征方法。但是，为了认识到还可能有其他的系统形式，我们也必须注意非表征的其他条件。

我们在这里阐述了可还原性的检验方法之后，在本章的第二部分则要将这种检验施之于最重要的一些对象种类。由此我们就可认识到可能有各种不同的系统形式。

参考文献 关于一个对象之还原为另一个对象的可能性的研究相当于实在论语言中所谓以其他实在物或所予"规定"的实在物。曲尔佩曾详细地描述过这种规定所需使用的方法和个

别标准（《论实在化》，尤其请参阅其第3卷）。

构造理论可以接受和利用"实在化"研究的全部成果，例如曲尔佩的研究成果；只是必须谨慎从事，以免把形而上学的实在概念拿来代替纯构造的概念（参阅第175—176节）。在实在的设定上，构造理论必须采取严格的"节制态度"（参阅第64节），因而使用一种中立的语言是很对的：它把实际科学的成果从"实在论的"语言翻译成"构造的"语言（参阅第52节）。

二 实质的研究

第54节 认识上的在先性

按照本章第一部分所阐述的方法，我们现在就其可还原性关系来考察一下认识对象。不过这种关系常常带有不同的方向，因而仅仅这种关系并不能明确地规定系统的次序。

我们在这里要赋予构造系统纲要的那种系统形式的特点在于：它不仅像任何一种系统形式那样要就其可还原性来表现对象的次序，而且要就其认识上的在先性来表现对象的次序。我们就一对象（或一对象种类）与另一对象的关系而言称前者为认识在先的，而称后者为认识居次的，如果我们是通过前者的中介才认识到后者，那么对后者的认识是以对前者的认识为前提的。在应用表征方法时我们无论如何要遵循认识在先性原则所要求的这种构造路线，因为一个表征对其对象而言确是认识在先的。不过在这里我们也要考察一下可还原性关系的其他一些方向，以便探明究竟可能有哪些不同的系统。

对于对象的认识关系的考虑并不意味着在构造系统中也要像在实际认识过程中那样把认识的综合或形式的具体特性都描述出来。在构造系统中，我们只是以理性化的或概括的方式把认识的这些形式再现出来；直观的认识被推理的结论所取代。

第55节 精神对象可还原为心理对象

如前所见，显现关系是心理对象和精神对象的关系，文物记录关系则是物理对象和精神对象的关系（第24节）。这两种关系是助成对精神对象的认识的中介。当然，并非每个精神对象都必然直接地得到显现或被文物记录下来。有的精神对象可能是依靠其他精神对象并通过其他精神对象的中介而被认识的。但是那就还是通过显现和文物记录而间接被认识的。

例子：我们是根据一个民族中诸个人的宗教观念、情感、思想、意志活动来确定这个民族的宗教类型的。我们还要借助于著作、雕塑、建筑等形式的文物来进行判定。因此我们的认识是依赖于所要认识的对象的显现和文物记录的。

有时人们主张，无须通过显现精神对象的心理过程和物理的文物记录就可能认识精神对象，但是迄今为止在科学上还不曾使用过这样一种方法，也不知道有这样一种方法。精神科学之认识它的对象（无论是风俗、语言、国家、经济、艺术或其他任何东西）多半不是通过推理演绎，而是通过"移情作用"或"理解"。但是这种直观的方法无例外地是以显现或文物记录为初始材料的。而且，这种直观的理解或移情作用不仅是由中介的心理对象或物理对象所引起的，而且其内容也完全是由这些中介对象的特性所决定的。

例子：对一件艺术品（例如一座大理石的雕塑品）的美学内容的领会不能等同于对这块大理石的知觉性质，其形状、大小、颜色及材料的感知。但是在这个意义上的这种领会并不是在感知之外的某种东西，因为除了知觉内容之外并没有别的内容提供给它；更明确地说，这种领会是由感官知觉的东西单独决定的。在这块大理石的物理特性和表现在这块大理石中的艺术品的美学的意义内容之间有一种单独的函项关系。

我们的思考表明，一切精神对象都可以或直接地或通过其他精神对象而还原为它们的显现和文物记录。不过一个精神对象的文物记录必须借助于一种显现才能实现出来。因为如果一个物理对象要被塑造或改造成文物，即精神对象的体现，那么这就需要有一人或多人进行创造或改造的活动，而且也需要在其中赋予这个精神对象以生气，从而使之成为其显现的心理过程。

由此可见，精神对象可被还原的对象领域可以限制得很窄：每一精神对象都可还原为它的显现，即心理对象。

第56节 根据心理对象构造精神对象

认识到一切精神对象都可还原为心理对象，还不能由此判定在构造系统中是否也应由后者构造出前者。可以想象有一些观点（例如有一种理论把世界上发生的一切事情都辩证地解释为一种精神的流溢）导致这样一种假定，即认为所有的心理对象都可还原为精神对象。这样的假定会引导人们在一个相反的方向上进行构造。不过这里我们不去考察这个假定之正确与否。

在我们的构造系统纲要所要采用的系统形式中，我们将根据心理对象构造精神对象，而不是反过来根据精神对象构造心理对象。这样做的理由就是科学方法所揭示的这两类对象间的认识关系。如前所见，精神对象的显现（乃至其文物记录，这也导致显现）起着一种表征的作用，更确切地说，起着一种作为认识中介的对象的作用，只有根据它们的特性才能获知精神对象本身的特性。由此就确定了心理对象对精神对象的认识上的在先性。按照前面说明的原则，我们在这里选择的系统形式要根据认识的在先性来确定其构造的方向，这就决定了在我们的构造系统中精神对象是由其他对象而首先是由心理对象构造出来的，而不是相反。

自然科学思维比较容易接受下面这种看法，即认为一个国家、一种风俗、一门宗教都是由心理过程构成的，就像一块铁是由其分子组成的那样。而心理过程则为其显现。与此相反，精神科学思维则习惯于把这些东西看作一类特殊的事物，而不是心理过程的单纯的总和。

构造理论主张精神对象可还原为心理对象，是在一种系统形式中由后者构造出的。但是，尽管如此，它还是认为上述精神科学的观点是正确的。精神对象不是心理对象的复合。我们在前面已曾强调精神对象的特殊性，并指出它们不仅与心理对象有巨大的差异，而且属于一个不同的"对象领域"（第23、31节）。

因此，如果构造理论赞同精神科学思维关于精神对象为一独立的对象种类的观点，那么另一方面它也会履行自然科学思维所特别强调的一个要求，即对精神对象的分析，将其还原为其他对象。不过这里所谓的分析并非指分解为一些成分。"还原"和"构造"只具有前面界定的命题之可翻译性的意义（第2、35节）。所有关于精神对象的命题原则上都可转换为关于心理对象的命题。不过这也只是在一种限定的意义上讲的。并非关于精神对象的命题的意义似乎都可以在关于心理对象的命题中表达出来（有时是可以的，但并不总是如此）。关于构造意义上转换的可能性的主张只是指一种转换规则的可能性，这种转换规则的运用只能使命题的逻辑价值保持不变，并不能使其认识价值也总是保持不变。这一点我们在前面已经讨论过了（第50—51节）。

参考文献 精神的东西能否解析为心理过程，是一个颇有争议的问题。可参阅弗莱耶（Hans Freyer）的《客观精神的理论》（莱比锡和柏林，1928年，第2版）第53页。按照我们的看法，如果所谓解析意味着证明精神的东西是由一些成分组成的，那么对这个问题必须给以否定的回答，但是如果解析的意思是证明一种逻辑的可还原性，那么对这个问题则当给予肯定的回答。

第57节 物理对象可还原为心理对象，反之亦然

关于物理对象的命题可转换为关于知觉的命题，亦即关于心理对象的命题。某个物体是红的这个命题可转换为一个内容异常复杂的命题，即在某些情况下有某种视感官的感觉（"红"）出现。

并不直接涉及官觉性质的那些关于物理对象的命题可还原为关于官觉性质的命题。如果某个物理对象不能还原为官觉性质，因而也不能还原为心理对象，那么这就表明它没有任何可感知的表征。关于它的命题就成为空洞无物的了；至少在科学上它是没有任何位置的。因此一切物理对象都可还原为心理对象。

每个心理过程在大脑中都有一个相应的"平行的过程"，亦即一个物理的过程。心理对象的每个特性都明确地对应于大脑过程的某个（即使是完全不同种类的）特性。因此每个关于心理对象的命题都可翻译为一个关于物理对象的命题。由于心物关系的配置问题（参阅第21节）尚未解决，在今日科学的状况下，我们还不能明确指出这种翻译的一般规则；不过根据这种规则的逻辑的存在，即根据上面所说的这种配置的效准，就足以推知所有心理对象原则上都可还原为物理对象。

参考文献 代表上述这种主张彻底而明确的心物配置关系的有冯特（《生理心理学的基本特征》，第3卷，第752页）；反对这种观点的有贝希尔（Friedrich Becher，《大脑与灵魂》，海德

堡，1911年版）和柏格森（Henri Bergson，《物质与记忆》）。布塞（Ludwig Busse）的《精神与物体，灵魂与肉体》一书中附有关于这个问题的详尽的书目。亦请参阅本书第58、59节。

还有另外一种把心理对象还原为物理对象的方式，这种还原不是基于我们迄今还几乎全然无知的心物关系，而是依据表达关系。除了这种狭义的表达关系（第19节），这里还要加上例如可称之为"报道关系"的一种关系。这是指一种身体动作和一个心理过程间的关系，这种身体动作通过说话、书写或其他给予符号的方法指出心理过程的存在和性质，例如，一个人的说话动作（这个说话动作构成了语句："天气晴朗使我感到高兴"）和他对好天气感到高兴的关系。表达动作，包括这种报道，是我们能借以认知"他人心理"过程的唯一表征。现在每个心理过程当其作为他人心理过程出现时在原则上都是可以认知的，就是说，它或者可以从表达动作中被推知，或者可以通过发问被告知。因此所有关于心理对象的命题都可转换为关于那些表征的命题。由此可见，所有心理对象都可还原为（广义的）表达动作，亦即物理对象。

从各类他人心理过程在原则上的可知性以及物理过程内部的统一的规律性，我们可以推知，（与柏格森等人的看法相反，见后）一切种类的心理过程都有与之平行的物理过程（在中枢神经系统内）。这里我们无须作详细的证明；对于此处采用的系统形式来说，证明并不像对具有物理基础的系统形式那样重要。

第58节 自我心理的东西和他人心理的东西

由于心理对象和物理对象可互相还原,在逻辑上这就存在着两种可能:由物理对象构造心理对象或由心理对象构造物理对象。为了决定我们的系统采取何种构造方式,我们必须研究一下这两种对象种类的认识关系。现已表明,其他主体的心理过程只有通过物理对象的中介,即通过(广义的)表达动作的中介,才能被认知,或者如果我们假定有一种迄今还未成为现实的大脑生理学的话,则亦可通过大脑过程的中介而被认知。反之,对自我心理过程的认识并不需要以物理对象为任何中介,而是直接发生的。因此,为了按照其认识关系在构造系统中安排心理对象和物理对象,我们必须把心理的对象域分为两部分:"他人心理"对象和"自我心理"对象。就其与物理对象的关系来说,自我心理对象在认识上是在先的,反之他人心理对象是随后的。因此我们将从自我心理对象构造物理对象,从物理对象构造他人心理对象。

因此,就认识的在先性而言,四种最重要的对象种类的顺序是这样的:自我心理对象、物理对象、他人心理对象、精神对象。因此在我们的系统形式中,构造系统的排列必须符合这个顺序。目前我还只能据此确定一个大概的总的形式。上述几大对象域中个别对象种类的安排将在后面加以讨论。

参考文献 丁格勒(Hugo Dingler)的《自然哲学基础》(莱

比锡，1913年）对分别讨论自我心理的东西和他人心理的东西的必要性（特别是在认识论的研究上）有清楚的说明。

贝希尔反对舍勒（Max Scheler）的观点，他在《精神科学和自然科学》（慕尼黑和莱比锡，1921年，第285页及以下诸页）中的阐述表明，他人心理的东西只有通过物理的东西的中介才能被认识。关于他人心理的东西可还原为物理的东西因而在认识上是随后的，卡尔纳普的《哲学中似是而非的问题》对之有详细的证明。

第59节　具有物理基础的系统形式

如果我们不要求构造的次序再现对象的认识次序，那么我们就还可能有其他的系统形式。但是能否把系统的基础放在精神的对象域中却是大有疑问的。这样的系统形式之所以是困难的甚至也许是不可能的，就在于虽然所有心理过程都可以看作是精神的东西的显现，但是并非心理过程的一切特性都是由显现于其中的精神的东西的特性决定的，因此心理对象普遍还原为精神对象的可能性是不存在的。

由于所有精神对象都可还原为心理对象，而所有心理对象都可还原为物理对象，我们就可以把系统的基础放在物理的对象域中。我们可以把这种系统形式称为"唯物主义的"，因为这种形式的构造系统与唯物主义观点是特别接近的。不过重要的是要把一种理论的逻辑构造的方面与其形而上学的方面分离开来。从构造理论的逻辑观点看，对科学唯物主义没有什么可反对的地方。科学唯物主义

第二章　系统形式

关于所有心理对象和其他对象都可还原为物理对象的主张是正确的。至于形而上学唯物主义超出这一点的主张，即认为所有心理过程按其本质来说都是物理的，除了物理的东西之外没有任何东西存在，构造理论和一般（理性）科学则既不提出也不否定。"本质"和"存在"这些词（就此处所指的意义而言）在构造系统中没有位置，而且这已经表明它们是形而上学的了；参阅第176、161节。

唯物主义的构造系统有一个优点，它把其过程具有明显规律性的唯一的域即物理对象域作为自己的基础域。在这个系统形式中，心理的和精神的过程都通过其构造而依赖于物理对象；于是它们也被安排在这个有规律的全体事件中。实际科学（自然科学、心理学、文化科学）的任务一方面是发现普遍规律，另一方面是把个别的现象包摄于普遍规律之下来说明这些现象，因此具有物理基础的构造系统表现了从实际科学的观点看是最适当的概念次序。（关于这种系统形式的基础问题，参阅第62节。）我们在这里不可能对这个系统及其科学意义做详细的描述。

从认识论的观点（不同于实际科学的观点）出发，我们将提出另一种概念次序，一个具有自我心理基础的构造系统（第60节）。

参考文献　所谓的"行为心理学"（华生、杜威等人的"行为主义"，见罗素《心的分析》一书的参考书目）把一切心理的东西都还原为感官可感知的东西，即物理的东西。因此基于这种观点的构造系统当会选择一种物理的基础。照前所说，这样一种系统本身是完全可能的和可行的。但是行为主义宣称对象的这个次序也恰恰再现了认识关系，则是值得怀疑的。

在一个具有物理基础的构造系统中有没有价值领域的位置，这似乎也是一个疑问。不过这个疑问已被奥斯特瓦尔德（《价值哲学》，莱比锡，1913年）根据唯能论原理（根据唯能论第二原理并借助于消散概念）对各种价值的推导所消除了。从哲学的观点我们必须承认，不仅经验的、"现象学的"而且还有唯能论的价值推导都是方法正当、内容丰富的（我们在我们的构造系统纲要中将运用现象学的方法，参阅第152节）。在这两者间做出决断并不是一个有效与否的问题，而是一个系统形式的问题；区别仅仅在于问题提出和概念构造的方向。整个科学需要这两种理论以说明逻辑可还原性的两种方向；正如它既需要一种内省心理学也需要一种行为主义心理学一样；总之，它既需要对一切概念的一种经验的推导，亦需要一种唯物主义的推导。

第60节 具有心理基础的系统形式

具有心理基础的构造系统形式也是可能的。这种系统形式的逻辑根据与形而上学的倾向无关，它仅仅基于前面提出的那个证明，即所有精神对象和所有物理对象都可还原为心理对象。实证主义倾向的理论，特别是感觉主义的理论通常是以具有心理基础的系统形式为根据的。但是我们使用这种系统形式绝不表示我们是立足于一种感觉主义的或实证主义的观点的。对这些方面问题所做的论断是在构造理论范围之外的，即属于形而上学的领域；我们将在后面说明（第178节）。

第二章 系统形式

首先我们要区别两种具有心理基础的系统形式：一种以整个心理的对象域为基础，另一种只以自我心理的东西为基础。从前面的考察可见，在第一种系统形式中构造不可能总是遵循认识关系（尽管在逻辑上是可能的）。因此，为了表现对象的认识次序，我们在这里所要勾画的构造系统纲要只能采用第二种具有自我心理基础的系统形式。

参考文献 盖岑贝尔格（Richard Gätschenberger）指出可能有两种"子语言"（照我们的用语）分别对应于具有物理基础或具有心理基础的系统形式，一是自然科学的"设定的语言"，一是心理学的"所予的语言"（《符号。认识论初阶》，卡尔斯陆黑，1920年，第437页及以下诸页，尤其是第451页）。盖岑贝尔格认为，纯粹所予的语言是行不通的；但是我们将指出，通过这种语言在构造系统中的应用，具有心理基础的系统形式是完全可行的。

第三章 基础

一 基本要素

第61节 基础问题的两个部分：基本要素和基本关系

构造系统的基础问题分为两个部分。首先我们必须确定应将哪些对象作为基本要素，作为最低构造阶段的对象。不过，要使进一步的对象构造成为可能，我们在构造系统的开头还必须设置其他对象，即类（"基本类"）或关系（"基本关系"）。因为如果基本要素没有特性、没有关系而互相并列，那么我们就不可能从这些要素出发在构造上再前进一步。正如后面我们要说明的，我们将把关系、"基本关系"当作构造系统的开端。这些基本关系而非基本要素构成系统的不加定义的基本对象（基本概念），这个系统的其他所有对象都是由之构造出来的。这些基本关系在构造的意义上先于其诸关系项—基本要素；一般地说，构造理论认为个别对象是附随于其关系结构的。

因此我们将基础问题区分为基本要素问题和基本关系问题。

第62节 各种可能的物理基础

由于以精神对象为基础的系统形式似乎是行不通的，具有物理基础的系统形式和具有心理基础的系统形式就成了构造系统可能采取的两种总形式。为了对构造系统的这些可能性有一概括的了解，我们当就这些不同的系统形式而不是仅就我们在这里所要采用的那种形式来讨论基础问题。我们将举例简要指出对物理基础可有三种不同的但并不因而相互排斥的选择。

例子：(1)我们可将电子（包括带正电荷的质子）当作基本要素并将其时空关系当作基本关系。因此我们可以关于电子加速度的蕴涵命题给电磁场下定义。一切化学元素的原子都作为电子的集群被构造出来，而重力则通过关于原子加速度的蕴涵命题被构造出来。对其他物理参数和其他概念的推导不再有任何根本的困难，因为在物理学上它们全都被还原为电磁场、电子和重力了。可感的物理的事物和属性很容易从这些物理学的事物和属性中构造出来，因为它们显然都是被后者规定的。

(2)我们可将四维时空连续统的时空点当作基本要素，将其在连续统上的位置关系以及实数和时空点间的一多关系当作基本关系，这些一多关系对应于位势函数的各个成分：电磁的四维向量场和重力的张量场。按照韦尔形式的广义相对论，一切物理学概念原则上都可由此推导出来。电子是作为特殊的位势分布的位置（或者也可以通过位置关系作为拓扑学的个体）被构造出来；其他概念的推导则与上述第一种情形相同。

（3）我们（根据闵科夫斯基的说法）可就其为物理点的"世界线"的元素而言将世界点当作基本要素；它们不等于上述第二例中的那些时空点，但是与之有多一关系。这里我们可将一致性和特定的时间关系作为基本关系。我们由此首先要构造出空间－时间－世界的拓扑学的规定，然后再构造出其测量的规定（参阅卡尔纳普："论空间属性对时间属性的依赖性"，载《康德研究》，第30期，1925年，《逻辑斯蒂概要》，第37节；莱辛巴哈：《相对论时空学说的公理系统》，不伦瑞克，1924年）并由此再构造出上述韦尔学说的向量场和张量场，之后我们就像前面那样进行进一步的构造。

根据这样一种物理基础构造出物理对象之后，我们就可以按照此前对心理对象还原为物理对象和精神对象还原为心理对象的可能性的考察从物理对象把其他对象构造出来（第55节及以下诸节）。

第63节　各种可能的心理基础

在心理的东西内部选择基础有两种可能：自我心理的（或"唯我论的"）基础和一般心理的基础。在自我心理基础方面对基本要素的选择限定于仅属于一个主体的心理对象。如前所见，在这种情况下，心理的东西区分为两种在构造上分别予以探讨的领域：由自我心理的东西构造出物理的东西，只是由物理的东西才构造出他人心理的东西。在选择一般心理基础时，则一切心理主体的心理对象都被当作基本要素。这个方法的优点是比较容易构造所有的心理对象；我们可以正像在自我心理基础上构造自我心理对象一样进行所有心理对象的构造。不过构造的全部任务在这里随着对所有心理对象的构造也就解决了，而如果我们选择自我心理基础，那么在构造了物理对象之后还有一个全然不同类型的而且带有种种困难的任务，即构造他人心理对象的任务。在这两种情况下，都有不同种类的心理对象可被采纳为基本要素，例如（所有主体的或一个主体的）未被分析的经验，或这些经验的成分，或某些种类的经验成分，例如感官的感觉。我们在后面论述此处要采用的自我心理基础（第67节）时将讨论这些可能性。

第64节 自我心理基础的选择

尽管一般心理基础有上述的优点，我们的构造系统纲要还是选择自我心理基础。这样做的最重要的理由是要使这个构造系统不仅表现对象的逻辑的构造次序，而且表现其认识次序（第54节）。基于同样的理由，我们在这里也没有采用具有物理基础的系统形式，虽然这种形式有着诸多逻辑的可能性。有时人们持这样一种观点，认为即使在认识次序上构成基本领域的也不是自我心理对象，而是一般心理对象。但是，没有物理对象的认识作为中介就不可能有对他人心理对象的认识，从这个事实来看，上面这种观点是站不住脚的（第58节）。

我们选择具有自我心理基础的系统形式的第二个理由是形式逻辑方面的理由。尽管具有一般心理基础的构造系统也能表现对象的认识次序，但是具有自我心理基础的那种系统形式还是有下面这个优点，即在这个系统形式中所有的对象统统都是在一个极其狭小的基础上构造出来的。

我们也将自我心理基础称为"唯我论的"基础。但是我们并不因而就把唯我论本身的观点作为基础，即认为只有一个主体及其经验是实在的，其他主体是非实在的。在构造系统的开端还不存在实在对象和非实在对象的区别。对于基础来说，我们还不能像后来的构造那样把经验区分为知觉、幻觉、梦想等等。这个区别以及随之而来的实在对象和非实在的对象的区别只是在相当高的构造阶段上才出现的（参阅第170节及以下诸节）。在系统的开端，我们只能简单地按其呈现的样子来看经验；在经验中出现的实在和非实在的规定此时尚未引入，而是"被括弧括起来"，也就是胡塞尔所说的现象学的"悬置"（"ἐποχή"）（《纯粹现象学观念和现象学哲学》，哈勒，1913年，第31、32节）。

在自我心理东西范围内，还须更精确地划定基础领域的界限。"心理的东西"一词或许也可包括无意识的东西在内，但是基础领域则只有（广义的）意识的东西。一切经验，不论我们是否同时或随后对之作过反思，都属于这个基础领域。因此我们最好将其称为"经验流"。这个基础领域也可被称为"所予"；不过这里要注意，我们并不因而就假设有某物或某人，所予被给予了此物或此人（参阅第65节）。"所予"一词较之"自我心理的东西"和"经验流"这两个词有一个优点，即具有某种中立性：严格说来，"自我心理的东西"和"经验流"应当以下面这种符号方式(第75节)来表示:$_p$自我心理的东西^{d}和$_p$经验流^{d}①。

参考文献 由于对自我心理基础的选择只是应用了唯我论的形式、方法,而非认可它的论点的内容,我们在这里可以说它是一种"方法论的唯我论"。这种观点尤其被杜里舒强调为认识论的出发点并加以详细的论述(《秩序论》,特别是第23页)。这里我还要提到几位主张这种观点的代表人物,不过他们中有部分人只在开始时应用唯我论的方法,随后却跳到他人心理那边去了。由于他们大多没有使用严格的构造形式,我们往往弄不清楚,他们的这个转变是像我们的构造系统那样在自我心理基础上的进一步的构造呢,还是放弃了这个基础。

舒伯特-佐尔登(《认识论基础》,莱比锡,1884年,第65页及以下诸页)明确地希望人们不要从形而上学的意义上而仅仅从"方法论的"意义上去理解他的唯我论("论认识论的唯我论的意义",载《科学哲学和社会学季刊》,XXX,第49、53页),而这是他的批判者们常常没有注意到的。参阅亨利希·冈佩尔茨的"作为有序事件的世界。评R.瓦勒的确定的哲学",载《哲学和哲学评论》,第118期(1901年),第119期(1902年),第236页及以下诸页;泰奥多尔·齐恩的《以生理学和物理学为基础的认识论》,第37、39、277页及以下诸页;

---

① 加给这两个词的下标p和上标倒p表示它们是心理学的概念,p代表psychology。——译者

胡塞尔的《纯粹现象学观念和现象学哲学》，例如第316、317页（论主体间化的必要性）；丁格勒的《自然哲学的基础》，第121、122页；罗伯特·莱宁格的《心物问题》，维也纳和莱比锡，1911年，第51页；君特尔·雅可比的《关于实在的一般本体论》，第1卷，哈勒，1925年；约翰内斯·伏尔凯尔特的《确实性和真理》（慕尼黑，1918年，第55页及以下诸页）选择了一个"独白式的"亦即自我心理的认识论出发点并对阿芬那留斯、科尔内留斯、彼得楚尔特和雷姆凯的非（或非纯粹的）自我心理的出发点做了有力的批判；不过伏尔凯尔特选择的这种克服个人主观性局限的方法与我们的方法有很大的不同。罗素（《我们关于外间世界的知识》，第96、97页，"感觉材料和物理学的关系"，载《神秘主义和逻辑》，第157、158页）认为根据自我心理基础构造物理的东西是一个值得追求的目标，但是很困难，而且在目前是根本做不到的。

与上述这些系统相反，许多其他系统并不采用方法论的唯我论，有些系统甚至明确反对之。马赫的非自我心理基础尤其使人感到奇怪（《感觉的分析》，耶拿，1919年，第8版，第19页），因为人们一定会觉得这与他的整个观点相龃龉。这里我们不想把反对自我心理基础者都列举出来，而只是提一下弗里塞森-柯勒（Frischeisen-Köhler，《科学与实在》，莱比锡和柏林，1912年）。柯勒认为认识论的主体不是自我，而是"意识一般"，个别的自我是它的现象。更为重要的是，即使这位反对者也不得不把认识的初始现象放在自我心理的东西方面："回溯到自我经验乃是一切严格反思的出发点"（《科学与实在》，第244

页)；"一切所予都限于我的自我范围之内，这是不能否认的"（同上，第254页）；"因此从我思考之始我就遵循着我的而且仅仅是我的自我意识"（同上，第265页）；他特别强调，这一事实无关乎对实在论问题采取何种态度："不存在为大多数认识主体共有的经验对象。即使这句话（尽管这听起来颇为荒谬）也无赖于对外间世界的实在和非实在的任何假设。为了理解它，我们无须放弃朴素实在论的基础。"我们在这里甚至可以指出弗里塞森-柯勒对马赫、舒佩、卡西勒的反唯我论观点的驳斥，这样我们就用不着详细讨论它们了。不过我们很难理解，尽管他承认这一切，弗里塞森-柯勒何以还认为不可能把自我心理基础用于他的认识论。对此也许可以做这样的解释，即他觉得从一个自我心理的基础出发，要达到对其他主体、他人心理的东西和一个主体间的外间世界的认识和构造几乎是不可能的。其他一些哲学家，如那托尔普、李凯尔特（《哲学体系》第1卷，蒂宾根，1921年，第184页以下诸页）等等，之所以选择非自我心理的基础，其根本理由恐怕也在于此。既然构造理论排除了障碍，敞开和指出了从自我心理基础到他人心理的东西和主体间世界的道路（参阅第66、140、145—149节），那么我们似乎不应再有任何理由去采取其他的基础了。

第65节 所予是无主体的

对于"自我心理基础"和"方法论的唯我论"二词，不要理解为我们一开头就要把"自我"（ipse）、"我"（Ich）和其他主体分开，或者要取出一个经验主体，宣布他是认识论的主体。最初既谈不上其他主体，也谈不上我。两者只是在后来的一个阶段上才被一道构造出来的。我们选择这些词语只表示在建立了全部构造系统之后才有通常所谓物理的、心理的（即自我心理的和他人心理的）和精神的诸不同对象域。在具有任何系统形式的每一完全的构造系统中都可以找到这些对象域。为了从这些对象域的区别来指明其系统形式的特性，我们要指出在系统完全建立之后每一种系统形式的基本要素处于哪种对象域；在系统构造之前，基本要素是无特性的、无分域的，关于那些不同的对象域，特别是各个主体的区别，还根本谈不到。既然在我们的系统中把建立了完全的构造之后的基本要素称为我的经验，那么我们就说：在我们的构造系统中，基本要素是"我的经验"。（照第75节的说法，更确切地说是 $_p$ 我的经验^d。）

我们可通过一个类比来说明这一点。如果我们从数1、2、3……首先构造出零及相应的负数，然后一步步地进而构造出有理数、实数、复数，那么，为了在整个数的范围内指明我们的出发点的特征，我们最后会说：我们是把实正整数作为初始要素。在构造之初，要素之名为"实数"、"正数"、"整数"并无意义，只是在构造出复数、负数和分数等数域之后，上述那些名称把要素与这些数域划清了界限才赋有了意义。

同样地，把我们构造系统的基本要素的特征描写为"自我心理的"，即"心理的"而且是"我的"，只有在构造出非心理的东西（首先是物理的东西）和"你"的对象域时才有意义。但是就其区别于具有一般心理基础或物理基础的其他系统形式来说，对基本要素的这样描写是完全有意义的。对其他系统形式的基础的描述之具有意义同样也不是就其基本要素本身而言，而是仅就整个系统来说的。在系统构造之前，任何系统形式的基础都是中立的，就是说，其本身既非心理的，亦非物理的。

自我中心性不是基本要素即所予的原始特性。只有在我们能谈到由"我的"经验构造出来的他人经验时，说一个经验是自我中心的经验才是有意义的。我们甚至必须否定在原初经验中有任何的二重性，像人们常常假定的那样，例如"主客相关"及其他等等。弗里塞森-柯勒说："认为被看作一切思维之前提的事实中都可以分出两个成分……是近代哲学开端以来一切理论的共同看法"（《科学与实在》，第190页）。这些理论都是一种偏见的牺牲品，我们的语言采取主谓句的形式则对此负有主要的责任。

自我中心性对不同的感觉道①并不具有同样的原始性。首先它似乎只适用于视觉，从而似乎是与空间配置及其提供的距离意识联系在一起的。我们从下面的事实即可得出这个结论：盲人根据其触觉印象并未构成任何的主客二元论，然而这个事实常常因为盲人适应了明眼人的语言用法而被掩盖了。再则，经过手术而复明的盲人的行为也表明，开初"他们所得到的视觉印象还不带有距离感"，因为这些盲人得到的"还完全是独自的印象"。由此可见，一切感觉道的经验，甚至视觉经验，最初都是单纯未分的经验，而自我与对象

---

① Sinnesgebiet（sense modality），感觉道。赫尔姆霍茨提出的关于感觉分类的术语，亦称感觉形式，他根据各种感官感觉的特征区分出视、听、味、嗅等感觉道。——译者

之分乃是加工制作的结果，这种加工制作与对视觉印象作空间秩序的安排联系在一起。

参考文献 关于上述盲人的经验，参阅魏特曼："空间，时间与实在"，载马丘斯与魏特曼合著的《实在的形式》（莱比锡，1924年第15页），之后请参阅阿尔曼："视觉表象活动之分析。论盲人心理学"，载《全心理学文献集》，第46期，1924年，第193—261页。

伏尔凯尔特对作为基本要素的经验之"中立性"有特别清楚的叙述，认为严格说来，只有在已经认识到"你"和"物理的东西"之后，才能说这种经验是"我的"经验，是"心理的"。

在认识的原始事实即所予中并未出现自我。持这种观点的还有下面一些哲学家。参阅马赫：《感觉的分析》（耶拿，1919年，第8版）第19页及以下诸页；舒伯特-佐尔登：《认识论基础》，第65页及以下诸页；尼采：《权力意志》，莱比锡，1887年，第276、309及367页及以下诸页，他认为："必须把思维归之于某思维者，这只是我们的语法习惯的一种表述方式，它总是给一种行为设置一个行为者"。阿斯特也指出语言形式使人迷误的影响（《认识论原理》，莱比锡，1913年，第33页）；冈佩尔茨："作为有序事件的世界"，在该文中他追随瓦勒的观点；齐恩：《以生理学和物理学为基础的认识论》第50页及以下诸页、第279、445页及以下诸页，在"认识论的论争。2、舒佩。素朴实在论"（《心理学和感官生理学杂志》XXXIII期，1903年，第91—128页）一文中详细论述了反对舒佩的理由；丁格勒：《自然哲学基础》，第 120 页及以下诸页；石里克:《普通认识论》，第 147—148 页；盖岑贝尔格:《符号。认识论初阶》，第 151 页。

在关于没有自我的所予的看法上我们同许多系统有分歧，但在其他一些重要之点上我们与它们却是一致的：舒佩（参见齐恩的"认识论的论争。2、舒佩。素朴实在论"）；那托尔普（《根据批判方法的普通心理学》，蒂宾根，1912 年，第 26 页及以下诸页）；杜里舒（《秩序论》第 19 页）；胡塞尔（《纯粹现象学观念和现象学哲学》，第 65、160 页）；雅可比（《关于实在的一般本体论》，第 1 卷，第 169 页）；罗素（"亲知的知识和摹状的知识"，载《神秘主义和逻辑》，第 210 页）。弗里塞森-柯勒（《科学与实在》）的观点我们在前面刚刚引述过，他的观点的缺陷在下面这些话中表露得很清楚，他不得不承认（第 196 页）："因此我们在直接所予中必须假定的一切形式的主客对立既不存在于实际的反观自省之中，也不是通过概念可以想象的。将所予和思维相类比而加之以主客的这种区分，乃是一种理论的解释。"类似在第 64 节中我们看到的那样，这里又出现了一方面是弗里塞森-柯勒承认的事实和另一方面是照他的意见又"必须假定"的东西之间的奇特的矛盾。同样地，我们推想其理由大概也在于弗里塞森-柯勒（以及很多也主张所予具有自我中心性的其他人们）认为从一个没有自我的出发点出发不可能构造出含有自我的经验。但是，构造理论将证明这是可能的。

第66节　自我心理基础中的客观性问题

如果构造系统的基础在于自我心理的东西，那么似乎就有陷入主观主义的危险。因此就提出了以这种系统形式如何可能达到知识的客观性问题。知识客观性的要求可有两种意义的理解。一种意义是指与随意性相对立的判断的约制性。知识所表达的每个判断之具有意义都在于它排除了我的随心所欲。显然，即使采用自我心理基础，这种意义的客观性也是知识所要求的而且是可以做到的。

但是客观性还有另一种意义，即指独立于判断的主体，对其他主体也是有效的。"实在"的一个本质特性正是这种主体间性，把实在和梦想、错觉区别开来的就是这个特性。因此主体间性尤其是科学知识的最重要的要求之一。现在的问题是：如果一切科学对象都是由一个别主体构造出来的，也就是说，如果一切科学命题归根结底都仅以"我的"经验的关系为对象，那么科学怎样才能得到主体间有效的命题呢？既然每个人的经验流都是不同的，那么怎么会有哪怕仅仅一个在这个意义上的客观的科学语句呢？对这个问题的解决在于，尽管各人的经验流材料是完全不同的，更确切地说是根本不可比较的，因为把不同主体的两个感觉或两个感情就其为直接所予的性质加以比较是荒谬的，但是一切经验流的某些结构特性却是一致的。既然科学应当是客观的，它就必须仅限于关于这种结构特性的命题。如前所见，科学也有可能仅限于结构命题，因为一切知识的对象都不是内容，而是形式，都能够作为有结构的东西加以描述（参阅第15、16节）。

只有基于下面这种认识，即科学就其本质而言是结构科学，因而有一条从个别经验出发而构造出客观的东西的途径，我们才可采取具有自我心理基础的系统形式。迄今自我心理基础（或"方法论的唯我论"）遭到的一些反对或可从对这个事实和这条途径的无知得到解释。关于原始主体的其他一些说法，如"先验主体"，"认识论主体"，"超个体意识"，"意识一般"，也许都应看作权宜的手段，因为从对象认识顺序的自然出发点即自我心理的东西出发，人们看不到走向超乎主观的东西的途径（参阅第64节中的引文）。

关于达到主体间性意义上的客观性的一些更精确的方法，我们只能在后面建立构造系统本身时加以叙述（第146—149节）；这里只要做一般评述就够了。

第67节 基本要素的选择："原初经验"

在选择了自我心理的东西即自我的意识活动或经验作为基础之后，还必须确定应以这个领域中的何物为基本要素。人们也许认可把通过心理学和现象学的分析得到的最终成分，亦即最简单的感觉（如马赫:《感觉的分析》），或者更一般地说，可由之构成经验的各种心理要素，作为基本要素。但是经过更仔细的考察，我们认识到，在这种情况下，不是所予本身，而是从所予做出的抽象，即在认识上是从属的某种东西，被当作了基本要素。诚然由这种基本要素出发的构造系统也是有根据的并且可行的，但是，由于我们要求我们的构造系统要考虑到对象的认识次序（第54节），我们就必须从认识上先于一切他物的东西即"所予"出发，这就是作为总体和不可分的单元的经验本身。上述那些成分下至最终的要素都是通过把这些经验加以联系和比较，亦即通过抽象，而由之得来的。这种抽象，至少在比较简单的阶段上，在前科学思维或直观活动中就已经有了，因而我们习惯于把例如一个视觉和一个同时发生的听觉说成仿佛是这同一个经验的两个不同的成分。我们对在日常生活中就已进行的这种分割已经习熟了，但是这并不能使我们迷惑而看不到这里已经涉及抽象了；对于只有通过科学分析才被揭示出来的那些要素则更是如此。我们把经过选择的基本要素，即作为单元的自我经验（我们在后面将更详细地加以规定），称为"原初经验"。

参考文献 同心理学的"原子化"倾向和以这种心理"原子"（例如简单的感觉）为要素的认识论倾向相反，现在人们愈来愈强调地指出："每个意识状态都是一个单元，真正说来都是不可分析的"（石里克：《普通认识论》，第143、144页；重点号是我加的）。特别是人们愈来愈清楚地指明，在知觉中全体印象是在先的，感觉、个别的情感等等不过是抽象分析的结果。舒佩（《认识论和逻辑概论》，柏林，1910年，第2版，第41页；亦见"内在论哲学"，载《内在论哲学杂志》，第2期，1897年，第17页）就已明白地表达了这种观点："个人的思想是从全体印象开始的，只有反思才把它分解为最简单的要素。"科尔内留斯也持类似的观点（《哲学引论》，莱比锡和柏林，1919年，第2版，第210、211页）。冈佩尔茨在其"总体印象"（作为全体印象之统一的感觉）学说中也强调了这个观点并用例证加以阐明。冈佩尔茨还对以往类似的观点做了历史的回顾；他提到哈密尔顿、舒佩、尼采（《权力意志》）等等。莱宁格也表达了类似的观点（《认知哲学》，莱比锡，1911年，第370页），并提及康德。

上述这种观点尤其在"格式塔学说"中得到了发展，参阅柯勒："完形结构问题和格式塔学说原理概述"，载魏尔特海默：《论格式塔学说》。这种观点不仅给出一种对问题的新提法，而且通过看问题的方向的改变带来了具有新鲜内容的成果，因而尤其对心理学在方法论上产生了有益的影响。心理学之外的领域，也从这个学说获得了一些重要的见解。新近心理学研究愈来愈证实，在各个感觉道中，全体印象是认识在先的，只是通过抽象才由之得到所谓的个别感觉，后来人们才习惯地把知觉说成是由这些个别的感觉"组成"的。和音比个别的音调更原本，全体视野的印象比其中的个别细节更原本，视野中个别的形态比"组成"它的有色视野位置更原本。这些心理学研究常常是与格式塔学说相联系的，亦请参阅魏特曼："空间，时间与实在"，载《实在的形式》一书，例如第48页及以下诸页；并请阅第19页上出自哈根的一段引文，他早在1844年就已主张一种类似格式塔学说的观点了。

我们还可提到杜里舒的类似的哲学倾向及其对"整体性"的强调；尤请参阅他的《秩序论》和《整体与总和》。

如果原初经验被选择为基本经验，那么我们并不因而就认为经验流是由某些离散的要素组合而成的。相反地，我们只是假定对经验流的某些位置可以下述方式作出陈述，即此一位置与另一位置有某种关系，如此等等；但是我们决不主张可把经验流明确地分解成这些位置。

第68节 原初经验是不可分的单元

原初经验应当是我们构造系统的基本要素。前科学知识和科学知识的其他一切对象，以及人们通常称之为经验成分或心理事件成分的那些对象和作为心理分析结果的那些对象（例如，一个复杂知觉的感觉成分，各个感官的同时而有别的知觉，一个感觉的质的成分和强度成分，等等）都应在这个基础上构造出来。由此就产生一个特殊的困难。

我们记得，类和关系应被作为构造系统的唯一的等级形式（第40节）。如果我们从任何基本要素和基本关系出发，那么在构造系统中都只能出现下面几个种类的对象：在构造的第一个等级上，只有要素的类和要素的关系；在第二个等级上，首先只有第一个等级的类或关系的类，其次则有第一个等级上的类的关系或关系的关系，或要素间的关系，等等。显然，借助于这种等级形式的构造只能是综合而非分析地进行下去。我们即使假定这些基本要素本身又是其他要素，"原初要素"的类，也不可能用这些等级形式把这些原初要素构造出来；构造系统的基本要素不可能通过构造而被分析。在我们的系统中既以原初经验为基本要素，它们就不可能在这个系统中被分析。

这个情况恰好符合我们的观点，即原初经验按其本质来说是不可分析的单元。正是根据这个观点我们才选择原初经验为基本要素。但是，我们前面提到的要把所有其他科学对象包括已知的那些心理要素即所谓经验的成分都构造出来的任务现在看来似乎是解决不了的。对构造理论来说，这是一个带有根本意义的困难，而要克服这个困难，则需要提出一种特殊的构造方法。现在我们就进一步更详细地讨论一下这个问题。

第69节 处理不可分的单元的任务

由原初经验的不可分析性而产生的困难，我们可通过一种构造方法来克服，这种方法虽然是综合的，但可从任何基本要素出发引向可以作为基本要素成分的形式代替物的对象。我们称这些对象为形式代替物，因为所有适用于这些成分的命题同样也可用以表达这些对象。我们把这种方法称为"准分析"。（这种方法来自弗雷格和罗素的"抽象原则"，参阅第73节末尾的评注。）凡是涉及处理任何一种不可分的单元，即按其直接所予并不具有任何成分或特征或不同方面的对象的地方，这种准分析的方法都是很重要的。这种不可分的单元或对象可以说是作为点被给出的，因而我们只能综合地加以讨论，但是，作为这种准分析方法的结果，我们还是要赋予它们以各种不同的特征。特征和成分在这里被视为同义词；例如，对心理过程来说，"成分"一词并不具有本来的空间广延的意义，而仅指"不同方面"或"特征"这些同样是譬喻词所表示的意义。

如果任何不可分析的单元被给定，我们完全可进行讨论，那么我们必然也会给出关于这种单元的命题。我们在前面曾把关于对象的命题描述区分为特性描述和关系描述（第 10 节）。我们不可能把关于不可分析的单元的命题作为特性描述提出来，否则我们就会把一些与不可分析的单元这个概念相抵牾的特征归于这些单元。这些命题只能构成一种纯关系描述。我们主要是研究具有外延形式的关系描述，亦即关系外延描述。这意味着所描述的关系并不是按其涵义而是按其外延，即作为关系外延而被给出的，例如通过对相关的关系项序偶的列举（或通过其他标识方法）（参阅第 32、34 节）。尤其在所要讨论的不可分析的单元成为构造系统的基本要素的情况下，关系描述只能是关系外延描述，因为构造系统的基本关系只是作为关系外延被给出的（第 43、45 节）。

如果我们不是仅就其应用于上述原初经验的情况而是一般地来表述准分析，那么准分析所要达到的结果就是下面这一点：对于以关系外延描述为给定前提的任何一种不可分析的单元，我们都可以借助于类和关系的构造等级形式，亦即用综合的方法来处理，以使所得的结果成为在这种情况下不能使用的真正的分析（即分解为成分或特征）的形式代替物。由于在准分析的结果和真正的分析的结果之间有一种我们所要求的形式相似性，我们也可推想，在这两种方法本身之间也存在着某种形式相似性。因此我们首先要研究一下，根据对所要分析的对象的纯关系外延描述进行的真正的分析的方法具有哪些形式的特性。然后我们将看到，我们所寻求的这种准分析方法就可以类似的方式建立起来了。

第70节 基于关系外延描述的真正的分析方法

真正的分析所处理的不是无特性的点或不可分的单元,而是具有各种不同成分(或特征)的对象。分析就是从其他材料(例如一个关系外延描述)推出这些原初尚未知的成分。我们可用一个简单的例子来说明。

例子:试对许多事物进行分析,其中每个事物都有一种或几种颜色。假定总共有五种不同的颜色。我们可把"颜色类似"关系定义为:如果两个事物至少有一种共同的颜色,就可以说它们有颜色类似关系。我们可分别用数字标明这些事物。假定我们对任何一个事物都还不知道它带有什么颜色,我们只有一种关系外延描述,而且成为我们唯一材料的就是颜色相似关系的外延:所有具有这种关系的序偶都给我们列举出来了,但就是没有标明哪种颜色是这两个事物共有的。换言之,颜色相似性的关系外延已被完全给出了(参阅第10、34节)。现在我们的任务就是要从这些材料再反推出颜色的分布。如果我们挑出任何一个事物,并根据序偶表来确定其他哪些事物和它是颜色相似的,大概这些事物不会全都是彼此颜色相似的。

如果我们能够做到把"颜色类"确定下来,那么这里分析的任务就完成了。共同具有某种颜色的事物的类叫作"颜色类",例如红色的(纯红的或带红的)事物、蓝色的事物,等等。这里共有五种颜色,彼此有部分重叠。那么颜色类和颜色相似性的关系外延有什么联系呢?有两种特性是颜色类所特有的:第一种特性是其始终具有的,第二种特性则是其在大部分时间,即在并无某种不利条件的情况下具有的。首先,一个颜色类的任一分子序偶都是一颜色类似性序偶(因为它们都具有作为此颜色类之基础的那种颜色)。其次,颜色类是具有这里所说的这种特性的最大可能的类;这就是说,在一个颜色类之外,没有任何事物同所有这个类的事物是颜色类似的。(不过这第二种特性在某些情况下可能缺乏,例如,当五种颜色中的一种颜色是另一种颜色的"伴随物",也就是说,在任何事物中当前一种颜色出现时都会有后一种颜色相伴出现,就有这种情况。例如,如果蓝是红的伴随物,那么蓝颜色类就没有这第二种特性;因为一个红色的而非蓝色的事物不属于这个颜色类,但尽管如此,它与这个类的一切事物还是颜色类似的,因为所有这些事物也都是红色的。如果各种颜色的分布并无系统的联系,那么一个事物颜色的平均数愈小而事物的总数愈大,则在一颜色类中缺少第二种特性的这种不利的情况就愈不可能出现。我们假定,我们所举的事例没有满足这些不利的条件,也就是说,两种特性都为这些颜色类所具有。)现在我们必须根据序偶表来确定具有这两种特性的那些事物的类(用逻辑斯蒂的术语说,即涉及颜色类似性的"相似圈")。这是可能的,因为这两种特性只有联系到关系序偶才能被描述出来。在如此构成的类中就有颜色类。在这里我们将会找到五个颜色类,但并不能确定哪种颜色应归于哪个类。因此,我们必须赋予它们一些新的任意的记号，例如 $k_1 \cdots\cdots k_5$。如果我们记得类不是由其分子构成的，而是一个准对象，其符号是用来表达类分子的共同点的，那么我们就可将颜色类 k_1 简单地看作 k_1 的诸分子共有的颜色。因此 $k_1 \cdots\cdots k_5$ 是表示这五种颜色的；但是我们并不知道 k_1 是红的还是绿的，等等。如果有一个事物是 k_1 和 k_2 的分子但不是其他颜色类的分子，我们就说它有两种颜色，即带有颜色 k_1 和 k_2。我们可以同样的方式对每个事物做出这种规定。分析就是这样进行的，我们已经确定了每个分子的成分（或特征），当然我们没有用其实际的性质名称来称谓它们，而只是把它们视为某些分子的共同特性，即类。

因此，如果给定一个关系外延描述，其关系外延表示（至少）有一个成分是一致的，那么真正的分析方法就是与这个关系外延相联系而构成"相似圈"，亦即具有下面两种特性的那些类：(一) 这样一个类的每一对分子序偶就是那个关系外延的一对序偶；(二) 这个类之外的任何分子与这个类的任何分子都没有这种关系。如此构成的类于是就被作为成分（或特征）而归之于属于它的那些分子。

第71节 准分析方法

对于不可分析的单元即没有成分和特征的要素进行"准分析"的方法与上述的真分析方法在形式上极为类似。准分析之所以可能，其前提是给定一个关系外延描述，这个关系外延 R 与真分析方法之基础的那种关系外延具有相同的一般形式特性。这种关系外延

（例如，颜色类似性）表示有一个成分是一致的，因而是对称的和自反的（亦即一种"相似性"，参阅第11节）。如果 R 也是对称的和自反的，那么我们就可以像进行真正的分析那样去做，即仿佛 R 也表示有一个成分是一致的。这样我们就构成了相对于 R 的相似圈，亦即具有下面两个特性的那些类 k：k 的每个序偶是一个 R 序偶，k 以外的任何分子与 k 的所有分子都没有关系 R。这里我们也把这些相似圈（相当于前例中的颜色类）看作其诸分子的共同特性，因而把它们作为这些分子赋有的特征。但是由于我们已假定这些分子（基本要素）是不可分析的单元，那就谈不上有真正的特征或成分，谈不上真正的分析。因此我们称这种方法为"准分析方法"，并把通过这种方法发现而归之于这些分子（基本要素）的东西叫作"准特征"或"准成分"。例如，如果我们已发现相似圈 q_1、q_2……，就是说已为每个相似圈建立了属于它的诸分子的表，并且如果某个分子属于（例如）类 q_1、q_3、q_4，那么我们就说：这个分子（基本要素）作为不可分析的单元虽然不具有任何真正的成分，却具有三个准成分，即 q_1、q_3、q_4。我们就是这样进行准分析而且满足了前面提出的那些要求的（第69节）。

例子：我们可用一个例子说明准分析的意义。且以所谓的"合声"作为一个不可分析的单元领域。就现象而言，即就其为感觉的所予而言（区别于物理学、声学的看法），我们把一个合声看作一个不是由诸成分组成的统一的总体。当我们在钢琴上按 c、e、g 三个键时所听到的那个合声好像有三个音节；这只是因为这个合声与无数其他已知的合声有一种音调类似关系，这种类似关系通过统觉参与决定知觉的特性：合声 c-e-g 与所有包含（从声学来说）c 的合声（其中也可有独声 c）是音调类似的；而且它与所有包含 e 的合声以及所有包含 g 的合声也都是音调类似的。因此它属于三个合声类，这就使我们产生一种印象，觉得它有三个音节。

我们现在假定，对于从钢琴听到的合声，我们并不知其质的特性，而只知一种关系外延描述，亦即与那种声音类似性相关的关系外延描述。这个关系外延是自反的和对称的，因而我们可以把准分析方法应用于它。我们根据某种关系外延描述，即颜色类似关系的序偶表，来确定相似圈。这些相似圈与前面真正的分析的例子中的颜色类有精确的形式的相似性，借助于这种相似性，我们就不难相信这些相似圈与上述的合声类即在一个音调成分上互相一致的（从声学来说）那些合声的类是同一的。因此，对每个"音调成分"（用声学的语言说），不论其是否单独出现于这些合声中，我们都得到一个这样的准分析相似圈，例如相似圈 c、d、e 等等。现在我们将各个合声作为其准成分的那些相似圈都归之于它们。合声 c-e-g 既然是相似圈 c、e 和 g 的分子，因此我们把 c、e、g 这三个类作为准成分而归之于它；合声 c-e-g 的这种三音节的符号原来只是表明它是由于弹某三个琴键而产生的，并不意味着统一的合声分成三个部分。我们在前面说，合声 c-e-g 真正意义上不是由三个部分构成的，它之所以使有音乐训练的耳朵产生有三个音节的印象，乃是因为它属于三个和音类；现在我们则看到，这种三音节的印象是一种直觉进行的准分析的结果：假如我们先前已经聆听过足够多的其他合声,那么我们在听到这个合声时就感觉有三个成分,不是在分为三个部分的意义上而是在具有三个不同方向的意义上的三个成分,在这三个不同方向上我们可以从这个合声进到其他合声,即进到彼此具有音调类似性的全部合声类。

如果我们在这里把通常所谓合声的音调成分等同于合声类即诸合声的类,那么再回忆一下作为准对象的类的特性是很重要的(第37节):一个合声类既不是其诸分子的整体也不是它们的聚合,因而不表示这个类的合声按某种时间顺序或甚至同时一起发出音响时就会产生的那种合声现象。但是它像任何的类一样表示其诸分子的共同性。不过我们也不能把这理解为共同的成分,因为合声并没有成分。但是合声类不是一个真正的对象;它的符号只是被用来把可对其诸分子同样有效地加以陈述的东西陈述出来。显然,特征 c,或者更确切地说,准特征 c 只能表示所有"包含"(就声学而言) c 的合声的相互类似性。一个从未听过任何其他音乐合声的人听了合声 c–e–g 后几乎不会觉得它有三音节。我们虽然习惯于说我们识别出熟悉的音调 c 为合声 c–e–g 的一个音调成分,但是我们不应把这理解为真正的成分,而应视为一种准成分。否则人们就会产生这样一种看法(这种看法确曾有人主张过):合声 c–e–g 是由 c、e、g 这些个别的音调组成的,此外还加上某种构成真正的和音性质的新东西;这样,在实际上只有一个不包含成分的不可分的单元的地方,我们竟会设想有四个之多的成分。

如果我们回忆一下，照我们的看法，作为构造系统的基本要素的原初经验具有作为不可分的单元的特性，而且被旧心理学认为复合的许多心理的东西，特别是感觉现象的东西，也是不可分的，那么我们就可清楚地认识到准分析方法的重要性。对这些东西我们可以使用分析的语言，即谈论它们的成分等等，但是我们不能不注意，严格地说，我们讨论的是准成分，因为这些东西就其原始所予的性质而言并不具有真正的成分。（参阅第67节中谈及的新的心理学观点尤其是格式塔学说的观点以及哲学上的整体主义观点。）这方面的一个例子就是刚刚详细讨论过的关于合声之为不可分的单元的观点。总而言之，按其本质为一不可分的单元的东西分析为，或更正确地说是准分析为若干准成分，意即根据类似关系把这个东西分类归入若干类似性的联系之中，而使其仍不失为不可分的单元。

第72节 基于部分相似性关系的准分析

上述准分析的方法之处理某一关系外延描述的关系外延，仿佛它所表示的是在一成分上的一致性。因而其分析的结果亦被称为准成分。但是还有另一种关系描述的重要形式，它类似于准分析，所涉及的不是等同成分的关系，而是近于等同的成分的关系。由此就得出了第二类的准分析，它不像第一类准分析那样具有普遍的意义，但是由于我们在后面要把它应用于构造系统，就必须也给以说明。

例子: 我们仍从一个直观自明的例子出发。假设大量的事物具有下面的性质,即其中每个事物都带有一种或几种颜色。这里所需要的事物的数量比第一类关系描述所需要的大得多(第70节)。这里出现的不只是五种不同的颜色,而是来自颜色体所有部分的数目极大的各种颜色。我们称两个事物为"颜色相似的",如果它们在各种颜色中各自具有任何一种彼此相似的颜色,也就是说,它们各自具有的那种颜色在颜色体上有一个比某种任意规定的范围还小的距离。正如前面的例子那样,我们在这里对事物所作的陈述也只是把这种关系的序偶列举出来,亦即给出一个关系外延描述。这里我们不可能直接确定"颜色类",即所有带有(除其他颜色之外)某种颜色的事物而且仅仅是这些事物的类,且只能通过一种我们在后面才会讲到的复杂的方法确定之。反之,另一类型的类,即"颜色相似圈",却不难确定。其他一切都可由此相似圈得出来。

仅仅包含彼此相似的颜色的颜色体的最大可能部分是这样一些球体,它们部分地相互重叠,其直径是相似性的任意设定的最大限度的距离(在颜色体的不同位置上这个距离可能不同)。因此属于这些"颜色球"的不是事物,而是颜色。具有某颜色球诸颜色之一种的那些事物的类被称为一"颜色相似圈"。现在我们不难看出,颜色相似圈基于颜色相似性的特性与正如前例中颜色类基于颜色类似性的特性是一样的:一个颜色相似圈中的两个事物总是颜色相似的;不属于这个颜色相似圈的任何事物则与这个相似圈的一切事物都是不相似的。因此,颜色相似圈就是基于颜色相似性的相似圈。(正如上面的情形一样,

第三章 基础

为了正确地确定这些类，这里也要求不出现某种不利的条件。例如，一定不能出现下面的情形，即一个事物 a，尽管不带有任何一种蓝颜色，其他事物基于这种颜色形成一个颜色相似圈 k，然而它"碰巧"与 k 的所有事物却是颜色相似的，因为它在其带有另外一种非蓝色的颜色上与所有属于 k 的事物都是相似的。下面我们还要回来再谈这一点。）

到目前为止，我们只是得到了颜色相似圈，还没有得到颜色类本身。正如我们在前例中已较详细解释过的，只有颜色类才能被看作颜色本身的代表，并作为代表而被归之于事物。颜色类与颜色体的各个位置的关系正如颜色相似圈与颜色球的关系。既然颜色体的各个位置是颜色体的那些最大的部分，而这些部分在颜色球的相互重叠中始终是未被分割的，因此相应地我们可以把颜色类规定为颜色相似圈的子类，它们在这些相似圈的相互重叠中保持不被分割。

正如从上例看到的，根据部分相似关系 P 所作的准分析首先在于还像前面那样提出基于 P 的相似圈。在这种情况下，准成分只能间接地被推导出来，即作为最大的子类被推导出来，这些子类在相似圈的相互重叠中保持不被分割。（这个规定不完全确切；后面在谈到这种方法的应用时我们将对更确切的规定作出说明［第81、112节］。）

由于第二类准分析方法的最初步骤与第一类准分析方法相类同，我们在任何情况下都可以实行这一步骤而无须事先判定是否要把我们欲对其进行准分析的某一关系外延描述中的关系外延看作部分等同（即在一准成分上是一致的）或者部分相似（即在一准成分上是接近一致的）。在实行了第一个步骤之后，也就不难作出这个判定了。因为在第一种情形和第二种情形中，相似圈彼此处于完全不同的关系。在第二种情形中，相似圈彼此多有重叠；它们可以被放入一个或多个系统中从而使在系统中彼此相近的那些相似圈具有大量的共同分子。反之，在第一种情形中，相似圈或者是互相排斥的（即其每个分子只有一个成分），或者只有一些无足轻重的部分是彼此共同的，而且一般地说不能由此得出一种次序。因此如果我们不知道要把这个基本的相似性关系外延 Q 看作部分等同还是部分相似，那么我们就必须根据 Q 研究一下这些相似圈在相互重叠上是否表现出第一种情形或第二种情形的特性。在第一种情形中，必须把相似圈本身看作准成分；在第二种情形中，我们必须从相似圈中把准成分推导出来，即作为并不被相似圈的重叠所分割的最大的子类推导出来。

第 73 节 基于传递关系的准分析

对于据以进行准分析的关系外延 R，我们直到现在只是假定了它是对称的和自反的。反之，上述的方法则是独立于传递的特性的（关于这个概念，参阅第 11 节）。在我们迄今讨论过的例子中，所涉及的关系外延都是既非传递的也非不传递的。基于传递关系的准分析的情况值得特别加以论述；在各个对象域的概念形成中经常有的正是这种情况，而且这种情况具有特殊的形式的简单性。作为准成分而形成的那些类在这里也满足了前面所说的条件，但是我们也可以另外一种更简单的方法来定义它们。既然这里的关系外延 R 是传递的、对称的和自反的（亦即一个"等同"关系，第 11 节），那么由此可知，一个相似圈之外的任何分子不可能与属于这个相似圈的分子是同类的。因为这样它就会与这个相似圈的所有其他分子是同类的，从而必然属于这个相似圈，这是与我们的假定相违背的。由此首先可见，在 R 是传递的情况下，各相似圈彼此没有共同的分子。对于第 72 节中讨论过的关于关系外延 R 的两种看法（即视为部分等同或部分相似），我们这里只考虑第一种看法：在这种情况下 R 的相似圈被称为 R 的"抽象类"，我们将其本身看作准成分。其次我们可以看到，与任一分子有关系外延 R 的分子的类是一抽象类。因此这里我们可以将抽象类从而将准成分定义为与任一分子同类的那些分子的（非空的）类。

参考文献 在传递关系的这种最简单的情况下进行的准分析的方法相当于最早由罗素明确提出的"抽象原则"（罗素：《数学的原理》，第 166 页；参阅弗雷格：《算术基础》，第 73 页及以下诸页），而先前已被弗雷格、怀特海和罗素应用于基数的构造（参阅第 40 节）。参阅库迪拉：《数学哲学原理》，德译本，莱比锡，1908 年，第 51 页及以下诸页；韦尔："数学和自然科学的哲学"，载《哲学手册》，第二部分，A，第 9、10 页，这里曾提及莱布尼茨；卡尔纳普：《逻辑斯蒂概要》，第 20 节。怀特海和罗素亦曾指出这个原则可应用于数学之外的领域，并曾用以构造这些领域，参阅罗素:《我们关于外间世界的知识》，第124页及以下诸页。

第74节 关于分析和综合

下面在构造系统的纲要中，我们将通过对低等级对象的设置来描述准分析方法之应用于作为基本要素的原初经验。在那里我们将指出这种方法如何使我们能够例如构造出各个感觉道，并在这些感觉道内构造出各种官觉性质，而不剥夺原初经验的不可分析的性质。

与我们的构造系统很接近的一些认识论系统（特别是实证主义的）往往不是以经验本身而是以感觉要素或其他经验成分为基本要素，而没有注意到它们之为抽象的性质。其所以如此也许是因为如果把经验本身选择为基本要素，则构造所有心理学的对象，包括那些"经验成分"，似乎是不可能的。我们既已通过准分析方法指出这种不可能只是表面上的，对于任何认识论观点来说（至少对于实证主义观点来说），没有任何东西使其不能承认原初经验具有不可分的单元的性质并将其作为基本要素。

为了避免任何误解，我们还要再强调一下，从把原初经验视为不可分的单元的观点来看，我们不要把"这种经验（或这个意识活动）是由一个具有某某组分的视觉知觉、一个听觉知觉、一个具有某某成分的情感等等构成的"这个心理学命题说成是错误的或甚至是空无意义的。但是我们认为，这个命题中的"成分"乃仅意指准成分，也就是说，每个所谓的成分与经验本身的关系，正如前例

（第71节）中合声类 c 与合声 c-e-g 的关系，即是一个由类似关系构造出来的东西，一个"准成分"。

参考文献 这个观点与科尔内留斯的观点有密切的联系："这种分析的价值并不在于对那些根本不能分析的各个意识状态的认识，而是在于对各种不同的这样的状态的规律性联系的认识"（《哲学引论》，第314页）。亦请参阅第67节的引文。

我们把类和关系外延作为唯一的构造等级，由此而得出任何构造系统的基本要素是在方法论上不可分的结论（第68节），我们选择本质上不可分的原初经验为基本要素，由此而得出其在内容上已被决定为不可分的结论（第67节）；根据这两点，关于科学对象（假定它们是按照我们的构造系统构造出来的）的分析和综合的一般关系，我们又可以得出下面的结论。既然任何科学对象都是由基本要素构造的，那么对它的分析首先就是把构造的程序从这个对象本身追溯到为其构造所必需的那些要素。如果我们还要把分析继续进行下去，那么这种分析就不可能是真正意义上的分析，而只能是准分析。也可以这样说，所要分析的对象不是被构造的东西，而是一个基本要素。现在我们把准分析用于我们称为准成分的东西，我们之所以称之为准成分，是为了接近于日常的语言用法，在日常语言中我们是称之为成分的；但是我们从事准分析，是通过构成要素的类以及这些类的关系外延，因而是以综合的而非分析的方式进行的。我们可以说，准分析是一种披上了分析的语言外衣的综合。

基本要素不是任何真正的分析所能达到的，而是只有通过准分析或其他构造方法才能得到,而这些方法又都是综合的,因此,如果不是从这种方法的语言外表而是从其实质来看,那么这些要素就只有通过综合而非分析才能得到。所有其他对象都是由基本要素构造出来的综合的东西,而且仅就其可回溯到这些基本要素而言才是可分析的。分析仅当其以综合为前提并且仅就其以综合为前提而言才是可能的;分析不过是从综合建立的道路上倒转回来,即从最终的构造物回到中间的构造物,最后(通过在构造理论意义上的"完全的"分析)回到基本要素。当然,在科学的意义上这样的分析也还是不"完全的";但是把这种分析继续进行下去,就是准分析,亦即又一个新的综合。

二 基本关系

第75节 基本关系是系统的基本概念

在前面(第61节)我们已经考虑过,要确定一种构造系统的基础,除了基本要素之外,我们还须做一些(对基本要素的)初始的次序安排,否则我们就不可能从基本要素出发而做出任何构造。这些初始的次序安排应当采取类的形式("基本类")还是关系的形式("基本关系"),开头这还是一个悬而未决的问题。但是在基本要素已被选定而被选定的原初经验就其特性而言表明为不可分的单元之后,我们对它们的说明就必须具有一种关系描述的形式(第69节)。由此可以确定,我们必须选择(一种或者更多的)基本关系作为最初的次序安排的概念。这些基本关系，而非基本要素，构成了系统的不予定义的基本概念；基本要素则只是由这些基本关系（作为它们的域）构造出来的。

参考文献　卡西勒（《实体概念和功能概念》，第292页及以下诸页）曾经指出，一门科学，如果旨在通过规律的联系来确定个体事物而不失掉其个体性，就必须使用关系概念而非类（种属）概念，因为关系概念才能使我们形成序列，从而建立有序的系统。由此我们也可以看到把关系放在初始的位置上的必要性，因为我们很容易从关系转到类，反之从类转到关系的可能性则是极其有限的。

因此，发现构造系统所必需的基础应归功于两个完全不同而且常常互相敌对的哲学派别。实证主义强调，知识的唯一的材料是未加工过的经验的所予；我们必须在这里寻找构造系统的基本要素。但是先验唯心论特别是新康德派（李凯尔特、卡西勒、鲍赫）则有理由着重指出，仅仅有这些材料是不够的；还必须加上次序安排，即我们的"基本关系"。

我们想这样规定基本关系，即它们是彼此领域同源的（第29节），亦即全都是属于同一等级的（第41节）；而且每个基本关系的诸项都只能是原初经验。为了建立基本关系，我们现在必须考虑应把原初经验间的哪些关系看作基础性的。但是这里讨论的不是关于心理学上的基础关系问题，不是关于对意识过程具有特殊重要性的那些关系的问题。因为基本关系应充当一切（认识）对象构造的基础，所以我们应该这样来选择这些关系，以使所有（可认识的）事实都能通过它们而得到表达。不过，正如我们在前面已详细讨论过的（第50、51节），这种可表达性只能在一种表征的意义上去理解；所考虑的只是逻辑的价值，而不是认识的价值，而且我们也不讨论在实际的认识过程中可通过某种基本关系来表达的事实是否也总是从这些基本关系推导出来的问题。有时有这种情况：某个事实虽然在认知心理学上是基础性的而且不能还原为更简单的事实。但是它在逻辑上却如此地依赖于其他事实，以至于我们可以由这些其他的事实把它构造出来，因而无须将其设定为基本关系。我们在下面将看到这样的例子。

在寻求基本关系时，我们首先要注意构造物理对象的可能性，因而要把知觉事实当作用以进行检验的事实。在构造更高等级的对象（他人心理的对象，精神的对象）时，是否还需要其他基本关系，我们在后面才会谈到。某些关系作为基本关系是不是必要的，尤其它们对达到所要求于它们的结果来说是不是充分的，对此我们现在所做的研究还只能是一种先行的步骤。对基本关系的选择之正确和恰当只能由下面一点来证实，即在建立构造系统时，作为其他一切构造之基础的那些最重要的构造可借助这些被选择的基本关系而得以筑成。这个逻辑成果是基本关系的主要标准；反之，关于某种关系是否为认知心理学上根本的东西的研究则主要具有一种启迪的价值。

为了说明哪些关系被认为是基本关系以及由这些基本关系能构造出一些什么东西，我们必须以普通的事实语言，此处亦即心理分析的语言来谈论经验，即谈论经验的成分、感觉、各种感官、性

第三章 基础

质和强度等等。我们使用这些词语并不表示我们已将这些成分作为构造的前提；因为那将意味着一种恶性循环。相反地，我们使用这些词语只是为了指出某些已知的事实，特别是原初经验间的基本关系；而这只有以我们在讨论经验及其关系时所惯用的表达方式，即心理学的语言，才能做到。在第三章和第四章中，为了更清晰起见，我们将把要掌握的这些词语包括在 P-符号（心理学符号）中（例如，$_p$性质^d）。如果一个词语不属于事实语言，因而不是在通常的意义上使用的，而是与构造系统相关，因而与一构造定义相关（这个定义已被给出或者将作为一个任务被提出讨论），或者与系统的一个未定义的基本概念相关，那么我们就把它包括在 K-符号（构造性的符号）中（例如，$_k$性质^x）。（在各章节的标题和参考文献的评注中我们都不使用这两种符号。）

例子：如果我们谈论$_p$经验成分^d，那么这与原初经验^{x}被看作不可分的单元没有任何矛盾。因为"$_p$成分^d"一词乃指通常所理解的东西；通过 P-符号（心理符号），我们表达了下面这样一点，即我们采用这个名称，并不表示我们认为其所涉及的是实际的成分。这些东西究竟是什么，也就是说，它们如何能被构造出来以及又如何以构造的语言被描述出来，这的确还是一个有待探讨的问题。

在$_k$性质类^{x}被构造出来或者至少其构造方式被说明之后（第81节），我们从此也就用"$_k$感觉性质^x"或"$_k$性质^x"一词来表示这个类，以区别于"$_p$感觉性质^d"或"$_p$性质^d"一词，这个词是表示其通常之所指的；为了能够处理被构造的$_k$性质^x

是否真的具有这样一种性质以致能代表已知的一些 ₚ性质ᵈ（如 ₚ感觉性质ᵈ）的问题，这个区别是必需有的。同样地，我们也要区别 ₖ时间次序ᵃ和 ₚ时间次序ᵈ，等等。

ₚ原初经验ᵈ是已知的全部心理学对象ᵈ，是 ₚ意识过程ᵈ。ₖ原初经验ᵃ是无特性的、点式关系项。ₚ原初经验ᵈ具有 ₚ成分ᵈ，ₚ感觉性质ᵈ是其 ₚ成分ᵈ之一；ₖ原初经验ᵃ则具有 ₖ准成分ᵃ，例如，ₖ感觉性质ᵃ或 ₖ性质类ᵃ，它们是作为分子而归属于作为类的这些 ₖ感觉性质ᵏ或 ₖ性质类ᵃ的。

第76节 部分同一性

为了能够构造物理的世界，我们需要某些 ₚ原初经验的成分，特别是具有其质的和强度的规定性的感觉，之后也需要空间和时间的次序，这些次序必然追溯到其本身还不必具有严格意义上的时空性质的那些感觉的特性ᵈ。

ₚ原初经验的成分ᵈ必然是作为准成分得出来的，因为对我们来说，ₖ原初经验ᵃ被认为是不可分的单元。ₚ任何一种感觉性质，无论是一种颜色、一个声音、一种气味等等ᵈ，都必然是作为 ₚ这样一些原初经验的共同特性ᵈ而得出来的，在这些原初经验中，这种共同特性是作为 ₚ成分ᵈ即准成分出现的。这种 ₚ共同特性ᵈ在构造上是通过有关的 ₖ原初经验ᵃ的类（"ₖ性质类ᵃ"）来描述的。我们在前面曾详细地讨论过，一个类并不是其诸分子的整体或聚合，而是它们共同具有的一种特性（第37节）。例如，对于每种 ₚ感觉性质ᵈ，我们都可以根据 ₚ两个原初经验在这一性质上的一致ᵈ关系，用准分

第三章 基础

析的方法,把这个类构造出来。因此我们强调ₚ两个原初经验 x 和 y 之间的这样一种关系,当且仅当在 x 中有一经验成分 a 且在 y 中有一经验成分 b,使得 a 和 b 在一切规定上都互相一致,这种关系才存在。所谓一切规定是指狭义的性质、强度以及与感觉场的位置相对应的定位符号,这是就所论及的感觉道来考察这些规定而言的。因此,如果两种颜色感觉在色调、饱和、亮度和定位符号上,从而也在视野的位置上,是互相一致的,那么我们就说它们是互相一致的;同样地,如果两个(单纯的)音调在高度和强度上是一致的,我们也称它们是相互一致的ᵈ。这里讨论的ₚ两个原初经验在一种经验成分上的一致ᵈ关系是一种部分同一性;我们径直称之为"ₚ部分同一性ᵈ"。我们用关系符号"Gl"表示这种关系,以便对构造系统做逻辑斯蒂的表述,因此,"xGly"意即:ₖ原初经验(亦即构造系统的要素)x 和 y 是部分同一的ᵈ;而这就表示:ₚ原初经验 x 和 y 是部分同一的ᵈ(在刚刚解释的意义上)。由于ₚ部分同一性ᵈ关系可被看作一个原始的认识事实,就不难理解人们要把它提为一种基本关系了。但是我们在后面将会看到,这是不恰当的,因为我们可以从另外一种同样为构造所需要的关系把它推导出来,而这种关系却不可能从ₚ部分同一性ᵈ推导出来。

正如我们已经谈过的,我们或者可以通过准分析从ₚ部分同一性ᵈ推导出ₚ感觉性质ᵈ,或者如果后者可由另一基本关系得来,那么我们则可反过来从ₚ感觉性质ᵈ推导出ₚ部分同一性ᵈ。我们将采用这第二种方式进行构造。

在对ₚ部分同一性ᵈ关系已做的解释以及一般在后面的研究过程中,ₚ感觉道ᵈ始终兼指ₚ情感界ᵈ。但是我们并不因此主张(当然也不否定)ₚ情感是感觉ᵈ。我们只是需要一个简略的语词来表达ₚ或为感觉道或为情感界的那个经验成分的区域ᵈ。同样地，就此语境来说，所谓"ₚ感觉性质ᵈ"也总是兼指ₚ情感性质ᵈ的(参阅第85节)。

第77节　部分相似性

ₚ一个感觉道的感觉性质的次序，如性质体(例如颜色体、音阶)、强度和感觉场(例如视野、触觉场)，还不可能根据部分同一性关系被认识ᵈ，还不可能从ₖ部分同一性ᵃ构造出来。这些次序乃基于某种ₚ相邻关系ᵈ，而这种相邻关系并不能归溯到ₚ部分同一性ᵈ：ᵖ两个差不多相同色调的颜色感觉，就部分同一性而言，其相互关系犹如两个完全不同的颜色感觉的关系，甚至如一个颜色感觉与一个声音感觉的关系ᵈ。因此，即使我们已提出ₖ部分同一性ᵃ为基本关系，我们还得或者将ₚ两个原初经验在两种成分的某些特性上的大体一致ᵈ本身作为基本关系，或者将这种一致可由之推导出来的另一种关系作为基本关系。我们把这另一种关系称为ₚ部分相似性ᵈ，并以符号 Ae 为其逻辑斯蒂的表述。ₚ当且仅当 x 的一个经验成分(例如一个感觉) a 和 y 的一个经验成分 b 在其特性(狭义的性质、强度、定位符号)上无论大体一致还是完全一致，我们就称 x 和 y 这两个原初经验是"部分相似的"ᵈ。

与"ₚ部分相似性ᵈ"不同，"ₚ相似性ᵈ"一词此处是指ₚ感觉性质ᵈ间的对应关系(尽管这个词通常还有一个较宽的涵义)。我们用逻辑斯蒂的关系符号 Aq 来表示这种关系。例如，ₚ当两个颜色感觉

a 和 b 在色调、深浅、亮度（或色调、含白度、含黑度）以及定位符号（即视野位置）上完全或大体一致^d，$_p$这两个颜色感觉 a 和 b 就是相似的^d（aAqb）；$_p$含有相似的颜色感觉 a 和 b 的两个原初经验 x 和 y 则是部分相似的^d（xAey）。（我们不需要用"同一性"之类的词也不需要用任何特殊的符号来表示与$_p$部分同一性^{d}相应的$_p$感觉性质^{d}间的关系，因为这种关系就是等同。）我们要把关系 Ae 并且因此也把 Aq 看作自反性的，从而$_k$每个原初经验都可以说既同其自身又同与之部分同一的那些原初经验是部分相似的，而且每个感觉性质都是与其自身相似的^a。

第 78 节　相似性的记忆是基本关系

我们可将$_k$部分相似性^{a}作为基本关系，不过我们最好把它的一个部分关系而不是$_k$部分相似性^{a}本身作为基本关系，从这个部分关系很容易把它推导出来。这种部分关系在认识论上也是基础性的。$_p$如果我们已知两个原初经验 x 和 y 之间有部分相似性，那么对这二者中之在先者（比如 x）必有一记忆表象与 y 相比较^d。因此这个$_p$认识过程^{d}不是对称的，x 和 y 是以不同的方式出现的。因此一种不对称的关系较之$_k$部分相似性^{a}的对称关系可更精确地表达这个$_p$认识结果^d。我们要将这种不对称关系作为基本关系；把它称为"$_k$相似性的记忆^a"，并以符号 Er 来表示。因而"xEry"或"$_k$x 和 y 之间有相似性的记忆^a"意即："$_p$x 和 y 是这样两个原初经验，它们通过 x 的一个记忆表象与 y 的比较而被认识到是部分相似的^d"，我们可以把它简略地表述为："$_p$原初经验 x 和 y 通过相似性记忆而被联系起来^d"。(这里"$_p$记忆^d"不仅指$_p$一个已然消失的经验之再现^d,而且指$_p$一个此前不久存在过、尚未消失而犹有余效的经验例如一个知觉之保存^d。)

根据上面指出的$_p$部分相似性和相似性记忆^{d}的涵义,我们可$_k$从相似性记忆推导出部分相似性^x:$_k$如果在两个原初经验 x 和 y 之间或 y 和 x 之间有相似性记忆(Er)的关系,我们就称它们是部分相似的(Ae)^x。("推导"意即非严格形式的构造。在构造系统内根据这种推导而构造出$_k$部分相似性^x,请阅第 110 节。)

我们虽可从 Er 如此推导出 Ae,但是反向推导则是不可能的。如果方向上的区别一旦被对称关系所泯没,那么在构造上也就不复有此区别了。方向上的区别对于时间顺序的构造是重要的。我们在后面将从 Er 推导出时间顺序,而无须使用一个新的基本关系。我们之所以以 Er 而非 Ae 为基本关系,其主要的理由即在于此。

第 79 节 进一步推导的可能性

(下面我们只是在一些特殊情况下才使用 P 符号和 K 符号来表示心理学的语言和构造的语言。)

为了确定除了相似性记忆之外我们是否还须提出其他的基本关系,我们必须研究一下从 Er 和 Ae 做进一步推导的可能性。前面已经谈过,从部分同一性(Gl)不可能推导出部分相似性(Ae)。但是,从 Ae 到 Gl 的反向推导却是可能的,因此我们无须将 Gl 作为基本关系。

第三章 基础

首先下面这种简单的方法似乎可以从 Ae 推导出 Gl，但是它并不能达此目的。当且仅当感觉性质 a 和感觉性质 b 都与同一些感觉性质是相似的（Aq），这两者才是同一的。作为原初经验间的关系，Ae 和 Gl 是与适用于感觉性质的关系 Aq（相似性）和同一性对应的。因此人们可能认为，对部分同一性 Gl 应该这样来定义，使得两个原初经验 x 和 y，当且仅当 x 和 y 都与同一些原初经验处于部分相似关系（Ae），彼此之间才有部分同一关系。但是这个定义是错的。因为如果承认这个定义，那么下面一点应该也能够成立，即：如果在原初经验 x 和 y 中在同一视野位置上有同一色调，则 xGly。但是在这种情况下，上述这个定义多半是不适用的。例如，如果 x 在另一个视野位置上有一个色调 a，而 y 在这个位置上并没有与 a 相似的色调，那么 x 同所有这样的原初经验就是部分相似的，在这些原初经验中在 a 的位置上都有一个与 a 相似的色调；反之，y 则不是这样。因此人们试想提出的这个定义在这里是行不通的。

这种推导的尝试表明，要探讨在原初经验之间是否有一种依存于某些原初经验成分的关系问题，我们必须考察一下在个别情况下这种关系的有效性是基于哪些成分的。如果不注意这一点，我们在各种较低等级的构造上就很容易会出错误。同时我们也要注意，Gl 并非如通常任何一种同一或一致的关系那样是传递的（第 11 节）；两个原初经验在某个成分上的一致性是传递的，但 Gl 作为任何一个成分上的一致性却不是传递的（参阅第 70 节例子中所述颜色类似关系的非传递性）。

我们所寻求的从 Ae 推导出 Gl 不是直接可以办到的。相反地，我们必须借助于准分析方法首先推导出"相似圈"，然后再推导出"性质类"；由此我们才容易得到 Gl。

第 80 节　相似圈

我们将前面谈过的第二种准分析方法（第 72 节），即根据一种部分相似性关系的准分析，应用于 Ae。由此确定的关于 Ae 的相似圈，我们从现在起干脆简单地称之为"相似圈"，因为这样的相似圈绝少涉及其他的关系。因此所谓"$_k$相似圈^x"是指具有下面两个特性的那些原初经验的类，即这样一个类的两个原初经验总是彼此部分相似的（Ae）；如果一个原初经验与这样一个类的所有原初经验是部分相似的，那么它本身就属于这个类。（在构造系统内部对相似圈的构造在第 111 节中就是按照这个定义完成的。）由第二步关于 Ae 的准分析所决定的准成分，我们称之为"性质类"（第 81 节）。

为了认识被推导出来的关于$_p$经验成分^{d}的$_k$相似圈和性质类^{x}具有什么意义，我们想用一种空间的符号形式来表示最初被当作感觉的那些原初经验及其成分。我们可以想象通过点来表现感觉性质；两个点在空间上的邻近应表现这些性质的相似性关系（Aq）。于是我们就得到了一个有联系的空域作为每一感觉道的空间符号形式的表现。于是声音感觉由于音调和音强之不同而成为一个二维的区域。视感觉不构成一个三维的区域，像通常的颜色体之为三维的那样，对颜色体我们是用色调、饱和度和亮度三维或者色调、含白度和含黑度三维来描述的。视感觉是一个五维的区域，因为在这里还有一个定位符号也被认为是它的特性,而定位符号则构成一个二维的综合物。一个五维的次序是无法直观的,因此我们在这里可想象一个基于定位符号关系(即视野的次序)的二维的次序,另外我们还可想象很多三维的颜色体,其中有一个是与那个二维次序的每个位置相配置的。上面所谈的次序的每一个点都表现一个感觉性质(就最广义而言,参阅第76、85节);我们将包含该感觉性质的那些原初经验与之相配置。由于有各种不同的感觉性质同时出现于一个原初经验中,所以每个原初经验都有各种不同的性质点与之相配置,无论在同一感觉道内,还是在不同的感觉道内。

现在我们在一个以维度数 n 为其空间表现的感觉道内来考察一下 n 维的球体,其直径相当于两个感觉性质间的最大距离,而这些感觉性质与感觉道的这些位置仍然是相似的(Aq)。通过与第72节例子的比较(其"颜色球"相当于这个 n 维的性质球体),我们不难看到,一个相似圈是与这样一个 n 维的性质球体的点相配置的原初经验的类。这些相似圈并不相互排斥,而是常常显示出一种部分相互重叠的关系。这里我们要区别两类不同的重叠关系,我们或可称为"本质的"重叠和"偶然的"重叠。如果两个相似圈与两个必然属于同一感觉道而部分相互重叠的性质球体相对应,那么这两个相似圈本身就也有一种相应的重叠关系;我们把这称为"本质的重叠"。反之,如果两个相似圈对应于两个相互排斥的性质球体,那么虽然如此,它们仍可具有共同的原初经验,因为每个原初经验都配置于若干个性质点。在不同感觉道的两个相似圈之间甚至也可能出现"偶然的"重叠。

第81节 性质类

我们也可将上述这种相似圈的重叠关系看作是相互拆解。因为性质点是在性质球体相互重叠中保持未分的最大的部分，所以与这些点相应的原初经验的类就是相似圈的最大的子类，它们在本质的重叠中总是保持为未分的。另一方面，所有这样与一个点相配置的原初经验的类都可通过这样重叠的拆解而分离开来。因为对任何两个不同的性质点来说，我们总可以找到第三个性质点，使之与其一相似（Aq），而与其二不相似，因此我们也总可以找到一个包括其一的原初经验而不包括其二的原初经验的相似圈。

但是现在我们还要看一看通过相似圈的偶然重叠所做的拆解。我们可以一具体的例子来考察一下它的结果。

例子：设类 a、b 为两个视觉相似圈。为了只讨论三维的区域而不涉及五维的区域，我们把目光集中于视野的两个个别的位置。为了举例简化之故，我们在这里拟将与每一视野位置相应的三维颜色体视为由有限数的许多孤离的点构成的离散的而非连续的东西。我们把与两个视野位置相应的颜色体称为第一颜色体和第二颜色体。相似圈 a 包括与第一颜色体的五个确定的点相应的那些原初经验；因而这五个点在颜色体中是彼此邻近的，而且或可处于蓝色色调的范围之内。同样地，假定 b 是具有第二颜色体的五个红色色调的相似圈。如果在一个原初经验中那些蓝色色调之一出现在第一个视野位置上，那么一般不会也有一个这种红色色调出现在第二个视野位置上。诚然这在个别情况下是可能发生的，不过这种情况只是那种蓝色色调或这种红色色调出现于其视野位置上的那些情况中很小的一部分。这就是说，可能有某些原初经验，既属于相似圈 a，亦属于相似圈 b；我们假定它们是原初经验 x、y、z。因此在 a 和 b 之间有一种偶然的重叠；在这个例子中，不存在本质的重叠，因为 a 和 b 属于不同的颜色体，而且属于颜色体内不同的颜色范围。x 相应于 a 的五个性质点中的某个点；假设与这个点相应的原初经验的类为 q。y 可相应于同一个点，z 则与 a 的另一个点相对应；因此 x 和 y 是 q 的分子，而 z 则不是。类 q 代表视觉的一个感觉性质，即在某个视野位置上的某个蓝色色调；因为这个感觉性质是 q 的诸分子的共同特性。我们将这一类型的类称为"性质类"。相似圈 a 的性质类 q 现在被相似圈 b 所分割，因为 q 的分子 x 和 y 属于 b，而其他分子则不属于 b。这里由于 a 和 b 间的偶然重叠而被分割的 q 的那个部分相对于 q 本身来说只是极其微小的一部分。

我们在前面已经看到，"性质类"，即相应于一个性质点的原初经验的类，未被相似圈的本质的重叠所分割。现在我们已指出，通过一种偶然的重叠分割它则是可能的。但是，在这种情况下，被分割的部分，较之整个性质类而特别是较之相似圈而言，通常（即并无特殊情况，见后文所述）是极其微小的，上面的例子就表明了这一点，而且我们也不难使之普遍化。偶然的重叠之有别于本质的重叠即在于此；因为在后者中相似圈的一个被分割的片段至少包括一整个的性质类,因而其所包括的并非相似圈或相似圈的部分中微不足道的细枝末节。

由于性质类可借助于相似圈的本质重叠加以规定,由于这种重叠可通过前述的特征而区别于偶然的重叠,我们现在就可以提出性质类的定义。它包含两个条件;第一个条件相当于下面这一事实:性质类不为相似圈的本质重叠亦即能造成并非细小分裂的那些重叠所分割;第二个条件规定性质类应当是具有上述特性的可能最大的类。(如果定义不包含第二个条件,那么一个性质类的每个子类就都会满足这个定义了。)这个定义如下:原初经验的一个类k被称为一个"$_k$性质类$^{\ddot{a}}$",如果k完全包含在其很大部分就在于其中的每个相似圈中,并且如果对每个不属于k的原初经验x来说,都(至少)有一个包含k但x并不属于它的相似圈。(在构造系统中性质类的构造,见第112节。)

正如我们在前面已经看到的,$_k$性质类$^{\ddot{a}}$在构造上代表$_p$感觉性质^d(在广义上也包括情感性质等等)。因此我们有时也将其简称为"性质"。

在构造相似圈和性质类时,要特别注意,构造不必再现实际认识过程的形式,而只须作为一种理性的重构去达到同样的结果。

我们在此处和前面(第72节)都曾谈到,仅当并无特别"不利条件"时,运用准分析方法才能达到预期的结果。这种不利的条件可能是下面这种情况,例如,某些$_p$性质^{d}常常或多半与其他一些$_p$性质^{d}同时出现。因此在$_k$性质类$^{\ddot{a}}$的推导上以及后来$_k$官觉类$^{\ddot{a}}$的区分和官觉类之内$_k$Aq次序$^{\ddot{a}}$的区分上都会出现不规则的现象。但是更详细的研究（限于篇幅此处不能这样做）说明，准分析对概念形成的这种干扰只有在存在下面情况时才会出现，在这种情况下，事实上认识过程，亦即在现实生活中直观进行的准分析，也不会达到正常的结果。

第82节 只有一个基本关系是否足够？

我们在前面已经看到，两个原初经验配置于同一性质点，或者也可以说，它们归属于同一性质类，意思是说，它们有一相同的成分，因而是部分同一的（第76节）。因此从性质类不难推出部分同一性（Gl）：如果有一个性质类，两个原初经验都归属于它，我们就称这两个原初经验为"部分同一的"（Gl）（关于 Gl 的构造见第113节）。如果我们把 Gl 作为基本关系，那么我们就要通过准分析从 Gl 推导出性质类。在这里我们是逆向进行的。我们刚才是从相似圈推导出性质类的，而相似圈又是从部分相似性（Ae）推导出来的，因而我们所追求的从 Ae 到 Gl 的推导就是这样进行的。因此对于进一步的推导具有重要意义的关系 Gl 无须被作为基本关系。

迄今我们已从基本关系 Er 推导出原初经验间的两种关系，即 Gl 和 Ae；进而又推导出两种原初经验的类，即相似圈和性质类。后者（性质类）的推导尤其重要，因为它们代表原初经验的成分，即感觉和情感的性质（也许还有其他种类的性质；参阅第85节）。现在我们必须进一步推导，将这些性质区分为不同的区域，例如将感觉性质区分为各个感觉道；我们必须更进一步推导，在个别感觉道中将（严格意义上的）质的次序与作为空间次序之基础的感觉场的次序分开，从而将这种空间次序本身和一种时间次序推导出来。借助于这些质的、空间的和时间的次序，我们于是就去构造物理事物的世界，最后构造出其他的对象域，特别是他人心理的和精神的对象。

我们将在下面这一部分的第四章[①]讨论推导本身，然后在第四部分构造系统纲要中加以叙述。对于基本关系问题，我们在这里必须先讲一下后面论述的结论，即：即使为了进一步的推导，似乎也无须有任何新的基本关系。我们的任务首先是探讨关于构造系统的逻辑问题，而非内容问题，因此下面对构造系统的叙述将只是描写一个纲要，其主要目的在于举例说明各种形式原则和整个构造方法的实际应用。因此下面一点不能说是一种确定的主张，而只能说是一种推测，即：一个具有自我心理基础的构造系统只要有相似性记忆的基本关系就足够了。但是，无论如何我们的研究已然表明，为数极少的基本关系肯定是足够的了，我们只需要原初经验间的关系而不需要任何更高等级的关系作为基本关系。（参阅第156节关于构造系统的诸论题。）

第83节 作为范畴的基本关系
（可略过不读）

所谓范畴是指直观杂多之综合而达到对象的统一的形式。但是，关于"范畴"的意义，我们既不能用这个解释也不能用历史上存在的各种范畴表加以明确的规定。因为在构造系统中我们具有较

---

① 原文为第三章，显系笔误。——译者

第三章 基础

之历史上范畴系统更明确的概念，所以我们就问：在作为对象综合系统的构造系统中与范畴相对应的是什么？在构造理论中，直观杂多被称为"所予"、"基本要素"。这种杂多之综合为对象的统一在这里被称为由所予构造对象。因此这种综合的形式就是构造的形式，我们曾对若干构造形式作过区分（第26节）。我们或许可在等级形式的意义上理解"范畴"一词；这样我们就可以说，在我们的构造系统中只有两个范畴，即类和关系。不过，如果我们只把基本关系称为范畴，也许更符合我们一向的语言习惯。下面的事实就说明这一点：在某种意义上，每个关于任一对象的命题在内容上都是一个关于基本要素的命题，在形式上则是一个关于基本关系的命题。此外，当我们考察下面这样一个构造系统时，这种一致性也是显而易见的，在这个构造系统中，分析还没有进行得像在现有的纲要中那样深入，因此还有更多的基本关系被提出来。

在一个较早的构造系统纲要中，以下五种关系被证明是足够的基本关系（就系统仅仅概略的描述时才谈得上有一种证明而言）：（中心）部分同一性（比现在的 Gl 略为狭窄些，第76节），（中心）部分相似性（比现在的 Ae 略为狭窄些，参阅第77节）；强度的序列关系（现在只是在视觉事物之后才被构造出来，第131节），记忆关系（比现在的基本关系 Er 更广泛些，第78节），感觉场中的邻近关系（比现在视野位置上的 Nbst 更广泛，第89节）。我们要注意，记忆关系直接导致（目前）时间次序的构造（类似于现在的 Er 导致 Er_{po}，第87节），感觉场的邻近关系导致空间次序的构造，首先是感觉场内已被称为"空间的"次序，然后是物理世界的真正的空间次序（类似于现在的邻近位置（Nbst），第89节）。

我们看到，所谓较早的纲要的五种基本关系和出现于一些范畴系统中的范畴（同一性、相似性、强度、时间和空间）有某种类似之处。这也使我们觉得，可以将基本关系问题作为构造理论的范畴问题来看待。

我们曾提出下面这个推测（第82节），即 Er 作为基本关系是足够的。这就是说，较早纲要的上述五种基本关系部分地可以互相推导，甚至似乎可以从单独一种关系把所有的关系都推导出来。作为关于范畴的命题，这一点须这样来表述：上述五个范畴形式不是真正的（元）范畴，而是尚可部分地相互还原的；(纯然真正的）范畴为数极少，也许只有唯一的一个范畴。

第四章 对象形式

第84节 推导是构造的预备步骤

现在我们还要探讨构造理论的四个主要问题（第26节）中最后一个问题，对象形式问题。这个问题与构造系统的质料内容有最紧密的联系。我们在这里主要是阐明构造理论的逻辑的方法论的方面，因此不可能给这个问题找到一个现成的答案。首先，我们要研究较低构造等级的最重要的对象是怎样由前面提出的基本关系和已被推导出来的对象所规定的，从而又是怎样能够从这些关系和对象构造出来的。关于这些对象和其他对象的构造本身将在下一部分构造系统纲要中加以叙述。此处所要给出的推导是为构造本身做准备的。这种推导更多地注意问题的内容方面，而后来的构造则必须指出这些内容上的关系如何与用以建立一个构造系统的逻辑形式相适应。我们所涉及的既然只是一个纲要，因而这种适应只表示这些方法论的形式之示范地应用于对象本身的那些内容关系。对我们来说，这些方法论的形式尤其重要。我坚持认为它们是有效的和有用的。反之，我并不断定作为例子使用的内容是有效的。如果实际科学（就较低构造等级而言，尤其是知觉现象学和心理学）得出结论说，对象的关系并不像这里所假定的那样，那么我们就必须按照同样的方法论原则以适当的构造形式来表达这些不同的关系。因此在这里我们只是有条件地提出基本关系和对象形式。反之，基本要素之提出，尤其是系统形式和等级形式之提出，则属于我们的构造理论的论题（参阅第156节中关于这些论题的论述）。

因此下面的研究一方面是为下一部分关于构造系统的纲要作准备，另一方面则有助于为上一节提出的那个推测找到根据，即为了构造一切对象，有一个唯一的基本关系就足够了。

第85节 官觉类①

在性质类被推导出之后（第81节），对性质类间的相似性关系（Aq）就可以简单的方式加以界定了。两种性质是相似的，当且仅当第一种性质出现于其中的每个原初经验都与第二种性质出现于其中的每个原初经验部分相似。因此我们这样下定义：两个性质类 a 和 b，如果 a 的每个分子都与 b 的每个分子部分相似（Ae），我们就称它们是"相似的"（aAqb）。（关于构造系统中 Aq 之构造，见第114节。）

借助于关系 Aq，我们现在可以对感觉道进行分类。这个分类必须根据性质而决不能根据原初经验，因为每个原初经验都可同时属于几个感觉道。两种性质属于同一感觉道，当且仅当在这两者之间有一系列的性质而这个系列始终是从一种性质进到另一种相似的

---

① Sinnesklassen，我们将此处的 Sinne 译为"官觉"以区别于 Empfindung（感觉）。——译者

性质。(例如,我们可在每两个音调之间构成这样一个 Aq 序偶链,但不能在一个音调和一个气味之间构成这种相似性链条。)

由同一感觉道的性质构成的类我们称之为"官觉类",因此官觉类是根据这种 Aq 链条联系起来的关系通过准分析而得到的。(关于官觉类的构造,见第 115 节。)

作为 $_k$官觉类^{a}而得到的不仅有视觉性质、听觉性质、热性质的类,而且按照基本关系 Er 的涵义和第 76 节关于情感的论述,情感也是一个官觉类,如果除了感觉和情感之外,心理学还须说明不能还原为感觉和情感的那些心理的东西,如思想、意志或别的什么心理现象,那么基本关系就会也涉及这些心理的东西间的相似性,它们的$_p$性质^{d}也会作为$_k$性质类^{a}被构造出来,它们的区域或者说它们的那些区域也会作为官觉类被构造出来。因而没有任何一种心理过程处于可构造的东西的范围之外。

第 86 节 视官觉的特征描述

在性质之区分为官觉类被推导出之后,我们就可以研究在每一官觉类之内诸性质彼此的次序了。而且我们可以把 Aq 看作决定这个次序的邻近关系。如果一种邻近关系存在于某一区域内,那么这个区域的维数(DZ)也就由此而被规定了(我们在这里不拟进一步讨论这个定义)。因此每个官觉类相对于 Aq 都有一定的维数(DZ)。正如我们已经谈过的,声音感觉的官觉类具有 DZ_2,视官觉的官觉类,颜色感觉的官觉类具有 DZ_5(第 80 节)。对于皮肤官觉,定位符号可有两维的次序安排。因为除此之外其性质还可通过强度而且也许还可通过性质的序列加以区别,因此每一种皮肤官觉(触觉、热觉、冷觉、痛觉)的 DZ 是 3 或 4。其他官觉,包括情感界,其 DZ 则有的是 2,有的是 3。

在这里最重要的东西是视官觉的性质次序应当具有一个与所有其他官觉的维数不同的 DZ。唯其如此,我们才可能把这个在构造物理对象上最为重要的官觉突出出来、标明出来、构造出来。这个构造定义简言之如下:其性质次序相对于 Aq 具有 DZ_5 的那些官觉类叫作"视官觉"(其构造见第 115 节)。

乍一看,我们给出这样一个视官觉的"定义"也许似乎是很不合理的,这个定义是根据像 DZ 这样一个非本质的特性提出的,它根本没有触及视觉之区别于其他感觉的特殊的现象的特征。但是这种诘难,无论它只是一种不自觉的感情用事还是一种明确的论断,都不过是基于对构造定义的任务和其他意义的概念定义的任务的混淆。如前所说(第 50、51 节),对一个构造定义,我们要求的只是对逻辑价值而非认识价值的考虑。因为以构造定义作为转换规则进行的命题转换只须保证命题真值不变,而无须保证命题意义不变。从此处的个别事例就可明白地看到(如果我们认为下面这个被用作定义的心理学命题是正确的,即视官觉而非其他官觉的相似性次序的 DZ 是 5),如果将"视官觉"代之以"其相似性次序具有 DZ_5 的官觉",则所有关于视官觉的命题真假保持不变。

第 87 节 时间次序

我们在对物理事物的知觉中不仅认识了特性及其质的和强度

第四章 对象形式

的差别,而且认识了空间和时间的关系。我们首先仔细地考察一下时间关系。不难看到,物理世界的时间规定性要归溯到对原初经验间时间关系的认知。现在就发生了一个问题:是否必须把原初经验间的时间关系作为基本关系?然而,事实证明它能够从相似性记忆(Er)被推导出来。相似性记忆的确包括一个时间关系,从 xEry 就可得出结论: x 在时间上先于 y。我们并不能由此判定每一对原初经验序偶中哪个是时间在先的,而只能判定部分相似的原初经验中何者在时间上居先。但是由于时间关系具有传递性,我们现在可以从这些序偶推知许多其他序偶的时间关系。但是对于时间序列的构造来说,特别重要的是对时间上相近的原初经验的时间关系的认知。这些时间上相近的原初经验恰恰在很多情况下也许甚至在大多数情况下都是部分相似的。因为如果任何一种感觉性质在某一时段上保持恒定不变或者不断变化,那么在这个时段之内一切时间上相近的原初经验就都是彼此部分相似的。

尽管我们还不能单独从基本关系 Er 构造出紧密的时间序列,但我们却可以构造一个初步的时间次序(关于它的构造,参阅第 120 节),而这只有到了后面,在构造了物理事物之后并借助于物理过程的规律性,才能完成。在实际认识过程中,基于"时间知觉"的经验的时间次序也是不完全的,只有根据已知的心理的而特别是物理的东西的规律性进行推论才能使之达到完全的地步。

第 88 节 视野位置的推导

我们已经看到,无须借助于一个新的基本概念,只通过其诸性质的相似性次序的维数5，就可以将视官觉与其他官觉区别开来。我们虽然在构造上提出这个五维的次序，但是我们不能因而提出颜色体的三维次序和视野的二维次序。根据迄今所做的推导，我们还不能把各种不同的维度区别开来。例如，如果视官觉的两个性质a、b由于在色调、饱和度和亮度上，简言之在"颜色种类"上，是一致的，并属于两个邻近的视野位置或简称"位置"，因此是彼此相似的，又如果另外两个性质c、d由于属于同一位置，并且在颜色种类上接近一致，因此是相似的，那么，我们就把这两对序偶同样都称为"Aq序偶"而且不可能根据它们与Aq相关的性能来区别它们。如果两个性质（不考虑它们的颜色种类）的定位符号是一致的，因而属于同一位置，我们就称它们为"同位的"；相应地，如果两个性质（不考虑其位置）在颜色种类上是一致的，我们就称它们为"同色的"。我们的任务现在是从迄今已推导出来的关系中把这两个关系之一，同位性或同色性，推导出来。在这种情况下，我们就很容易从首先推导出来的这个关系中得到另一个关系。

　　同位性（Glstell）的推导确实是可能的。这主要基于这样一种情况，即（各种）同位的性质不可能同时出现于一个原初经验中。这一事实可通过迄今所做的推导加以表达；因为在构造上它与下面的事实是一致的，即某些性质类序偶没有任何一个原初经验为其共同分子，因此它们是分子相异的性质类（相异关系Fre）。但是Fre只是Glstell的必要而非充分的条件。可能有一些视觉性质的序偶属于不同的位置而且从未一起出现于一个经验中。因此我们决不可能用Fre来定义Glstell。但是，另一方面，所有Glstell序偶肯定就在Fre序偶之内。我们的任务是从这些已知的序偶中把那些未知的序偶择取

第四章 对象形式

出来；不过这不可能一下子就做到。但是我们可以用下面的方法达到目的。假如我们已经推导出Glstell，那么我们就可以将（视野）位置定义为Glstell的抽象类（第73节）（即定义为彼此同位的性质的可能最大的类）。否则，如果我们构成的是相异关系（Fre）的相似性的类（按照第71节，通过准分析来构成），那么这些类或者等同于我们所寻求的位置类，或者是它们的子类。

首先这似乎并没有使我们更前进一步，而似乎只是由相异关系（Fre）的抽象类①择取所寻求的位置类的困难代替了先前从Fre序偶择取正确的Glstell序偶的困难。但实际上这里情况完全不同。在先前的情况下，没有任何理由假定Fre序偶大部分也只是Glstell序偶。反之，那些抽象类较之其所包含的位置类要广泛得多的概率则相当的小。这就是说，为了通过准分析将一个唯一不属于位置的分子错误地归属于一个位置类，这个分子与一个或多个位置分子有相异关系（Fre）是不够的，它必须与所有的位置分子都有这种关系；这是从抽象类的定义得出的结论。或者再从另一个角度看：把一个分子错误地归属于某个位置类，其必要条件首先是该视野位置至少在一个原初经验中是空着的，其次是这个要被归属于某个位置类但实则属于另一位置的分子仅仅出现于那个位置在其中是空着

---

① 本节中"抽象类"（Abstraktions Klassen）在德文原文各版中均无改动。但英文版中改为"相似圈"（Similarity circles）。据说这是卡尔纳普本人按照古德曼（N. Goodman）的意见修改的。古德曼认为，由于Fre是一种非传递关系，因而不可能有Fre的抽象类。——译者

的一个或一些经验中。因为在所有其他的情况下都不存在相异关系（Fre）。

经过较仔细的研究表明，如果空着的位置不是太频繁地出现，那么 Fre 序偶的数目总还可能远大于 Glstell 序偶的数目，虽然 Fre 的抽象类大大超过正确的位置类的概率相对说来是极小的。此外，如果没有一个抽象类的分子出现于另一抽象类中，我们立即可以知道一个抽象类是不是一个正确的位置类。其归属未定的分子由于反复的出现而使自己显露出来；在这些预备性的位置类被构造并纳入一种相邻次序之后，我们就要对这些分子做一专门的研究，对于这种研究并不容易的方法（把位置邻近的某些性质类之间的相似性关系择取出来），我们在这里不能作进一步讨论；不过通过这种研究我们可以构造出最后的位置类。在这里我们只要通过一种简单的方法对视觉性质大体上区分为一些位置类的可能性（个别不能用这种简单方法判定其所属位置的视觉性质可能例外）提供一定的证明就够了。（位置类的构造，见第 117 节。）

第 89 节　视野的空间次序

现在 Glstell（同位性）作为对同一位置类的属于关系可从前已推出的位置类推导出来。（构造，见第 117 节。）

代表视野位置的位置类的提出还没有把握视野的空间次序。这种次序只能从位置的关系得出，而这现在已不难推导出来了。

两个位置，如果其一的性质与另一的性质是相似的，就被称为

"邻近位置"（Nbst）。（构造，见第117节。）（我们不说"一切性质"，因为我们不能排除在某个位置上并未出现某些颜色种类的性质。）邻近位置（Nbst）是视野空间次序的基础性的关系。例如，关于视野的二维性的命题就是关于Nbst的某一特性的一个命题（但这并不因此就意味着视野在现象上具有平面性）。

参考文献　关于视野的最初空间次序即二维次序的构造问题，似乎还缺乏探讨的文献。齐恩的《以生理学和物理学为基础的认识论》和杜里舒的《秩序论》这两个体系在其他方面对个别的构造作了十分详尽的探讨，但是它们不仅忽略了其本身即已要求一系列步骤的这种构造（即使我们并不是仅以一种基本关系为空间次序，而是以一种特殊的基本关系为空间关系），而且忽略了他人已反复论述过的从二维视野次序对三维空间的构造（参阅第124节的说明）。

第90节　颜色的次序

对于我们经常直观地以颜色体的形式加以想象的颜色次序，我们无须任何新的基本关系。颜色次序可以下述的方式从位置类和邻近位置关系（Nbst）推导出来。对任何两种不同的颜色 f、g 来说，总是至少有一种颜色与 f 相似而与 g 不相似。由此可以推知，假如 s、t、u 是三个互相邻近的位置，性质 a 属于 s，性质 b 属于 t，并且 a 和 b 具有不同的颜色种类（我们想用这个词概括色度、饱和度和亮度诸规定），那么 a 和 b 两者就不会都与 u 的同一些性质相似。反之，假如a和b都与u的同一些性质相似，那么a和b就必然具有同一颜色种类；反之亦然：假如它们具有同一颜色种类，那么u的同一些相似的性质也属于同一颜色种类。因此我们可以将上述a和b的这种状态看作"邻近位置上的同色性"的定义。由此我们可以推导出适合于任何位置状态的同色性关系（Glfarb）：如果在a和b之间有一系列的性质而其中每一种性质都与最近的性质有"邻近位置上的同色性"的关系，那么性质a和b之间就存在同色性关系（构造，见第118节）。

颜色（就颜色种类而言）现在直接作为同色性（Glfarb）的抽象类而得到了（构造，见第118节）。

与邻近位置的关系相似，我们在这里也将这样的两种颜色f和g定义为"邻近色"（Nbfarb），即f的一个性质与g的一个性质是相似的。（总之，g至少会有一个与f的每一性质相似的性质，反之亦然，也就是说，会有一个处于同一位置或邻近位置的性质；不过，由于类似于我们在邻近位置方面看到的那些理由，我们不想把定义建立在这一点上。）我们把基于邻近色（Nbfarb）的颜色次序称为"颜色体"。类似于视野的二维性，颜色体的三维性也可被表述为邻近色的形式特性（构造，见第118节）。

第91节 对视野次序和颜色次序的某种推导的诘难

通过一定的推导，我们已将视觉性质的五维的相似性次序（即与相似性Aq相关的次序）分为一个二维的（视野）位置次序和一个三维的颜色次序。这种分解之所以可能，是因为既然各种同色的性质可出现于同一个原初经验中，而各种同位的性质则不可能如此，同位性和同色性这两种关系就表示一种形式上不同的状态。对此人们现在可能提出反驳：同一位置上的两种不同颜色的关系和不同位置上两种相同颜色的关系之间的区别不是一种形式状态的区别，而是一种性质的或本质的区别；在仅仅提出一种基本关系的情况下，我们不可能合理对待这种本质区别；因此我们必须采取若干个基本关系，其中必有代表一性质关系和一位置关系者。诚然，关于必要的基本关系的数目问题还绝未最后解决。但是，即使我们还会提出更多的基本关系，同位性和同色性的区别也不是被给定的东西，而必然是被推导出来的。因为它确非原初经验序偶之间的区别，而是性质序偶之间的区别；在这种情况下（并且通过准分析），这些性质必然也被推导出来，那些区别尤其是这样。当然，在这里区别可归溯到作为不同种类的经验而被直接给出的那些原初经验间的两种关系。如果我们不是这样而是能够把两种次序的区别（我们已经通过对基础性关系的形式状态的区别把它们分开了）还原为颜色和定位符号之间的一种可直观把握的、非形式的而是性质的区别（因为在某种意义上"位置"必然以这样的"定位符号"为基础），那么我们就又须指出，这两个性质规定，就此处所谈的可直观把握的区别而言，是同等并立的。但是它们在知识构造上的作用则是全然不同的。这两个规定之一，定位符号，是用来作为"个体化原则"的基础的：它决定了一种最初的位置次序，空间次序归根结底都建立在这上面。这种作用只能由这两个规定之一来完成，其原因正在于同位性的那种形式的特性，而我们曾通过那种特性把同位性与同色性分开，那种特性即：同位而非等同的性质不可能出现于同一经验中。因此，我们对两种次序所做的区别是基于一种形式的然而绝不是非本质的区别，即两个规定在现实认识上的不同作用：作为次序安排者（定位符号）的作用和作为被安排次序者（颜色）的作用，所依据的那些特性的区别。我们在后面将对与作为个别化原则的这个区别及其作用相联系的问题做进一步的考察（第158节）。

第92节 视野推导的其他可能性

对视野次序的推导不仅可以前述的方式进行，而且还有其他各种推导的可能性。人们可能认为，唯有一类构造可能是正确的，因为只有一类构造能够把实际的认识过程如其在正常情况下正常个体身上进行的那样正确地复述出来，更确切地说，合理地再制出来。之所以具有多种可能性，原因在于有别于理性的重构而被称为直观的实际的认识过程是由多种因素规定的；因此存在着对这样一些规定进行选择的可能性和必要性，这些规定单就一个而言就已经足够了。

在前述对视野的推导方法（第89节）中，我们只使用了邻近视野位置的定位符号的相似性。这个因素虽然总是与其他因素共同起作用，但是它在认知心理学上则可能并非原始的东西，很可能定位符号本来就是不可比较的，而且它们彼此间并没有相似性关系；也许某些定位符号序偶只有通过微小的眼部运动造成的颜色性质的变化所引起的联想性的联系才能被表示为相似性序偶。也许在认知心理学上我们须对视野位置间的关系的来源做不同的思考，即通过与

第四章　对象形式

眼部肌肉的运动神经感觉的联系来思考它。基于这种不同的思考，我们可以对视野次序进行一种与已有的推导不同的构造性的推导。

我们还要讨论视野次序推导的第三种可能性，因为它表达了一个根本性的重要点。较之前两种可能的推导，我们在这种推导上采取少得多的东西作为所予。这就是说，我们可以抛开一切间接认识的东西，而仅以出现于视觉中心点上的东西为其所予。不过这样一来我们就一定会认为沿着一条界线（或一个点）相互毗连的两个（或更多）颜色种类能够同时在视觉中心点上被感觉到，而在前面我们却认为一个颜色种类永远只能被安排在一个视野位置上。在这里出现的颜色首先构成一种一维的次序，即通过其时间关系构成的次序。在这里我们通过兼用眼部运动的动觉就能容易达到更高的次序，达到一种视野。然而，就在这里我们也有可能抛开运动神经感觉，尽管这样会使困难大大增加。虽然在这里还不存在视野，但是正如在前面讨论过的推导那样，我们的构造会导致一种二维的次序。（如果我们思考一下在环境不变而眼睛转动时我们具有的一系列视觉中心点的感觉，就不难相信这一点。）

值得注意的是，在任何情况下（尽管方式完全不同），我们首先得到的是一种二维的次序，只是后来才构造出三维的次序，我们通常把它看作物理实在的空间次序。如果物理实在被完满地构造出来了，那么我们就可以回过头来说明各种不同的二维次序并根据物理实在（在这里生理学的东西和过程基本上也同属于物理实在）的某种特性来"解释"其二维性。然后我们根据视网膜器官的二维次序去解释在基于定位符号的第一种推导方式中视野何以成为二维的；对借助于眼的运动进行的构造，解释则要追溯到这一事实，即眼相对于头部的运动有两个自由度①。最后，我们还曾指出，仅仅根据视觉中心点感觉而不利用眼部运动感觉来构造所见事物的二维次序是可能的；而这样做主要是由于我们现在就要谈到的如下这个结论：连定位符号关系都排除掉的第三种推导的可能性表明，所见事物的最初的位置次序之所以是二维的，其真正的理由既不在于视网膜的性质也不在于眼部运动的性质。其理由（经常是从完全构造起来的三维物理世界的观点看的）毋宁说是在于这个事实，即射在一点上的光线构成一个二级光束，因而被安排为二维的次序。相反地，视觉器官的性能，无论就神经末梢的排列还是就其活动的方式来说，鉴于这个事实都是合乎实用的，因为它使对二维次序的认识变得容易了；但是它对于这种次序的构造却不是绝对必需的。

第93节 作为个别经验成分的"感觉"

我们先前已将性质类作为原初经验的类构造出来，它们代表着作为准成分的原初经验成分。如果两个原初经验属于同一性质类，我们就说：这两个经验在某个成分上是一致的。如果我们要把两个原初经验的两个同类的成分区别开来，那么我们就必须不仅按其性质来描述它们，而且要加上对其归属的原初经验的说明。只有被给以如此特征描述的成分才是真正意义上的个别的、确然唯一的成分；为了区别于仅就其性质加以规定的成分，即仅就其如何被表示为一个性质类的情况来规定的成分，我们想把这个成分称为"感

---

① 英译本译为：眼可相对于头部在二维上运动。——译者

觉"。不过我们选择这个词只是为了简略之故（按照前面第76、85节所说，这也涉及单纯的情感）。因此，从形式上说，我们必须将感觉定义为由一个原初经验和一个为经验所属的性质类组成的序偶（$_p$性质是经验的成分^d；$_k$经验是性质的要素^x）。

经验成分间的同时性与感觉有关：如果原初经验，即序偶的前项，是同一的，那么我们就称这样的两个感觉是"同时的"（感觉和同时性的构造，见第116节）。

参考文献 感觉属于心理学的对象范围，与此不同，性质属于现象学或对象理论的范围；在那里感觉被称为"感觉对象"（迈农"论对象理论"，1904年，载《论文全集》，第2卷，莱比锡，1913年，第512页；《论对象理论在科学体系中的地位》，莱比锡，1907年，第8页及以下诸页）。

必须注意，在我们的构造系统中，性质不是由感觉（或感觉类）构造出来的（按照某种实证论的观点，它们应当是这样构造的），相反地，感觉倒是由性质构造出来的；当然，在这种情况下，这些性质就是由原初经验构造出来的了（这正符合广义的实证论）。感觉是由性质类构造出来的而非相反，这个观点是从下面我们的这个基本观点得出的结论，即：一个经验的个别成分不是在个别经验中显现出来的，而是只有通过抽象才得到的，也就是说，通过加诸经验以次序才得到的，而这些次序也包括了其他经验。一个个别的经验本身是不可分割的；众多的经验才是可比较的、可赋以次序的，而且只有通过其次序，个别经验的（准）成分才能被得到。

第94节 对其他推导的展望

我们现在已经给出对最重要的低等级对象的推导,也就是说,已经明确指出它们如何可能被构造出来,从而就确定了它们的"对象形式"。对此我们迄今只把相似性记忆的关系作为唯一的基本关系使用。现在我们还要略看一下某些其他对象的推导,尤其要看一看在做这种推导时是否需要新的基本关系。

由二维的空间次序构造三维的空间次序,由视野构造视觉空间,是构造系统的特别重要的一步。"实在"(在"外间世界"的意义上)的事物首先就是由此构造出来的。在实际认识过程中,触觉和肌肉感觉在这里起着重要的作用。不过这样说又有些过分了,因为构造也可以仅借助于视觉来进行的。这样进行的构造就表明不需要任何新的基本关系。这里我们仅就其可行性是可知的这一点略述一下这种推导。

视觉(作为个别的经验成分)被这样安排在三维结构(空间)的一个一维序列(时间序列)中,有如可从(个别经验的)具有空间次序的视野推论出来,同时我们假定就我们未见任何变化或未从类比推出任何变化而言,所见的东西在颜色、形状和位置方面的特征是保持不变的。在后面我们将更详细地说明空间–时间–世界构造的诸规定(第125—127节)。然后通过这种四维结构以一定方式相互配合的某个"世界线"就得出了"视觉的事物"(第128节)。

应当注意的是,为了构造视觉的事物和三维空间,我们既不需要视官觉之外的其他官觉,也不需要视觉性质(色调、饱和度、亮度)的组成部分,我们迄今所做的推导还不曾将这些视觉性质彼此分别开来。这种情况虽然并没有造成对基本关系的简约,但是它使我们有可能简化构造的方法。

在实际认识过程中,事物的三维空间性通常似乎是直接给定的,至少在意识充分发达的人那里是如此。不过,也有这样的情况,在那里空间次序是一种次序安排活动的结果,这就表明构造不是纯粹的虚构,而是对实际发生的事情的一种理性的重构。就空间次序安排来说,当然只有在实际认识过程中适合于构造的综合由于特殊的困难不能像通常那样迅速而不知不觉地进行时才会出现这种情况。例如,一个盲人辨认方向就是这种情况(参阅阿尔曼的《视觉表象活动之分析。论盲人心理学》)。

从上面的构造出发,我们继续进行其他的构造。在视觉的事物中间,"我的身体"由于具有某些规定而突现出来(第129节)。借助于"我的身体"我们可以逐个地对其他最重要的官觉做特征描述,因为迄今我们还只是着重指出了视官觉(第129、131节)。性质类所表示的那些性质的各种组分(如狭义的性质、强度、定位符号)也可以被推导出来。这样,我们最后就构造出了自我心理对象域的一切心理的东西;迄今我们讨论过或提到过的构造都只与这个对象域有关而尚未涉及他人心理的对象域;这些自我心理的东西又被分成一些主要的区域("感觉类")并以其组成部分由我们所把握(第131节及下节)。自我心理的东西的构造不需要任何其他的基本关系。

"知觉的事物"必须通过将其他官觉的性质赋予视觉的事物来构造(第133节及下节);"物理的世界"是借助于"知觉世界"构造

出来的（第136节）。整个物理的对象域就是这样构造出来的。

构造他人心理对象的可能性是从前面对这种对象可还原为物理对象的思考（第57、58节）得出的结论；构造精神对象的可能性则是从关于其可还原为心理对象的思考得出的结论（第55、56节）。我们以后将回到他人心理对象的构造（第140节）和精神对象的构造（第150节及下节），不过我们将不再详述其对象形式。但是，有一点是显然可见的：即使在构造这些对象种类时也不需要任何新的基本关系。

第五章 一个构造系统的表达形式

第95节 四种语言

为使人们易于理解和检验一个构造系统，以几种表达式或"语言"同时并行来表述它是适宜的。在下一部分表述我们的构造系统纲要时，我们将使用四种语言，这四者的区别，有些是纯粹形式上的，但有些也涉及意义。所谓意义的区别是指观念的不同，而按照一种观点来看，这些观念可能与一个对象的形式的、在意义上中立的构造式有联系。因而，这是在逻辑值相同的条件下的一种意义（或认识价值）的区别（第50节）。

构造系统的基本语言是逻辑斯蒂的符号语言。只有这种语言能为构造提供真正精确的表达式；其他几种语言只是用作简便的辅助语言。不过，在后面的纲要中我们将只用这种符号语言给出较低等级的构造。这样做的理由绝不是用这种语言表达较高种类的对象有特殊的困难，而是高级对象的构造问题本身还没有完全解决，因而我们对这种构造只能做一粗略的说明。任何对象的构造一旦从内容来说被精确地认识了，对它做逻辑斯蒂的表述就不再有任何困难了。我们在第96节将对逻辑斯蒂的基本语言做更详细的讨论；在第

97 节将对其最重要的一些符号给以解释。

其他三种语言不过是对逻辑斯蒂语言的翻译。首先,在每个构造定义之后,我们将给出一个简单的语词文字的翻译(关于这一点,见第 98 节)。然后给出在实际科学中惯用的实在论语言的翻译。这种翻译主要是用来使人们更易于识别构造内容的正确性,检验这个构造定义是否真的切中它所意指的熟知的对象(第 98 节)。最后,我们使用一种虚拟构造的语言,这种语言是把构造作为一种构造运作的规则来看的。这种语言是特别用来使人们更容易直观地识别构造的形式上的正确性,检验每个构造定义是否是构造性的(亦即没有歧义的、不空洞的和纯粹外延的)(第 99、101、102 节)。

参考文献 盖岑贝尔格在《符号。认识论初阶》一书中详细地论述了关于同一事实的各种语言之间的关系。他的论述可能有助于人们更容易地理解我们所使用的多种语言表达的方法。我们的构造系统的基本语言为盖岑贝尔格所要求的那种统一的语言描述了一个纲要,而且也具有他所要求的演算符号系统的性质。但是我们并没有以此纲要解决统一语言的问题;我们只是通过一个例子使这个问题更清楚了并提出了解决这个问题的方法。

第 96 节 逻辑斯蒂的符号语言

构造系统的真正的语言是逻辑斯蒂的符号语言。因此(较低等

第五章 一个构造系统的表达形式

级的）个别对象的构造以及若干作为例子的命题（"定理"）都是以"逻辑斯蒂的表达式"给出的（第46节）。使用这种符号语言的理由有二。首先，一个构造出来的东西无论如何必须有别于与之相应的日常生活中或科学上熟知的对象。在前一章中我们已经说明这种区别之必要，有些地方我们用识别符号（P符号，K符号，见第75节）把这种区别清楚地标明出来。尤为重要的是使用符号系统以满足第二个要求，即必须证明一切对象都可还原为基本对象，亦即关于其他对象的语句都可转换为仅仅含有基本对象的名字和逻辑符号的语句。很明显，一个构造系统的价值完全取决于这种还原的纯粹性，正如一种理论的公理化表述的价值完全取决于从公理到定理的推导的纯粹性一样。最能保证还原的纯粹性的则是使用一种适当的符号系统。如果我们使用的是一种不具有特殊符号系统的文字语言，那么只有在一种用文字语言表达逻辑斯蒂概念特别是关系理论（这是逻辑斯蒂中对构造系统最为重要的部分）的概念系统时，这种纯粹性才是有保证的。这样一种文字系统并不存在；而且人们甚至可以怀疑是否会有一天创立这样一种系统，因为凡曾触及关系理论的人都会强烈地感到符号操作的优点。在数学上，与用文字语言表达一切数学方程和演算的方法相比，使用符号也具有这样的优点。

但是，构造系统不仅必须是"纯粹的"（即摆脱了不知不觉渗入的外来的概念因素），而且必须是在形式上完满无缺的。为使一个构造定义能完成其构造对象的功能，它既不能是有歧义的也不能是空洞的，也就是说，它一定不能指称一个以上的对象，但又必须指称至少一个对象（在最广义上，包括准对象在内，亦即或为一个体,或为一类,或为一关系)。用语词表述定义,要达到这个要求是极其困难的(在后面讨论构造语言时提出的与此相联系的关于构造的"可构造性"要求也是如此,见第102节),相反,如果我们使用一种适当的符号系统,例如用逻辑斯蒂的形式引进类或关系并给个体以意义明确的特征描述,那么这个要求很容易而且可以说自动地就能达到了。从逻辑斯蒂中我们已知,这些形式能保证唯一性和逻辑的存在;因为这些形式正是考虑到所要求的这些特性而被创造出来的。

第97节 对若干逻辑斯蒂符号的说明

对逻辑斯蒂的知识不是了解构造理论的先决条件,也不是了解后面所述一个构造系统纲要的先决条件,因为那里提出的所有逻辑斯蒂的表达式都被翻译改写成文字语言了。然而,对于后面使用的逻辑斯蒂符号的意义,在其先前尚未加以解释的范围内,我们在这里应该做一简略的说明。

参考文献 对逻辑斯蒂的一个详细的论述见卡尔纳普的《逻辑斯蒂概要。附对关系理论及其应用的考察》(维也纳,1929年)。其他参考文献见第3节。

逻辑斯蒂符号的说明:

常项:类(用小写字母表示),关系(以大写字母开头)。

变项:类 α、β……;关系 P、Q、R……;一般变项 x、y、z。

命题:~表示否定,⊃ 表示蕴涵;一个点或几个点表示合取

（或代替括号）。= （或 I ）表示等同。=Df 为定义符。

命题函项（第 28 节）：如 fx 表示一命题函项，则 $(x) \cdot fx$ 意为："对一切 x 来说，fx 都是真的"；$(\exists x) \cdot fx$ 意为："有一个 x 使 fx 为真"。

类（第 33 节）：$\alpha \cap \beta$ 表示交；$\alpha \cup \beta$ 表示并；$\alpha \subset \beta$ 表示包摄；$\alpha - \beta$ 表示余类。$\alpha Fr\beta$ 表示 "α 和 β 是分子相异的"。$\exists!\alpha$ 表示 "α 不是空类"；$[x]$ 或 $\iota'x$ 表示以 x 为唯一分子的类。如果 κ 是一个类的类，则 $s'\kappa$ 表示 κ 类的并。每一个类 α 都有一个基数 $Nc'\alpha$（第 40 节）；常见的符号，如 >，/（分数线）亦适用于数。

关系（第 34、11 节）：设 Q、R 为关系。$\cap$、$\cup$、$\subset$ 与其在类那里的意义相同（为简化之故，我们在这里没有提到点）。$\overrightarrow{R}'x$ 表示 x 为 R 的前项。$R|\grave{}\alpha$ 表示其后域限于 α 而从 R 得出的关系，$R|\grave{}\beta$ 表示其前域限于 β 而从 R 得出的关系。$\alpha \uparrow \beta$ 表示所有 α 分子对所有 β 分子具有的关系。$x \downarrow y$ 表示以 x，y 为唯一序偶的关系。

as 表示不对称关系的类，sym 表示对称关系的类，refl 表示自反关系的类。

准分析（第 71、73 节）：$Sim'R$ 表示与 R 有关的相似圈的类；$Aeq'R$ 表示与 R 有关的抽象类的类。拓扑学：$DzP(n、\alpha、x、U)$ 表示 α 在分子 x 中相对于接近关系 U 具有维数 n。$Umgr'Q$ 表示由（邻近）关系 Q 决定的接近关系。n $Dzhomum\ Q$ 表示 Q 的前域相对于 $Umgr'Q$ 具有同质的维数 n。

第98节 文字语言的意译和实在论语言的意译

对每一符号的构造式，我们都可用字词给以意译。但是这种意译不能看作是对构造的严格的表述。其目的是以更易理解的方式指明表达式的意义，尽管不够精确。相反，后面那两种语言（实在论语言和虚拟构造的语言）则给予每一构造一个新的意义。

在使用前面的符号方法（第75节）时，我们必须把文字语言的意译标上K符号，而实在论语言则相当于前面用P符号表示的表达式。对每一构造，我们都将以实在论语言来说明作为其基础的事实。

通过一构造定义引进一个新的符号，不仅具有节约的价值，即在命题和其他构造中，可用简单的符号代替复杂的构造表达式来指称被构造的东西，而且还会把被构造的东西表现为对一个在日常生活和科学中已经以直觉与理性混合的方式构造出来的东西的理性重构；因此对符号的选择受这个东西的名字的引导。因此，定义也包含这样一个论断，即：某个熟知的对象，按其理性概念而言，是以某某形式从某某基本概念推导出来的。当然，要认识到一个构造出来的东西实际上与某个熟知的对象相符，有时也不容易。因为图解式的构造形式最初似乎是生疏异样的；但是要在地图上认出一处风景的图像起初也是很困难的。把一个对象的构造翻译成实在论语言会有助于我们认识这种一致。因为这种翻译表达了这样一个事实，即作为区别标志的某些特性应归于所指的对象而且只归于这个对象。

第99节 虚拟构造的语言

个别一些构造还要被翻译成第四种语言：虚拟构造的语言。这里，我们不能把构造定义理解为对熟知对象的命名活动（如在第一和第二种语言中那样）或特征描述（如在第三种语言中那样），而应把它们看作构造方法的操作规则。如果我们采用一些适当的虚构（我们马上就给以详细的说明），那么在一定程度上我们可将构造作为显而易见的过程表达出来；因而构造之翻译为这种语言最符合直观性的要求；这种直观性不仅使构造容易理解，而且具有一种启发式教学法的价值。如果说实在论语言的翻译是通过与科学事实的不断接触而在内容上指导构造，那么构造的语言则更多地是从形式方面调节结构。这种语言在预备性的考察时就已经可以说自动地排除了我们也许打算尝试的将新对象与先前的对象非纯形式地联系起来的一种构造，因为我们根本不可能构造性地表达这样一种构造，也就是说，我们不可能给它以开列一个存在表的规定形式。

适当的虚构是由构造为对象知识的理性重构这个目的得出来的。而且这种重构应当反映对象形成的形式结构。为此，我们首先要提出这个虚构：对认识材料的加工制作与对未加工内容的经验在时间上是分开的，然后提出关于所予的可保存性的虚构（第101节）。我们把下面一点作为一个框架虚构，即我们的任务是给某个可称之为 A 的主体规定一步步的操作，通过这些操作 A 就能达到对某些图式（"存在表"）的构造，这些图式符合于所要构造的那些个别对象（第102节）。如果一个构造定义能被翻译成这样一种操作规则，那么我们可以肯定，这个构造是纯粹外延的，这是构造理论对每一构造的要求。

在下面几节（第100—102节）中，我们对构造语言的前提和方法要做更详细的说明。应该强调的是，构造系统本身与这些虚构并不相关；这些虚构只与第四种语言有关，后者只是用于提供图解的教学法的目的。

第100节 构造是理性的重构

"所予"从来不是作为一种纯然未曾加工过的材料出现在意识中的，而总是存在于或多或少复杂的联系和形态中。认识的综合，将所予加工改制为构成物、改制成事物或"实在"的表象，大都是在无意中而非按照自觉的程序发生的。

例子：我们在看一所房子时，我们是直接地、直观地感知它为一有形体的对象，我们可以联想其未被感知的背面，可以想象其未被看到时继续存在。我们在这个对象身上认出了某所熟悉的房子等等，但是在大多数情况下我们在思想上并没有对此作过一系列明确的推理。

在科学上，对知识材料的加工处理，对象的形成和认知，也大都是直观地而非以逻辑推论的形式进行的。

例子：一个植物学家无须经过有意识的思想活动，就能在知觉中将一个别的植物作为物理的事物形成对象，并且大都也是直观地认出这些事物是某某类的植物。

这种认识的综合，即对象的形成和认知其种类或将其分门别类，是直观地发生的，这一点具有易行、快速和明显的优点。但是，直观的认识（例如，对植物的认识）之所以可为进一步的科学研究活动所利用，只是因为我们有可能也明确地指出（有关的植物种类的）特征，将其与知觉相比较，从而证明直观是合理的。

构造系统是对在认识上多半直观进行的实在之全部构造的一种理性的重构。植物学家在重构植物知识时一定要问自己：在亲身经历的认知活动中，真正看到的是什么东西，对它所作的统觉的加工制作是什么？但是，他只有通过抽象才能把这两个在结果中结合在一起的成分分割开来。因此，在进行理性重构时，构造理论必须通过抽象，不是就个别情况而是对全部意识过程，把纯粹的所予和加工制作分别开来。

第101节　关于所予的分解和可保存性的虚构

对于旨在使构造直观化的第四种语言，即"虚拟构造"的语言，我们想提出一个假定：我们必须给予一个主体A以如何将所予改制成对象的一些操作规则。我们在上面谈到，构造理论必须在抽象上把纯粹的所予和综合的成分即构造的形式分离开来，从这个假定的范围来说，通过关于所予和加工制作在时间上分离的虚构就表现了这种必要性：A 在其生命的最初阶段只是接受所予而不对之进行加工改制，然后在其生命的第二个阶段，他按照我们给予他的规则来改制被保存下来的材料，但在这个阶段他没有接受更多的所予。关于经验（即 A 的生命的第一个阶段的内容）的唯一的虚拟的假定就是摆脱一切综合的因素。其他的虚构仅与其生命的第二个阶段有关；因为我们赋予 A 某些能力，以使其能够进行加工制作，最后我们又否认他具有某些信息，以使这种加工制作只能在由构造方法规定的范围内进行。我们之所以考虑把综合的因素亦即一切思想过程与经验分开，只是为了这种简便的虚拟构造的语言。在进行真正的构造时，不言而喻，所有实际包含在经验中的内容都必然在构造上显现出来，思维活动也必然被构造出来（参阅第 85 节）。

为了能够应用上述分开所予和综合因素的虚构，我们还必须提出另一虚拟的假定，即被经验到的所予没有被忘记，而是被 A 在记忆中保存下来或记录下来了，否则在其生命的第二个阶段就没有可供加工制作的材料了。关于所予的可保存性的虚构在诸多方面与实际不相一致。首先，在实际生活中许多东西是被遗忘了的，其次，通常在记忆中被保存下来的并不是未经加工改制的所予，而是高级的加工改制了的东西，例如物理对象或他人心理对象。

在构造上，重要的并不是要全面地复制认识过程。正如我们在考察基本关系问题时已经解释过的，在存在于经验之间的关系中我们只把为了在原则上可由之构造出实在所必需的那些关系作为给定的东西。所谓"在原则上"是指我们可以把个别对象的构造所需材料之多少问题撇开不谈。对每个构造我们似乎都要这样来理解，即："只要有足够多的所予，这个对象就可以某某方式由之构造出来。"

构造的这个意义在构造的语言中当由上述的那个虚构表达出来，即：A没有忘记所予中的任何东西。

属于所予可保存性虚构的还有下面这个假定，即：每个所予的要素，亦即每个原初经验，都是作为一个同一之物被保存下来的，从而不止一次地被用来进行加工制作，而且每一次都能被确认为同一个东西。在虚构中，我们大概可以用下面这个说法表达这一点，即：各个原初经验都被赋予任意的然而固定的标记，例如被标上数字（按任何次序）。

第102节 基本关系表的虚构

在前面（第75节）我们认为，构造理论用来作为构造系统的起始材料不是一种特性描述，而是对原初经验的一种关系描述，亦即关于构造系统的基本关系的关系描述。在构造语言中，这个看法表达如下：在其生命的第一阶段所经历的原初经验中，A无须保存或记录个别的特性以供加工改制，而只须保存关于基本关系的关系描述，即关于每一个基本关系的"存在表"，就是具有这种基本关系的那些原初经验的数目序偶表，因而在我们的构造系统中A要保存的只是Er（相似性记忆）这一种基本关系的序偶表。对于不可容许的（即不是纯"构造性的"或不是"外延的"）形式的构造不可能表述为操作规则；上述虚构的调整作用就在于此。

构造系统是其结果为已知的认识过程的一种理性的重构。因此，在构造语言的虚构上，我们还要补充一个假定，即：虽然A不认识全部实在，但是我们认识，因为我们必须给他规定操作规则。

只有根据这种认识，我们才知道，在每个构造等级上哪些构造步骤是适当的，每一步骤会导致一种什么东西，尽管我们并不知道A的经验具有怎样的性质。因此，我们把这个虚构再做这样的扩充，即：我们已知基本关系的关系意义，从而由此就可把A引至我们所意指的东西；相反地，我们并不熟悉A的基本关系表；这个虚构迫使我们把构造表述为独立于个别主体的操作规则。反之，A只熟悉关系表，而不知道基本关系的意义。

　　前面提出的那些虚构的用处现在已经很清楚了。它们是用来使我们易于注意和审查操作规则以及构造定义在概念上的纯粹性的。严格地注意这种纯粹性，是绝对必要的，无论是借助于这样一些虚构，还是用其他方法。在无论如何与构造有关的哲学讨论中极其常见的，正是这种超越了在说明对象构造时才允许出现的东西的界限的错误。

　　因此，每一构造之翻译为构造的语言都具有一种规则的形式，根据这个规则，A借助于他的基本关系存在表一步步地提出每个被构造的对象的存在表。如果一个对象是作为类被构造的，那么存在表举出的就是类的分子；如果一个对象是作为关系被构造的，那么存在表举出的就是关系项序偶。所有被构造的东西都被A赋以个别的任意的标志，例如数码，以便在其他存在表中也能被列举出来。在提出每一新的存在表之后，A必须做一"倒译"的工作。这就是说，对于每个对象，除了一下子断然提出的存在表之外，A还增添了一个"对象描述"，它通过倒译不断地从后来的构造中得到扩展。对一个类的存在表的倒译就是在关于这个类的每个分子的对象描述中都注明它属于这个类；在谈准分析时我们曾经讨论过这方面的例子，在那里某些类被作为准成分归之于它们的分子。对一种关系的存在表的倒译则是在关于这种关系的每个关系项的对象描述中都注明它与其他哪些项有这种关系，而其他哪些项与它有这种关系。在构造语言中，一个对象的存在表和对象描述同实在论语言中关于一个对象的特征描述（限定摹状词）和描述（摹状词）的区分是一致的：限定摹状词只给出了为确定这个对象恰恰存在的必要而充分的特征，摹状词则把对象的所有进一步确知的特性和关系都列举出来。至于存在表和对象描述是怎样提出来的，在后面的应用中就会清楚地看到了（第四部分第一章第108节及以下诸节都在"虚拟的构造"这个标题下述及）。

那么，把一个构造定义翻译成这样一个关于根据基本关系和先前已被构造的东西的存在表提出一个新东西的存在表的操作规则，是否总是可能的呢？关于构造的"可构造性"这个要求在应用逻辑斯蒂语言的情况下是不难满足的：构造定义必须具有外延定义的形式。从外延的逻辑理论可以推知，一个新定义的概念如果是作为处延（类或关系）被定义的，又如果在其定义中提及的其他概念的存在表是已知的，那么这个概念的存在表就可以列举出来（关于外延概念，参阅第32节；关于构造的外延方法，参阅第43、45节）。

第103节 关于构造的一般规则
（第103—105节可略过不读）

构造系统的系统形式和对象形式是经验地规定的，也就是说，这些形式取决于作为经验上已知的前提的实在和各个对象。但是，在处于一个等级的某种经验境况下，我们恰恰以某一方式或某些方式而非以其他方式把构造继续进行下去，这一点必然有赖于实际认识过程以及作为其重构的相应的构造系统的某些形式特性。因此，构造的每一步骤都可以看作一个一般的形式的规则应用于该等级的经验境况。所谓这种境况乃指已被构造的东西的一些特性，这些特性虽然是形式的，却只能从经验中得来，例如，根据经验的检验，一个被构造的关系才被证实是传递的或不是传递的，等等，或者两个类是否部分重叠，等等。不过，这种形式的规则本身并不是经验的，因为它表现了一种蕴涵关系，这种蕴涵不仅适用于构造系统的某一特殊等级，而且适用于构造系统的一切等级。

就对象的构造和认识在逻辑上基于这些一般规则而言，我们可称它们为先天的规则。但是只有根据已有的现成的被构造了的经验，通过抽象，我们才意识到这些规则。由于对各个对象的构造大多知之不确（后面所述构造系统只给出低等级对象的构造，而且即使在那里也只是作一种试验性的说明，至于对较高等级对象的构造，我们则只有提示而已），我们还不可能进行这种抽象。但是，我们不要把这些规则称为"先天的知识"，因为它们表达的不是知识，而是一些约定。在实际认识过程中，这些约定是不自觉地发生的。即使在科学操作过程中它们也极少被意识到和表达出来。

第104节　试举若干构造规则

由于上述的理由，我们还不可能提出一个一般（即适用于任何等级）构造规则的系统。不过我们至少可以尝试性地提出若干这样

第五章 一个构造系统的表达形式

的规则,以便指出何谓"一般规则"以及它们大致会是什么样子。这些规则之提出只是尝试性地举例而已。(关于关系理论的术语,见第11、34节。)

(1)如果有任何关系存在(无论是基本关系还是任何等级上被构造的关系),那么其前域、后域以及(如果可能的话,即如果是一种同质关系的话)它的域就是被构造出来的(这个规则在后面将被应用于基本要素的构造,见第109节)。

规则2—7旨在根据规则8和9使准分析成为可能;这些规则成为对同质关系的一切事例的一种完全的析取(根据第71节,关系的对称性和自反性为使用准分析所必需;根据第73节,除此之外,最简单的形式还需要传递性)。

(2)如果存在一种同质关系P,既非对称的也非自反的,那么我们就把关系Q构造为P、它的逆关系和$P°$的联合。这样,Q就是对称的和自反的关系了,因而规则7、8或9可应用于它(这一条规则被用于第110节对部分相似性的构造)。

(3)如果存在一种非对称、非自反的关系P,那么我们就把Q构造为P及其逆关系的联合。这样,Q就成为对称的和自反的了,因而规则7、8或9可应用于它。

(4)如果存在一种对称的、非自反的、非传递的关系P,其关系链(自乘关系)是微不足道的,即适用于它的域的一切序偶,那么我们就把Q构造为P和$P°$的联合。这样,Q就成为对称的、自反的、非传递的关系了,因而规则7或8可应用于它。

(5)如果存在一种对称的、非自反的、非传递的关系P,

其关系链不是微不足道的（参阅规则4），那么我们就把 Q 构造为 P 的关系链（包括同一性在内）。这样，Q 就成为对称的、自反的和传递的关系了，因而规则9可应用于它（这条规则被用于第118节"同色性"）。

（6）如果存在一种对称的、非自反的、传递的关系 P，那么我们就把 Q 构造为 P 和 P° 的联合。这样，Q 就成为对称的、自反的和传递的关系了，因而规则9可应用于它。

（7）如果有一种对称的、自反的、非传递的关系 P，其关系链不是微不足道的（参阅规则4），那么我们就把 Q 构造为 P 的关系链。这样，Q 就成为对称的、自反的和传递的关系，因而规则9可应用于它（这条规则被用于第115节"官觉类"）。

（8）如果存在一种对称的、自反的、非传递的关系 Q，其关系链是微不足道的（参阅规则4），那么我们就对 Q 做准分析（按照第71节），也就是说，我们构造 Q 的相似圈的类（这条规则被用于第111节"相似圈"，第117节"视野位置"）。

（9）如果存在一种对称的、自反的、传递的关系 Q，那么我们就对 Q 做准分析（按照第73节，以最简单的形式），也就是说，我们构造 Q 的抽象类的类（这条规则被用于第115、116、118节"官觉类"、"分析"、"颜色"）。

（10）如果按照规则8或9通过准分析得到的 Q 的那些相似圈不相互重叠或者只有极少的重叠，那么我们就把它们看作它们的要素的准成分。

（11）反之，如果 Q 的相似圈在很大的程度上并以一种系统的次序互相重叠，那么由于构造了 Q 的相似圈的尽可能大的一些子类，我们就确定了准成分，而这些子类并不因为 Q 的相似圈相互交叉而分解（除了很小的分裂）（参阅第 72 节）。（这条规则被用于第 112 节"性质类"。）

（12）如果按照规则 10 或 11 根据 Q 构成的准成分中间有这样一些序偶，其前项的所有因素与后项的所有因素有关系 Q，那么我们就把这些序偶所规定的关系 S 构造为准成分间的邻近关系（这条规则被用于第 114 节"性质间的相似性"）。

（13）根据规则 12 构造出来的关系 S，我们通过构造 S 的关系链把准成分分成相互联系的一些区域（这条规则被用于第 115 节"官觉类"）。

（14）根据 S（按规则 12），我们确定每个相互联系的区域内准成分的次序的特性（按规则 13），特别是其维数。

（15）如果诸区域之一的次序（按照规则 14）规定了使其有别于所有其他区域的一般特性（例如维数），那么一个构造定义就是这个区域的特殊标志（这条规则被用于第 115 节"视官觉"）。

第 105 节 构造规则的演绎问题

我们已为一般构造规则试举若干例子，这里发生一个问题，即：这些一般规则是不是也许可以从一个最高原则推导出来，而这个最高原则本身又是怎样的？现在我们连这些一般规则本身都还没有列举出来，因此我们在这里只能提出而无法回答这个问题。甚至就是对这样一个最高原则存在与否我们也不能肯定地断言。

从某个方面来说，确定构造原则的方法类似于确定物理事件的个别世界公式的方法。两者都是首先从经验出发进行归纳的。而且在这里我们就是要从构造系统中的各个构造步骤抽象出它们的一般规则，例如上述诸例的那些规则。其次，我们必须试将一组这样的规则概括成更一般的规则（例如，将上例中规则2—7概括为大致具有如下形式的一个更一般的规则：一种同质的关系须以尽可能简单的形式加以转换，以便可对之进行准分析），直至最后得到一个唯一的最一般的规则。在物理学上，如果世界公式为已知，那么无须援引经验就可以将各个自然律演绎地推导出来，同样，从构造的最高原则出发无须援引经验即构造系统中的具体构造，也有可能把所有的一般构造规则推演出来。在这儿也像在物理学里一样，最高原则还是未知的，我们暂时只能形成一个为研究指示方向的目标，就连这个目标能否达到我们也不能肯定。正如在物理学的演绎系统中我们会把形式推演出来的个别规律和恒定式等同于经验已知的自然律和对象种类（例如化学元素）一样，在演绎的构造系统中我们也会把形式推演出来的个别物等同于经验已知的个别对象（事物、特性、关系、过程）。

如果最高构造原则已知，那么我们会有一个进一步的任务，就是探究一下，从知识的意义看，说得确切些，从认识对更广大的生活目标所做的贡献看，经验之形成为对象是如何恰恰必然如它在构造系统中所表达的那种方式发生的，即以一般构造规则来表达，最后被概括为最言简意赅的最高构造原则。在当前的知识状况下，对这个关于知识形成的目的论问题，我们最多只能在某些枝节方面而不可能从整体上加以研究。这样的枝节问题涉及例如实体化和因果性的倾向，这些倾向在较高的构造等级上就会看到。对这个问题我们在这里就不多议论了。

第四部分

一个构造系统的纲要

第一章 低等级：自我心理对象

第106节 关于纲要的形式、内容和目的

下面我们将就构造系统的低等级予以说明（第一章），而对其他更高等级则只是略加提示而已（第二章和第三章）。总的来说，第一章包括自我心理的对象；第二章包括物理的对象；第三章包括他人心理的对象和精神的对象。

我们所使用的构造形式与前面（第三部分）研究的结果是一致的：按照第三部分第一章，我们以类和关系为等级形式；按照第三部分第二章，我们使用的是具有自我心理基础的系统形式；按照第三部分第三章（一），我们以原初经验为基本要素；按照第三部分第三章（二），我们以相似性记忆为唯一的基本关系；低等级的对象形式相当于第三部分第三章（二）和第四章中的推导。

表达形式是从上一章（第三部分第五章）所阐述的东西得来的。尤其各个构造都总是首先作为定义用逻辑斯蒂的基本语言给出的（以"构造"为标题）；然后接着是三种辅助语言的翻译：文字改写、实在论语言、构造的语言（分别标以"意译"，"实在论的事实"，"虚拟的构造"等题目）；再后是关于被构造的东西的命题和解说。

第一章 低等级：自我心理对象

一个构造系统的命题或"定理"分为不同的两类。(第108、110、114、117、118节里从定理一到定理六都是定理的例子。)第一类定理可以仅从定义推演出来（以逻辑公理为前提，不利用这些公理，任何演绎都是根本不可能的）。我们称它们为"分析的"定理。反之，第二类定理则指出被构造对象之间的一种只能由经验来确定的关系。我们称它们为"经验的"定理。一个分析定理被转换为关于基本关系的命题，我们就得到一个重言式；一个经验定理被转换为这样的命题，则告诉我们基本关系的经验的、形式的特性。用实在论的语言来说，分析定理是关于概念的重言式命题（正如在数学定理那里一样，尽管重言式只有通过转换才变得明显可见，这些命题不必因而就是琐屑①的命题）；经验定理则表达一个经验地认识到的事实。

参考文献 用康德派的说法，分析定理就是先天分析判断，经验定理就是后天综合判断。按照构造理论的看法，对康德派关于认识论问题的立场具有基本意义的"先天综合判断"根本不存在。

至于我们所述构造系统的内容，我们还要再特别强调一下：那只能说是一种举例尝试。其内容有赖于实际科学的实质性的成果，而构造系统的最低等级尤其有赖于知觉现象学和心理学。由于这些

---

① Trivialität，琐屑，微不足道。洛克在《人类理解论》，第4卷，第8章中把不提供任何知识的简单的同语反复或"同一性命题"称为"琐屑的命题"(trivial proposition)。——译者

科学成果本身还是有争议的，它们被翻译为一种构造系统的语言，其内容的正确性一般是没有保证的。我们对构造理论的叙述旨在提出关于构造系统这个课题并对引向这样一个系统的方法做逻辑的研究，而不在于这个系统本身之建立。但是，在这里我们至少已经对构造系统的某些等级做了表述，而对其他等级亦有所提示，我们这样做，与其说是试图解决构造系统这个课题，毋宁说是为了通过这些例子说明这个课题。

第107节　逻辑对象和数学对象

在引进基本关系之前，我们必须将逻辑对象或纯逻辑斯蒂的对象构造出来；在引进任何一个事物界的基本概念（例如构造系统的基本关系）之后，我们可从纯逻辑斯蒂得出应用逻辑斯蒂，特别是关系理论。对纯逻辑斯蒂系统，此处无须详述。

参考文献　罗素和怀特海在《数学原理》中已完满地创立了这个系统，包括数学对象在内。参阅第3节中有关逻辑斯蒂的参考书目和第97节中对逻辑斯蒂符号的说明。

下面是一些必要的基本概念：两个命题的不相容性和一个命题函项对一切自变项的有效性。首先由这些基本概念构造出来的两个命题的其他联系词和否定是最初的逻辑对象；其次是同一性和存在。然后被引进的是类及其联系词和关系及其联系词，再后是一般关系理论的所有对象。（关于逻辑对象之独立于心理对象和物理对象，参阅第25节。）

数学是逻辑斯蒂的一个分支，也就是说，它不需要任何新的基本概念。关于数学对象系统的构造，这里无须述及；我们只是提一下这个系统的一些主要的等级。

首先根据逻辑对象被构造出来的是算术的对象：基数（参阅第40节）；然后是（数学上很少使用的）一般关系数（或"结构"，参阅第11节）和作为它的一个特殊种类的序数；我们为每一种类的数都构造出其联系词；再进而构造（一般）序列、有理数、实数、向量等等。

几何的对象也是纯逻辑对象，也就是说，可在逻辑斯蒂内部用上述基本概念加以构造。此处所谓"几何学"乃指纯数学的抽象的几何学，它研究的不是真正意义上的空间，而是某些多维的有序结构，它们也被称为"空间"，更确切地说是"抽象空间"。直观的、现象-空间的东西构成一个特殊的事物界；它们属于实在对象，因而只有在后面引进了构造系统的基本关系之后才能被构造出来（第125节）。

参考文献 几何概念可从逻辑斯蒂推导出来，已由皮耶里、皮亚诺、亨廷顿、罗素、韦布伦等人的研究所证明。库迪拉在《数学的哲学原理》第6章中有概括的叙述及有关文献目录；亦请参阅卡尔纳普《逻辑斯蒂概要》中几何系统的例子。怀特海和罗素的《数学原理》第4卷据说要详述几何学之由逻辑斯蒂的推导，但尚未问世。

关于所谓纯关系理论的"空间"和直观的真正空间的区

别,请阅卡尔纳普的"空间"一文(载《康德研究》,增补卷第56期,柏林,1922年,其中亦附有有关的文献目录,见第78页及以下诸页)。关于作为一种纯粹理论形式(理论函项,"学说的函项")的抽象几何学的逻辑意义,凯塞尔在《数理哲学》中有详细的论述;并参阅韦尔的"数学和自然科学的哲学"(载《哲学手册》)。

重要的是要注意,逻辑的和数学的对象不是实在对象(实际科学的对象)意义上的真正对象。逻辑(包括数学)完全是由关于符号使用的约定的规定和基于这些约定的重言式构成的。因此,逻辑(和数学)的符号不指称对象,而只是用来将那些约定用符号固定下来。反之,实在对象(准对象也属于这种对象)意义上的对象则只有基本关系和由之构造出来的对象。所有具有某种意谓的符号都被称为"常项",以区别于"变项";"逻辑常项"是代表逻辑对象的符号,"非逻辑常项"是代表实在对象(一个事物界的概念)的符号。

第108节 基本关系(Er)

基本关系:Er

意译:"相似性的记忆"(见第78节)。

实在论的事实:x 和 y 是原初经验,通过 x 的一个记忆表象与 y 的比较,它们被认出是部分相似的,也就是说,有一个经验成分是大体一致的(第78节)。

虚拟的构造："基本关系表"、Er 的存在表是 A 进行加工改制的唯一材料。这个表包含关系项的序偶，每个项都由一个任意的然而明确的符号（数）来表示（见第 102 页）。这个表只有 A 知道，而不为我们所知。另一方面，基本关系的意义则为我们所知，而 A 是不知道的（如第 78 节已指出的）。虽然不知道这个意义，A 却能够根据他的基本关系表，亦即从经验上，发现下述的定理（L_1）；这个定理说，在基本关系表中没有任何序偶以关系项的两种排列（a、b 和 b、a）出现。A 为基本关系的关系项提供一个"对象描述"。下面我们就会看到这些对象描述的丰富内容；此刻 A 只能根据他的基本关系表在每个对某一关系项的这种对象描述中标明它与哪些关系项具有这种基本关系，而哪些关系项又与它有这种基本关系。这种将基本关系表充分利用于对关系项的对象描述的做法，在后面被构造的对象那里相当于"倒译"。

定理（L_1）：Er ε as（经验的）。

意译：Er 是不对称的。

第 109 节　基本要素（erl）

构造：erl=$_{Df}$ C'Er

意译：Er 的关系项被称为"原初经验"。

实在论的事实：相似性记忆存在于原初经验之间；作为基本关系的关系项，这些原初经验因而就是基本要素（第 67 节）。

虚拟的构造：A 提出类 erl 的存在表作为基本关系表所包含的一切关系项的数目表。"倒译"在这里是有点微不足道的，因为在他先前（第 108 节）提出的对象描述中，A 对每个要素一律注明它属于类 erl。

第 110 节 部分相似性（Ae）

构造：Ae$=_{Df}$Er∪Er̆∪Er°

意译：如果在 x 和 y 之间或 y 和 x 之间有关系 Er，或者如果 x 和 y 是同一的 Er 关系项，那么我们就称这两个原初经验 x 和 y 是"部分相似的"。

实在论的事实：如果在原初经验 x 和 y 之间有一种相似性记忆，那么 x 的一个成分就与 y 的一个成分相似，而 y 的一个成分也与 x 的一个成分相似（参阅第 78、77 节）。

虚拟的构造：A 建立关系 Ae 的存在表，是通过把 Er 表的所有序偶都登记在内，并且进而把反序序偶（即除了 a、b，还总有 b、a），最后连这个表上关系项的所有等同序偶（a、a；b、b；等等）都登记在内。此处的倒译则在于，在先前（第 108 节）提出的对某一 Er 关系项的每个对象描述中，A 都根据 Ae 表注明该关系项与其他哪些关系项有关系 Ae。

如果说 A 是根据他的表发现经验定理的，那么分析定理则是从定义得出的，因而不需要用存在表去证实。例如，定理 2（L2）和定理 3（L3）直接得自 Ae 的构造。

定理：L2. Ae ε sym（分析的）。

L3. Ae ε refl（分析的）。

意译：Ae 是对称的；Ae 是自反的。

第111节 相似圈（ähnl）

构造：ähnl=DfSim'Ae

意译：（通过准分析形成的）与 Ae 相关的相似圈简称为"相似圈"。

解释：该构造在于按照第 80 节中的推导将准分析（第 71 节）应用于 Ae。按照定理 2 和定理 3，Ae 具有为此所必需的对称性和自反性。

实在论的事实：如果我们在任何的性质范围内确定了一个可能最大的性质类（这些性质全都是互相邻近的），然后又确定了含有这些性质的原初经验的类，那么这些原初经验中的任何两个都是彼此部分相似的，而且除此之外的任何原初经验都与所有这些原初经验不是部分相似的（见第 80 节）。

虚拟的构造：A 必须为所有的原初经验的类即与 Ae 相关的相似圈提出存在表。为此目的，A 首先要确定所有彼此部分相似的原初经验的类；他从原初经验的单元类开始，这些原初经验由于 Ae 的自反性已属于那些彼此部分相似的原初经验的类；然后他通过从 Ae 的关系表中摘取序偶而构成二元类；然后构成三元类，如此等等。最后他从这个类表中把所有作为子类包含在另一类表中的一切类都删除掉。剩下来的那些类就是所求的相似圈。A 给已发现的类都标上号码，以便此后能分别提到它们（这种标明号码与给原初经验编号码毫无关系）。他把所有这些类的号码都登记在"相似圈"（ähnl）这个类的存在表上；把属于每个被发现的类的原初经验的号码都登记在那个类的存在表上。相似圈的倒译：在每个原初经验的对象描述中，A 都注明它属于哪个相似圈（用新引进的号码来表示）。

第112节 性质类（qual）

构造：qual=$_{Df}\hat{\alpha}\{(\gamma):\gamma\ddot{a}$hnl. Nc'$(\alpha\cap\gamma)$/Nc'$\alpha>1/2$. $\supset.\alpha\subset\gamma:.(x):x\sim\varepsilon\alpha.\supset.(\exists\delta).\delta\varepsilon\ddot{a}$hnl. $\alpha\subset\delta. x\sim\varepsilon\delta\}$

意译：如果一个原初经验的类 K 完全包含在所有至少含有其半的相似圈中，又如果对于每个不属于 K 的原初经验 x 来说，都有一个虽包含 K 但 X 非其所属的相似圈，我们就称这个原初经验的类 K 为一"性质类"（按第 81 节的推导）。

实在论的事实：具有某种共同成分的原初经验的类是在相似圈因相互部分重叠而分裂的情况下保持未分（除了一些微不足道的部分有所分裂之外）的最大的类（参阅第 81 节）。

（在把构造的语言翻译为实在论语言时，我们不得不注意已多次谈过的这个情况，即：类不是由它的分子组成的［第 37 节］。一个性质类不是属它的各个原初经验的整体或聚合，而是一个代表其诸分子即原初经验所共有的东西的准对象。）

虚拟的构造：A 为彼此有相当大的部分（至少有其一的一半）是共同的那些相似圈的每一序偶都举出一个共同的子类和两个余类。如此得来的类如果与任一相似圈有相当大的部分是共同的，那么这些类就因此而又被分割等等，直至达到不再被任何相似圈以上述方式所分割的那些类为止，这就是我们所要找的性质类。

在 A 为每个性质类开列存在表（即属于所说的这些类的那些原初经验的号码表）之后，他就随意地给被列举的这些性质类编上号码。我们已了解基本关系的意义从而也了解被构造的东西的意义，我们也知道个别的视觉性质、音调、气味等等属于性质类，但是我们暂时还不可能告诉 A：他所举的某个性质类是不是（比如说）一种音调，更不要说它代表哪一种音调了。当然我们最后必须达到能把这些告知 A 的地步，即使我们并不知道他的存在表。构造理论的主要论题正是：一般地说，就其被有意义地做出科学命题而言，每个对象都是可构造的。在构造语言中，这个论题通过下面这个事实得到证实，即：我们在后面能够给 A 指明上述那些特征。

"性质类"（"qual"）这个类的存在表把加于各个性质类的号码全都列举出来。A 在每个原初经验的对象描述中都注明它属于哪些性质类，倒译就是由此而从各个性质类的存在表中产生的。

第 113 节 部分同一性（Gl）

构造：Gl=Dfε|˺qual|ε

意译：如果有一个性质类，有两个原初经验都属于它，那么我们就称它们为"部分同一的"。

实在论的事实（微不足道的）：如果一种性质在两个原初经验中都出现，那么这两个原初经验在一个成分上是一致的（参阅第 76、82 节）。

虚拟的构造：一般地说，翻译为构造语言在这里和后面都不再需要了；前面所举的例子应当足够了。方法总是一样的：A 从我们这里得到一种规则,根据这种规则,他开列新对象的存在表;然后他对与新对象有关的旧对象进行倒译,从而使其对象描述愈来愈丰富。

第114节 性质间的相似性(Aq)

构造:Aq=$_{Df}$âβ̂{a,βequal. a↑β⊂Ae}

意译:两个性质类,如果其一的每个分子与另一的每个分子部分相似,它们就被称为"相似的"。

实在论的事实:从部分相似性的意义我们得知,当且仅当两种性质是相似的,即在性质上邻近的,包含其中一种性质的每个经验与包含另一种性质的每个经验才是部分相似的(第77、85节)。

虚拟的构造:对 Aq 的倒译是在由此开始的对各个性质类的对象描述中产生的。

定理(L4):Aq ε sym∩refl(分析的)。

意译:Aq 是对称的和自反的。

第115节 官觉类和视官觉(sinn, gesicht)

构造:sinn=$_{Df}$Aeq'Aq$_{po}$

意译:Aq 链的抽象类被称为"官觉类"。

解释:构造是通过准分析(最简单的形式,第73节)产生的。Aq 链是传递的,而且根据定理4它还是对称的和自反的。

在第119节中,我们将把官觉的定义倒译成一个关于基本关系相似性记忆（Er）的表达式，关于官觉的推导关系则在第121节中给出。

实在论的事实：两种性质，当且仅当它们属于同一感觉道时，才能被一个总是从一种性质进到另一相似的性质的性质序列联系起来（第85节）。

虚拟的构造：如果 A 已开列官觉类这个类（其分子即官觉类）的存在表，那么我们就知道，这些官觉类中有一个是视觉性质的官觉类，另一个是气味的官觉类，等等，而且还有一个是情感的官觉类（参阅第76、85节）；但是我们暂时还不能给 A 指明哪个是哪个。另一方面，A 也不可能告诉我们各个官觉类的存在表。因而在我们虚构的范围内有一条明确的严密的界限，在这个界限之内，我们必须解决把各个感觉道或至少把对于进一步构造有基础意义的视官觉提取出来的任务。

构造：gesicht=$_{Df}$ $\hat{\alpha}$ {($\exists \lambda$). $\lambda \varepsilon$ sinn. D_{ZP} (5,λ,α,Umgr'Aq)}

意译："视官觉"这个类包括所有这样的一些性质类，在这些性质类中，一个官觉类相对于 Aq（确切地说，相对于由 Aq 决定的接近关系）具有维数5（参阅卡尔纳普的《逻辑斯蒂概要》，第34b节）。

实在论的事实：视野是一个二维的位置次序，这些位置的每一个都可对应于三维颜色体的一种颜色。其他官觉的 Aq 次序则具有较小的维数（参阅第86节）。

第116节 感觉（emp）和原初经验的分解

构造：emp=$_{Df}\hat{Q}\{(\exists x,\alpha). \alpha\varepsilon qual. x\varepsilon\alpha,Q=X\downarrow\alpha\}$

意译：由一个原初经验和该经验所从属的一个性质类组成的序偶被称为"感觉"（关于此术语，参阅第93节）。

实在论的事实：参阅第93节。

构造：Glzt[①]=$_{Df}(\check{D}|D)|\succ$emp

意译：前项相同的两对 emp 序偶被称为"同时的"感觉。

实在论的事实：如果两个个别的经验成分（"感觉"）是同一经验的成分，它们就是同时的（参阅第87节）。

分解：根据先前的考虑（第93节），我们必须区别个别的和一般的经验成分（即感觉和性质类）。我们把包含一原初经验的成分的类称为此原初经验的"分支类"，因此我们必须区别两类分支类，用 zerleg$_1$ 和 zerleg$_2$ 来表示。

构造：zerleg$_1$=$_{Df}$Aeq'Glzt

意译：与 Glzt 有关的抽象类被称为"第一类的分支类"。因而一个原初经验的感觉的类就是一个这样的类。

实在论的事实：与某一感觉同时的那些感觉（就广义而言的各个经验成分）是同一经验的感觉。

构造：Zerleg$_2$=$_{Df}\hat{\lambda}\hat{x}\{x\varepsilon erl. \lambda=\hat{a}(\alpha\varepsilon qual. x\varepsilon\alpha)\}$

zerleg$_2$=$_{Df}$D'Zerleg$_2$

---

① 即 Gleichzeitig 一词的缩写，意为"同时的"。——译者

意译：原初经验 x 所归属的那些性质类的类 λ 被称为"x 的第二类的分支类"（λ=Zerleg$_2$'x）；这样的一个类被称为"第二类的分支类"。

第 117 节　视野位置和视野
(stelle，Glstell，Nbst) ①

构造：Fre=$_{Df}$(Fr∪|)|≻gesicht

stelle=$_{Df}\hat{\kappa}$ {∃|κ：(∃λ). λεSim'Fre. x=λ−s'(Sim'Fre−[λ])}

意译：Fre 表示（只在此处，用缩写）视官觉的性质类间的"同异"关系。如果一个视官觉的性质类的类不是空类，而且包括一个具有同异关系的相似圈 λ 的那些仅属于 λ 而不属于具有同异关系的任何其他相似圈的分子，我们就称其为一个"视野位置"或简称为"位置"。

实在论的事实：见第 88 节。（此处被构造的位置不一定表示视官觉性质的一种完全的安排。按照先前的考虑，对于某些例外的性质，我们仍然可能确定不了它们属于什么位置。）

构造：Glstell=$_{Df}$ε|ˋstelle|ε̌

意译：如果视觉的性质类属于同一位置类，我们就称它们是"同位的"。

构造：Nbst=$_{Df}$(ε̌|Aq|ε)|≻stelle

意译：如果一个位置类的性质类与另一个位置类的性质类是相

---

① 分别表示视野位置、同位，邻近位置。——译者

似的，我们就称这两个位置类是彼此"邻近的位置"。

实在论的事实：两个视觉性质是彼此相似的，当且仅当它们属于同一视野位置或邻近视野位置（参阅第 89 节）。

注释：邻近位置的（Nbst）次序即是视野。

定理（L_5）：2Dzhomum Nbst（经验的）。

意译：基于 Nbst（确切地说是基于 Nbst 决定的接近关系）的位置次序具有同质的维数 2；也就是说，视野是二维的。

定理 5 的虚拟的构造：A 可能根据他开列的 Nbst 的存在表确定 Nbst 次序的维数（这种可能性特别明显地表明了下面这个事实，即：维数不是一种空间的特性，而是一种纯关系理论的特性，是纯外延地被界定的）；A 就是这样从经验上发现这个维数等于 2。

第 118 节　颜色和颜色体（Glfarbnb，Glfarb，farbe，Nbfarb）[①]

构造：Glfarbnb$=_{Df}\hat{\alpha}\hat{\beta}\{(\exists\kappa, \lambda, \mu). \kappa$Nbst$\lambda.$

κNbst$\psi\mu. \lambda$Nbst$\psi\mu. \alpha\varepsilon\kappa. \beta\varepsilon\lambda. \mu \cap \overrightarrow{Aq}$'$\alpha$

$=\mu \cap \overrightarrow{Aq}$'$\beta\}$

Glfarb$=_{Df}$Glfarbnb$_{po}$

意译：1.（视官觉的）两个性质类 α，β 处于"邻近位置上的同色性"的关系（αGlfarbnbβ）中，如果 α 的位置和 β 的位置是邻近的

[①] 分别为邻近位置上的同色性、同色性、颜色类、邻近颜色的缩写。——译者

第一章 低等级：自我心理对象

位置，并且如果有一个位置 μ 与 α 和 β 的位置邻近，μ 与 α 相似的性质类和 μ 与 β 相似的性质类是相同的。2. Glfarbnb 链被称为"同色性"（Glfarb）。

实在论的事实：见第 90 节。

构造：farbe＝$_{Df}$Aeq'Glfarb

Nbfarb＝$_{Df}$(ẽ|Aq|ε)|﹥farbe

意译：1. 具有同色性（Glfarb）的抽象类被称为"颜色类"或简称为"颜色"。2. 如果一种颜色的一个性质类和另一种颜色的一个性质类是相似的，我们就称这两种颜色为"邻近的颜色"。

注释：邻近颜色（Nbfarb）的构造恰恰类似于邻近位置（Nbst）的构造（第 117 节）。一般地说，在视觉的性质类之区分为诸位置及其区分为诸颜色之间有某种类似，从而在位置类和颜色类，Glstell 和 Glfarb，Nbst 和 Nbfarb 之间有一种相互关联。但是构造公式只是指出第三对相互关联的序偶有一种类似，头两对序偶则没有。原因在于，同位性（Glstell）关系是从位置类推导出来的（第 117 节），相反，颜色类是从同色性（Glfarb）关系推导出来的。这两种次序在构造形式化上之所以有不同表现归根溯源在于，空间次序是一个个体化的原则，而颜色次序则否。就形式上说，这一点从下面这个事实就可以看出，即在一个经验中，两种不同的性质虽然可属于同一种颜色，却不能属于同一个位置。正是这种形式上的区别使我们有可能把两种次序在构造上分开（参阅第 88、91 节）。

邻近颜色（Nbfarb）的次序即是颜色体（参阅第 90 节）。

实在论的事实：见第 90 节。

定理（L6）：3Dzhomum Nbfarb（经验的）。

意译：基于 Nbfarb 的颜色次序具有同质的维数 3，也就是说，颜色体是三维的。
．．．．．．．．

第 119 节　定义和命题倒译的例子

构造理论包含下面这个论题：任何科学概念都是只能用基本关系来表达的类或关系。为使这个论题的意义直观易解，我们想提出一个表示官觉类（sinn）概念的表达式作为例子，这个表达式（除了逻辑常项之外）只含有基本关系的符号"Er"。首先，根据官觉类的构造定义（第 115 节），我们得一等式：

$$\text{sinn} = \text{Aeq`Aq}_{po} \tag{1}$$

由于任何定义都是一种代换规则，使我们随处可用定义项替换被定义项，因而我们在（1）中可用其定义项代换 Aq（第 114 节）。于是得到：

$$\text{sinn} = \text{Aeq`}(\hat{\alpha}\hat{\beta}\{\alpha,\beta\text{equal. } \alpha\uparrow\beta \subset \text{Ae}\})_{po} \tag{2}$$

在这里我们用定义项代换 qual，进而用定义项代换 ähnl，最后用定义项代换 Ae。于是得到下面的结果：

$$\text{sinn} = \text{Aeq`}(\hat{\alpha}\hat{\beta}\{\alpha,\beta \ \varepsilon \ \hat{\zeta}[\gamma]: \gamma \ \varepsilon \ \text{Sim`} \ [\text{Er}\cup\text{Ěr}\cup\text{Er}°]. \ \text{Nc`}[\zeta\cap\gamma] /$$
$$\text{Nc`}\zeta > 1/2. \supset.\zeta\subset\gamma:. \ [x]: x\sim\varepsilon\zeta. \supset. \ [\exists\delta]\delta\varepsilon\text{Sim`}[\text{Er}\cup\text{Ěr}\cup\text{Er}°] \ \alpha \subset \delta.$$
$$\chi\sim\varepsilon\delta)\cdot \alpha\uparrow\beta\supset\text{Er}\cup\text{Ěr}\cup\text{Er}°\})_{po} \tag{3}$$

按照这个表达式，官觉类与等号右边的表达式是等同的（即具有相同的逻辑值）；在这个表达式中，Er 是唯一的非逻辑常项（希腊字母和 x 代表变项，其他符号是逻辑常项）。

构造理论的第二个论题是说：一切科学命题归根结底都是关于

第一章 低等级：自我心理对象

基本关系的命题，确切地说，一切命题都可以在逻辑值（但非认识价值）保持不变的条件下被转换为一个（除逻辑常项之外）仅包含基本关系的命题。我们以关于颜色体三维性的定理（L6）为例可清楚地说明这个论题。我们可借助于 Nbfarb 的构造定义，通过代换将定理 6 转换为下面的句子：

$$3Dzhomum(\check{\varepsilon}|Aq|\varepsilon)|\!\!>\!\!farbe \qquad (4)$$

根据 farbe、Glfarb、Nbst、stelle、Fre、gesicht、slnn、Aq、qual、ähnl、Ae 的定义并按照一种形式上的简化，我们通过逐步的代换，最后从（4）得到下面表示定理 6 的形式，其中只有"Er"是非逻辑符号（Q、x 和希腊字母代表变项，其余的符号是逻辑常项）：

〔∃Q, ν〕.3Dzhomum〔$\check{\varepsilon}$|Q|ε〕>Aeq'{$\hat{\alpha}\hat{\beta}$〔∃κ, λ, μ〕.κ$\check{\varepsilon}$|Q|ελ·κ$\check{\varepsilon}$|Q|εμ. λ$\check{\varepsilon}$|Q|εμ. κ,λ,με$\hat{\check{\varepsilon}}${∃|ξ:〔∃ρ〕.eεν. ξ=ρ-s'(ν-〔ρ〕)}.αεκ. βελ. μ∩$\vec{Q}$'α=μ∩$\vec{Q}$'β)}$_{po}$.ν=Sim'(〔Fr∪|〕|>$\hat{\alpha}${〔∃μ〕. μεAeq'Q$_{po}$. Dzp〔5, μ, α, Umgr'Q〕}). Q=$\hat{\alpha}\hat{\beta}$(α, βε $\hat{\zeta}$ {〔γ〕: γεSim'〔Er∪Ěr∪Er°〕. No'〔ζ∩γ〕/Nc'ζ>1/2.⊃. ζ⊂γ:.〔x〕: x~εζ.⊃.〔∃δ〕. δεSim'(Er∪Ěr∪Er°). α⊂δ. x~εδ}. α↑β⊂Er∪Ěr∪Er°) \qquad (5)

（为使读者更易理解：ν=Sim'Fre,Q=Aq）

正如我们看到的，仅仅使用基本关系的表达式，即使对于这个还是低等级的命题来说，已经很复杂了。对于更高的等级来说，这种复杂性要大大增加，以至于最后实际上几乎不可能再进行倒译了。关于一切对象和命题都可还原为一个或很少几个基本关系这个论题最初极少令人信服，这也许是一个原因。人们说认识对象是异常丰富多样的；这个反驳诚然是对的，但是不能由此得出结论说，在一个狭小的基础上不可能构筑这个丰富多样的大厦，而只能说，这个建筑的结构必须十分的复杂,以便能够通过构造形式的多样性反映那种多样性,尽管建筑的砖石材料是简单的。

上述的倒译只应看作一些使人易于理解的例子。形式在细节上是否精确并不重要。因而我们接下去的思考将不再涉及此处已经假定的基本关系的数目(一个)和种类(Er)。上面所举的例子表明,当我们选择了基础时,如何可将关于颜色体三维性的经验命题表述为一个关于基本关系 Er 的某种纯形式的然而极其复杂的特性的命题。科学的一切经验命题都可以同样的方法被表达为关于基本关系的纯形式特性的命题;不论我们可能选择哪些基本关系和什么构造系统,情况都是如此。

第 120 节 先行的时间次序

构造的注释:我们把 Er_{po} 看作一种先行的、尚不完整和无严密序列的时间次序的关系。我们不拟引进代表这种关系的新符号。

意译:如果两个原初经验之间存在一个 Er 链,我们就称其一在先行的时间次序的意义上是"在时间上早于"另一个的。

实在论的事实:见第 87 节。

注释:完全的时间次序的关系必然是一种序列关系,即不仅像 Er_{po} 那样是传递的和不自反的,因而是不对称的,而且是有联贯性的(第 11 节)。Er_{po} 不是联贯性的,有一些原初经验的序偶,它们之间不存在任何方向的 Er 链。我们只能在后面借助于外间世界过程的规律性构造完全的时间序列。

第一章 低等级：自我心理对象

第 121 节 对象的推导关系

按照构造理论的主要论点，每个科学对象（或概念）都被纳入而切合于构造系统，在原则上是可能的。现在构造系统的每个对象都可以用一个仅包含基本关系为唯一非逻辑常项（第119节）的表达式来描述。我们若以一变项（例如R）代换此表达式中基本关系的符号"Er"，就得到了它的逻辑形式。我们把这个表达式和R的关系称为该对象的"推导关系"；同时也就是这种关系表达了对象是如何从基本关系推导出来的。

如果我们讨论的是一个在构造系统中作为类被构造的对象，例如k，那么我们就有一个表示k而仅含Er的表达式。这个表达式可缩写为Φ(Er)，于是k=Φ(Er)；其逻辑形式就是Φ(R)。这样，k的推导关系就是Φ(R)和R间的关系，因此（由于Φ(R)是一个可变类）：$\hat{\alpha}\hat{R}\{\alpha=\Phi(R)\}$。

如果一个对象，例如G，是作为关系被构造的，那么我们就有一个表达式Ψ(Er)，使得G=Ψ(Er)。于是G的推导关系就是：$\hat{Q}\hat{R}\{Q=\Psi(R)\}$。

在上述两个推导关系的表达式中，不再出现任何非逻辑常项。因此我们看到，任何对象的推导关系都是一个纯逻辑的概念。

例子：为简便计，我们且看一看较低等级的一个对象，即感觉道的类（官觉类，第115节）。我们在前面已经谈过仅含Er的官觉类（sinn）的表达式（第119节，[3]）。由此得出官觉类推导关系（以 Abl [sinn] 表示）的下述定义。

Abl(sinn)=$_{Df}\hat{\lambda}\hat{R}$ {λ=Aeq'(âβ̂{α, βεζ̂([γ]:γεSim'(R∪ŘU R°). Nc'(ζ∩γ)/Nc'ζ>1/2. ⊃. ζ⊂γ:[x]: x~εζ. ⊃. (∃δ).δεSim'(R∪ŘU R°). α⊂δ. x~εδ)·α↑β⊂ R∪ŘU R°)$_{po}$}

大家都知道，根据公理论，一个公理构造系统（例如一个几何系统）最初可作为一个逻辑的构造而得到。然后才以实在概念代换公理论的基本概念而成为一种关于实在的理论（例如一种物理几何学）。构造系统最初也可以非常类似的方式被构造为一个纯逻辑的系统，而其中的每个构造都被代之以相应的推导关系。以实在概念 Er（作为构造系统的唯一的基本概念）代换变项 R，我们才可能把这个纯逻辑系统变成为真正关于一切实在概念的构造系统。

第 122 节 上述构造只是一些例子

至此，我们将不再以详尽的形式（即以逻辑斯蒂语言提出构造定义并［部分地］翻译为其他语言）陈述构造。

在结束构造系统的第一部分时，我们想再一次明确地强调指出，对前面所讲的构造做内容上的规定并不属于本书的论题。本书所论只是关于一般构造系统而特别是具有此处所用的形式的构造系统之可能的主张，以及关于此处所述的方法之可应用性和富有成果的主张。在描述构造系统的末尾，我们将对这些主张的更详细的内容加以说明（第 156 节）。此处的具体构造本身旨在使人们更清楚地认识构造理论提出的任务并以例说明其方法。构造理论之实施有赖于实际科学的各个成果；如果被当作所提构造之基础的那些事实在科学上是站不住脚的，那么我们就必须用科学上代替它们的事实把它们替换掉，并以构造的语言表述这些事实，将其纳入构造系统。但是，一切科学命题都可翻译为一个构造系统内的命题，这一点仍
．．．．．．．．．．．．．．．．．．．．．．
然在原则上是颠扑不破的。

第二章 中间等级：物理对象

第 123 节 关于其他构造等级的表述

对其他构造等级，我们不是以严格的逻辑斯蒂的符号形式来表述，而只是给以提示性的意译。有时我们甚至跳过一些其中介环节极易从前后语境得到的构造，只把那些最重要的步骤列举出来。

下面一些构造都是按照第 94 节已经提示过的方法提出的。首先，我们要讨论三维物理空间的构造方法（第 124 节）并进行这种构造以及以此为依据的对视觉事物的构造（第 125—128 节）。对构造系统最重要的视觉事物，即"我的身体"（第 129 节），帮助我们对各种官觉做特征描述，从而使我们能够借此补足自我心理的领域（第 130—132 节）。然后我们要描述知觉世界的构造（第 133—135 节）以及与之不同的物理世界的构造（第 136 节）。最后，我们将讨论某些物理对象（人，表达关系；第 137 节及下节），它们是后面他人心理对象的构造所需要的。

第124节 构造物理空间的各种可能性

构造的下一个步骤,即从视野的二维次序过渡到视觉事物空间的三维次序,是构造系统的最重要步骤之一。关于如何进行这个构造的问题,人们曾作过各种解决的尝试;我们只提及其最重要者,并说明我们的看法与它们有分歧的理由。

参考文献 较早对这个问题做过详细讨论的唯一的作品是考夫曼的《内在论哲学》(莱比锡,1893年,第9—31页),但是我们不必对之做进一步的考察。格尔哈兹在"外间世界假定的数学核心"(载《自然科学》,1922年)一文中第一次利用数学的辅助手段比较详细地研究了从二维空间次序("现象图像")对三维空间次序("存在图像")的推导。我们的推导不同于这种推导,是因为我们并不假定也不从个别的样相构造一个不变的周围世界,而是把整个包含一切过程的四维的时空世界直接构造出来。

罗素在《我们关于外间世界的知识》、《物质的究极成分》、《感觉材料和物理学的关系》等著作中是把视觉事物作为其样相的类构造的,不仅是实在的被经验到的样相的类,而且是可能的样相的类。如果我们像罗素那样把这样的样相作为基本要素,这个方法就是可行的。既然我们是从更低的几个等级开始构造的,因此为了能够采取同样的方法,我们首先必须从我们的基本要素原初经验构造这些样相。但是,这对"未被看到的"样相来说，或者也许是不可能的，或者会有重大的困难。我们既然不是要构造个别的视觉事物，而是要一下子把整个视觉世界构造出来，因而我们宁可采取其他的方法。罗素的方法的优点是具有较大的逻辑简单性。我们的方法的优点则在于，第一，它使用了自我心理基础，罗素也认为这是一个值得努力追求的目标（参阅第64节）；第二，在我们的系统中，一个事物的未被感知的点和状态不是被推论出来的，而是被构造出来的；罗素也认为这种做法是值得追求的（见第1节前的题词和第3节；"感觉材料和物理学的关系"第157页及下页，第159页）。不过必须承认，我们对物理点和物理空间的构造方法还绝不是一种完全令人满意的解决。

与上面谈到的相似的理由也使我们不能遵循怀特海在"空间、时间与相对论"（1915年讲稿，载《思想的组织》，伦敦，1917年）、《自然知识原理研究》（剑桥，1919年）、《自然的概念》（剑桥，1920年）等著作中采用的方法。怀特海只是在事物之后才把空间和时间作为显现于事物相互作用上的那些关系的结构构造出来，并且特别强调，被人们经验到的不是空间的点也不是时间的点，而是广延，我们只能按照"外延抽象"的方法从这种广延去构造点。这种方法从方法论和内容上看无疑具有很大的优点。但是我们不能采用它，因为关于如何从官觉区域尤其是视野的位置关系构造三维的事物或四维的过程的问题还有一些无法克服的困难（怀特海也没有提出解决办法）。

对上述这个问题，还应注意彭加勒关于空间三维性的讨论（《科学与假设》、《科学的价值》、《最后的沉思》），贝克尔依据胡塞尔的思想对"空间性的构成阶段"的讨论；还有卡尔纳普在"空间的三维性和因果性"（《哲学年鉴》，Ⅳ，1924年）和雅可比在《关于实在的一般本体论》（第100页及以下诸页）中的讨论（后二者持这样一种观点，认为在所讨论的构造步骤上维数从二提高到三的目的是使我们有可能构造因果律）。

上述的研究是重要的，因为这些研究（不同于其他一些系统）毕竟承认并探讨了从二维次序向三维次序的过渡及其意义；然而它们在下面这个看法上都是错的，即认为必须把视野次序的二维性看作是原始性的。我自己在"空间的三维性和因果性"一文中也有这个错误。我们从构造理论已经认识到，这种二维次序，正如三维次序一样，必须被看作是派生的，因而就提出了它的构造问题。在第89节中我们已讨论过解决这个问题的一种尝试，并在第117节中将其描述为构造系统的一部分（亦请参阅第92节中讨论的其他一些解决的可能性）。

问题在于，在视觉事物的世界及其物理空间之先构造视觉空间是否适当或甚至是必要的。在心理学上，非欧几何的三维测量视觉空间（即球形空间）是介乎视野的二维次序和外间世界的欧氏几何三维次序之间的中间环节。但是，对于构造系统来说，略掉这一步骤可能是妥当的。因为插入这一步骤既不会使构造得到形式上的简化，而且在这个中间步骤上也不会有被认为是"实在的"对象。根据前面的考察，与认识过程的心理进展不相一致的这种简化，对于构造系统来说是允许的（参阅第100节）。（格尔哈兹和罗素在构造视觉事物的三维空间时也都跳过了视觉空间的中间步骤，见前文。）

第125节　空间－时间－世界

我们把n维的实数空间的点称为"世界点",就其用作后面分配安排的根据而言,它们是n维的数群。

有些世界点将被赋以颜色(以后也将被赋以其他感觉道的性质类或性质类的类),也就是说,世界点和颜色之间将被赋予这样一种一多关系,使得下面1—12的要求(第126节)能够尽可能地得到满足。

维数n不是在构造上被确定的;我们只是规定了n应当是可对之做所要求的分配安排的最小的数。从第3、第5两条要求和L5关于视野二维性的经验定理(第117节)可以推得:$n \geqq 3$;因而空间的维数(n-1)至少等于2。从视野上的事物的消失和再现(用实在论的语言说),可以推得:$n \geqq 4$,因而空间的维数至少等于3。最后,经验表明,对于n=4,构造是可行的,因而世界点次序的维数要确定为4,空间的维数要确定为3。

每个世界点的n个数构成一个有序集合;它们被称为这个集合的坐标,第一个数被称为它的时间坐标,其余的n-1个数被称为它的空间坐标。具有相同的时间坐标的世界点被称为"同时的"(绝对时间系统);所有彼此同时的世界点的类(即一个横断面t=常数)被称为"空间类"。

根据毕达哥拉斯的距离定义,欧氏几何的度量学在n维的数空间中是有效的。对"直线"、"平面"、"全等"、"角"等词都以通常的方法通过数的关系加以定义。因此,由于其简短和直观性,我们就使用了几何学语言。但是，必须注意，我们以此所指的总只是数之间亦即世界点的坐标之间的算术关系。因为"空间"（不是抽象数学意义上的而是真正现象意义上的空间）、"空间位置"、"空间形态"等等既没有被用作基本假定，而且至今没有被界定过；这些对象只是因此才被构造出来。在构造系统中，空间事物特有的性质虽然在经验上是外间世界的一个如此重要的特性，但是它像颜色、音调、情感等其余性质一样很少出现。因为构造系统仅涉及结构性的东西，在空间方面则仅涉及这个结构的形式特性。但是对构造系统来说并未因此而失掉任何一个可以认识的亦即可以概念把握的对象。因为按照构造理论的观点，非结构性的东西不可能成为科学命题的对象。此处所构造的空间虽然仅涉及结构性的东西，但是我们必须把它与所谓纯抽象几何学的"空间"区别开来，后者是在引进基本关系之前就被构造了的（第107节）。这种抽象空间在这里是作为已然构造了的东西被预设和应用，以便把真正意义的空间即物理空间构造出来；那种严格说来并非空间的次序结构被称为"空间"（或"抽象空间"）只是因为可将其应用于物理空间（亦请参阅第25节）。

第126节 颜色之被赋予世界点

颜色之被赋予世界点以及与此相联系的进一步的构造要进行得使下述的要求尽可能得到满足。幻觉、眼睛和中介物的障碍、身体的畸形和划伤等等（用实在论语言说）妨碍这些要求的彻底满足。在第127节中我们将以实在论的事实语言说明作为这各个要求或构造规定的经验事实。

1. 有一系列突出的世界点，我们称之为"视点"。它们构成这样一条连续的曲线，使得每一个 n-1 空间坐标都是时间坐标的一个单价的连续的函数。

2. 一个视点的"视线"是指那些从此视点出发与负时间方向成 γ 角的直线。

3. γ 是一常量，而且几乎等于直角。因此，我们可以把由这些视点出发的其空间类的半直线（横断面 $t=t_1$）作为具有时间坐标 t_1 的视点的视线。

4. 某些视点被安排得与原初经验一一对应，使得一个时间在后的经验（Er_{po}，参阅第 120 节）能对应于一个具有较大时间坐标的视点。

5. 我们尽可能地给一原初经验的每个视觉配置这样一条与之相应的视点的视线，使得（a）彼此间仅成一小角的那些视线属于具有邻近视野位置的感觉（Nbst，第 117 节），反之亦然；（b）被配置于不同原初经验中某两个位置的视感觉的视线序偶全都构成相等的角。

6. 视感觉的颜色被赋予相应视线的一个世界点。被如此占据的点我们称之为"从该视点所见的世界点"或简称为"已见的颜色点"。关于这些点在其视线上的位置之选择，参阅第 11 条要求。

7. 此外，如果考虑到第 8—10 条要求，我们将赋予每个其他世界一种颜色。这些世界点被称为"未见的颜色点"。在每一束视线的点的范围内（按第 3 条要求，这几乎等于说，在每个空间类的点的范围内），它们最多不过构成一个二维的区域，通常是连接的平面。

8. 一个未见的颜色点可能并不位于一个视点和一个已见的颜

色点之间的一段视线上。

9. 根据第7条要求，颜色之被赋予未见的颜色点是这样进行的，使得每个已见的颜色点都属于一条"世界线"。一条世界线是一条连续的曲线或曲线弧，正是它的一个世界点属于某一间隔内时间坐标的每个值，而且这个世界点是已见的颜色点或未见的颜色点。在这个间隔之内，弧的每个空间坐标都是时间坐标的一个单值的连续的函数。

10. 考虑到已见的颜色点的颜色，我们对根据第7条要求赋予未见的颜色点的颜色暂且做这样的选择，以使作为时间函数的一条世界线上的点的颜色表现出尽可能小的变率，即尽可能保持恒定。

11. 除了第8条要求之外，现在还有以下一些要求规定了世界线的位置，对于在其视线上的已见和未见的颜色点（根据第6条要求）也必须按照这些要求相应地做出选择：

（a）世界线的曲度应当尽可能的小；

（b）世界线与时间方向之间的角应当尽可能的小；

（c）两条世界线如果贯穿一对或更多相互邻近的所见颜色点序偶，在别处也应当尽可能是邻近的，尤其在时间的间隙；

（d）世界线的一个集合，如果在一段或几段时间中构成一空间上连续的平行束，在其他时间尤其是在这些时间的间隙也应当尽可能如此。

12. 我们在后面对这种分派还会有所补充或纠正；参阅第135节（通过类比对部分观察到的事物或过程做了补充说明）和第144节（利用他人的观察）。但是，对于此前提出的这些要求我们仍须尽最大的可能予以满足。

第127节　用实在论语言表述的事实

上述要求规定了如何将颜色赋予世界点，为了更易于理解，我们现在用实在论的语言把作为这些要求之根据的事实再陈述一下。

1. 在我的头脑内部有一个点，世界似乎就是从这个点为我所见的，这个点在空间-时间-世界中有一连续的曲线为其世界线。（构造无须考虑双目镜的视力，因为对深度的规定另有一种充分的而且更精确的根据。）

2. 眼和所见物之间的光学介质通常可被看作是同质的。根据这个假定，射到眼上的光线形成直线，这些直线以负时间方向包括角 arc tgc（c 表示光速）。

3. 光速 c 是常量而且极大。光线因此近似于当下空间的直线。

4. 每个视知觉都建立在从一个视点出发的观察上。

5.（a）反映在互相邻近的视野位置上的永远只是其视线与眼仅成一小角的外间世界的点；

（b）相同的视角永远属于某一视野位置的序偶。

6. 从一视感觉我们必可推知，位于相应视线上的一个外间世界的点具有此视感觉的颜色。

7. 在某一时间，外间世界的许多点都有一种颜色，但是当时它们并不为人所见。这些可见而尚未（被我）见的世界点大多是身体表面的点。

8. 外间世界的一个可见的有色的点在某个时间未被我所见，在这个时间它就不可能位于一个已见的点之前。

9. 对于外间世界的一个一度曾为人所见的点，在没有任何其他反对意见可说的限度内，我们应当推想，它在此前和此后也在那儿存在；它的位置构成一条连续的世界线。

10. 在没有任何反对意见的限度内，我们将推想，外间世界的每个点在其他时间也具有他一度所见的颜色或与之尽可能相似的颜色。

11. 关于点的运动，特别是当其不为人所见时的运动，我们是根据下列规则进行推想的：

（a）不假定运动速度或方向的改变大于观察的需要；因而，如果没有相反的理由，我们将假定惯性运动（方向和速度不变）；

（b）不假定速度大于观察的需要；因而，如果没有相反的理由，我们将假定静止；

（c）如果我们有一次或多次看到两个点是紧相邻接的，那么我们将推想，它们在这期间也总是紧相邻接的；

（d）根据观察，如果好些点运动着犹如一片连接的平面，那么我们将推想，在无人观察的时候，它们也是同样动作的。

12. 从观察到的东西推论出未观察到的东西，最初很少、后来才较多是（例如）通过重新认出一个已部分被见的事物（第135节）、通过基于一自然律的推论（第135节）、通过他人观察之助（第144节）进行的。

第128节　视觉的事物

如果在按照上述规定（第126、127节）构造的一束世界线中，邻近关系至少在一段较长的时间大致保持不变,那么其所属的世界点就被称为一个"视觉的事物"。如果除邻近关系之外度量关系也保持恒定,那么这个事物就被称为"坚固的"。一个视觉事物与一空间类的交叉被称为这个事物的"状态"。(首先构造事物状态,然后再把事物作为相互关联的"类同一的"事物状态的类构造出来,这样做也许更恰当;不过此处我们不去研究这个问题。)

我们把同一世界线的两个世界点称为"类同一的";同样地,同一事物的两种状态也是类同一的。

从一视点所见的一事物的世界点的类,我们称之为被配置以这个视点的那个原初经验中事物的"已见部分"。因为从一视点所见的点与这个视点近似于是同时的,所以就其基本近似而言我们可以将一事物的已见部分看作一事物状态的一个子类。

一个原初经验中与某个事物的已见的点相应的那些视感觉的类,我们称之为这个经验中事物的"样相"。因此,一个事物的"已见部分",即大致是这个事物的部分状态,与这个事物的样相是一致的。

参考文献 关于类同一性的概念(这个词来自列文),参阅列文的"时间的发生次序"(载《物理学杂志》,XIII,1923年,第62—81页),罗素的《我们关于外间世界的知识》(第108页及以下诸页)。亦请参阅本书第159节,尤其是关于必须区别类同一性和同一性的论述。

第 129 节 "我的身体"

有某个满足下述条件的视觉事物 L。我们可以根据这些规定，甚至仅根据其相当一部分规定对它的特征做出明确的构造的描述。这个视觉事物被称为"我的身体"。

1. L 的每一状态都是与相应的视点非常接近的。

2. 不仅从一视点所见的 L 的部分是一敞开的平面（其他事物也是如此），而且 L 的每一整个状态也是一敞开的平面。

3. L 的各世界线或其相互连接的区域与某一官觉类（其特征可以"触官觉"[①]表示）的性质（或性质类）是这样配置的，使得在接触到另一视觉事物的世界线或 L 的另一部分的世界线时该触官觉性质就同时在经验中出现。

4. L 的某些运动以类似的方式与另一官觉类的性质相配置，这个官觉类的特征因而被表示为"动官觉"。

5. 在 L 的基础上，我们在后面有可能对其余的官觉类做结构的特征描述（第 131 节）。

上述构造规定乃基于下列的经验事实（用实在论的语言表达）：

1. 我的身体永远邻近我的眼睛。

2. 一个物体的整个表面不可能同时全被看到；因此一个物体的表面一度被看到的部分绝不是一个封闭的平面。但是有些物体的

[①] 原文为"Drucksinn"，意为"压感"，实即触官觉，英文本即译为"tactile sense"（触官觉）。此处亦译为"触官觉"。——译者

整个表面都是可见的,因此可见的平面是一个封闭的平面。反之,就我的身体说,即使完全可见的平面也是一个敞开的平面,因为其表面的某些部分,例如眼和背,是看不见的。

3. 触官觉的性质(或定位符号)与我的身体表面的位置如此相互对应,使得皮肤上相应的部位如被另一物体或我的身体的另一部分所触碰,就会有某种性质的触感觉被经验到。

4. 动感觉的性质与我的身体运动的一定种类是互相对应的。

5. 其余的官觉以某种方式与我的身体的某些部分即感觉器官相联系。

参考文献 关于"我的身体"的构造问题,由于具有特殊的认识论的意义,曾屡次被加以研究,例如,可参阅考夫曼的《内在论哲学》,第39—54页;齐恩的《以生理学和物理学为基础的认识论》,第58、277、445页及以下诸页;杜里舒的《秩序论》,第354页及以下诸页。

第130节 触觉视觉的事物

我们在前面已赋予某些世界点即视觉性质类的类以颜色;现在我们对触官觉的性质类或者说对某些这种类的类即其定位符号相一致的那些类同样要这样做,不过方式略有不同。正如我们在前面区别了已见的和未见的颜色点一样,现在我们也要把已接触的和未接触的触觉点区别开来。已接触的触觉点的位置较之已见的颜色点的位置可被更精确地确定;因为这些触觉点接触到我的身体中相当的部分，假定我的身体的空间位置已定，那么我们在这里也就无须确定任何距离或深度。在大部分情形中，触觉点也就是颜色点，有些是已见的，有些是未见的。在许多情况下我们由此可更精确地确定颜色点的世界线位置。但是有时触觉点并不就是颜色点。在这种情况下，新的世界线是由它们决定的。在一些情况下，颜色点的世界线只有同这些纯粹触觉点的世界线一起才能成为一个触觉视觉事物的封闭的表面。例如，对于最重要的触觉视觉事物，即我的身体来说，情况正是这样。我的身体表面的很大一部分是由只包含触觉点而不包含任何颜色点的那些世界线构成的；因此我的身体只有通过被赋以触官觉性质才能成为一个完全封闭的事物。

参考文献 最初世界点只被赋以视觉性质（颜色），关于触觉性质之被赋予世界点的问题以及进而还有其他官觉性质之被赋予的问题（第133节）也可以表述为不同"官觉空间"相互配置问题。对这个问题的研究有彭加勒的《科学的价值》、石里克的《现代物理学上的空间和时间》（第95页及以下诸页论契合法）和雅可比的《关于实在的一般本体论》。

第131节 其余官觉的特征描述

在我的身体作为完全的事物即触觉视觉的事物被构造之后，我们可以根据需要就其形状或相互位置对其各个部分的特征加以描述；所有空间的形状和位置关系都可以借助于被构造的空间坐标来表达。因此，"感觉器官"作为对进一步的构造最为重要的身体部分，其特征也可以作构造的描述。由于这些器官中发生的过程与某些官觉有特殊的关联，因而我们对这些官觉各自的特征可加以描述。例如，在耳、鼻、舌等通过空间的规定从身体的其余部分区别出来之后，对听觉、嗅觉、味觉等等就可以根据下面的事实而描述其特征，即相应的感官一旦被周围环境所阻隔，这些官觉类的性质类通常就不会出现。

就痛觉、冷觉、热觉而言，其感官即皮肤与前已述及的触觉的感官（第129节）是一致的。对这些官觉做构造的特征描述可有不同的方法，例如，通过与刺激过程的配置。痛觉的性质常常与触觉的某些性质（即强度很大的那些触觉性质）同时发生。冷觉热觉等等的特征则在于，在某些过程中，常常是掠过了其中一种官觉的一串性质，随后又掠过另一官觉的一串性质，或者一种官觉的大部分性质排斥另一官觉的大部分性质居于感官的同一部位。

因此，我们最后总以这样或那样的方法把所有各种官觉类析别开来、构造出来。正如前面谈过的（第76、85节），情感界也被误算入官觉类之内。按照第85节对官觉类构造的解释，如果除了感官感觉和情感之外还有一个特殊种类的心理的东西（例如意志），它们不能还原为感觉或情感，那么各种这样心理的东西因此也构成一个官觉类。对于这些官觉类，我们可以通过其与别的官觉类的某种配置（例如，如果有意志这样一种特殊种类的东西的话，我们就可考虑其与动觉的配置）或者通过其与身体过程的配置（例如情感和表达活动的配置）而给以特征描述。

对各个官觉做了特征描述之后，我们现在就可能构造表现在性质类中的那些性质的各个组分了。所谓"组分"是指音调、音强、音色；色调、饱和度、亮度；一般是指：性质（狭义）和各种意义上的强度，在皮肤感觉上也指定位符号；此外还指情感的（也许是三个）定向组分，等等。这些组分作为有关的感觉道的性质类的类，其构造之所以可能多半是通过与这样一些外部过程的关联，这各个组分常常是与这些过程的一定的值或一定的变化平行发生的。根据迄今已有的构造，这样一些外部过程大部分已经可在构造上加以表述了；在下面构造了知觉的事物之后，我们会有更进一步构造这些外部过程的可能（第134节）。

第132节 自我心理的领域

在前面我们把原初经验分成个别成分即感觉和一般成分即性质（第93、116节）。此前进行的构造曾把这些成分划分为一些主要的区域（一些官觉类），并析解为一些组分（主要是狭义的性质、强度、定位符号）。其次，在其主要的区域内，它们被安排了性质的而部分也是空间的次序。原初经验本身最初被带入一种先行的时间次序（Er_{po}，第120节），然后借助于视觉世界中视点的时间坐标（第126节）被安排在一个完全的时间序列中。

这样做了次序安排的原初经验本身，其成分和组分以及由之构造出来的复杂物，构成"自我意识的对象域"或"我的意识"。这个领域是自我心理东西的领域的基础。如果再加上"无意识的"对象，这个领域就补全了。根据有意识的对象来构造无意识的对象类似于根据已见的颜色点来构造未见的颜色点（第126节）。在前者我们是对世界点即四重坐标做出分派；在后者我们只是对时间点亦即时间坐标的各个值进行分派。通过先前对已见物的构造，即通过视点的媒介，我们将一个原初经验赋予某些时间点。现在我们将一般经验成分即性质类并进而将这些性质的组分和由之构成的复合物也赋予无任何视点和原初经验与之对应的那些居间的时间点。构造理论的方法论原则要求，所有这些"无意识的"东西都要由迄已构造了的东西即"有意识的"东西构造出来；但是，我们也可以不同于构造有意识的东西的方法从原初经验成分及其组分把无意识的东西构造出来。

无意识对象的构造旨在把自我心理对象的领域构造成这样一个领域，在这里有比在有意识对象那一部分领域中更完全的规律性起作用。这种构造形式与物理世界的构造形式，尤其是与后面要谈到的根据类比进行补充的方法（第135节），有某种相似之处：在这里也有保持状态同一和过程同一（在一定意义上可以说是一个心理学的实体范畴和一个心理学的因果性范畴）的倾向。但是这里有一个显著的特征，即：与物理世界尤其是物理学世界相反，在心理对象的领域中，不仅不能精确地得到一种普遍的规律性，甚至一种接近的近似值也达不到；某些过程（即知觉）总是突如其来的，并不是由在先的过程引起的。

我们在这里不能细述构造的对象形式。对物理世界的构造（或认识的综合）在前科学思维中已达到近乎完善的地步，与此不同，对自我心理领域的构造（除去一些微不足道的开端工作之外）只是在有了科学而且是一门尚处于早期发展阶段的科学即心理学才出现的。因此，这种构造还做得远不完善就可以理解了。在这门科学上，人们对于应当遵循什么基本原则还没有一致的意见；至于大部分的

第二章 中间等级：物理对象

构造，即通过补进无意识的东西而使前后关联臻于完善的做法，人们甚至对是否要这样做、这样做是否恰当和可否允许的问题都意见不一。关于其恰当性的问题要由心理学的研究来决定，也许在不久的将来可望得到解决。反之，关于对无意识的东西进行构造在方法论上（逻辑上或认识论上）是否允许这个颇多争论的问题，根据构造理论，则应断然给以肯定的回答。因为无意识的东西的构造与未见的颜色点由已见的颜色点进行构造是完全类似的；而对于后一构造之可以容许是没有人表示异议的，甚至也没有人提出疑问的。根据这种类似，我们也很容易认识到，对这样一些也含有并不直接出现于经验中的对象的补充领域的构造不过是对直接出现的对象做一种适当的重新安排。对无意识的心理的东西这个概念的拒绝也许更多地是针对断定其实在性的主张而不是反对设定这种对象。但是由于无意识的心理的东西类似于未见的颜色点和知觉世界中所有未被感知的点，所以即使这种疑虑也是站不住的（后面我们将更详细地讨论实在性问题，见第170节以下几节）。

我们谈论"物理事物"的"状态"，我们以同样的方式习惯于把作为自我心理的东西被安排在一个别时间点上的东西（无论仅仅是一个原初经验及其［准］成分，还是一个被补充以无意识东西的经验或单独无意识的东西）看作一个持存的载体、一个可说是心理事物的"状态"。从这种认识的综合与物理事物的综合的类似可见，我们通常并不称之为"心理事物"而称之为"我"或"我的灵魂"的这个载体必须作为自我心理状态的类被构造出来。在这里我们必须特别注意常常提到的这个情况，即：一个类并不是其分子的聚合（第37节），而是一个使我们有可能对诸分子共有的东西做出陈述的准对象。这样,最初还可以理解的对这个构造定义的疑虑就证明是没有根据的了。构造定义只应表现"自我"中结构性的有序的东西,这是唯一可以理性把握的东西。反之,关于是否有一个作为"自我"的最后不可分解的统一体为一切自我心理状态之基础,这个问题不是一个次序问题,而是一个本质问题;因而这个问题之提出与回答不属于构造系统,而属于形而上学(参阅第163节)。

第133节 其他官觉性质的赋予

到目前为止,我们赋予某些世界点的只是视官觉和触官觉的性质(第126、130节)。现在我们对其余的官觉也逐个做了特征描述(第130节),因而我们也可将它们的性质或类赋予世界点。不过,根据现实生活的认识综合活动,我们进行构造时所赋予的并不是所有的性质,而只是以适当的方式加以分派的那些性质,因此,例如,赋予一(视觉)世界线的各个点不会使这些被赋予的性质在时间过程中产生太多的变化。因此,例如,对味官觉的性质的分派是可能的:如果把"甜"的性质赋予一块糖的某一状态,那么这种赋予就可以从"已尝味的点"扩及世界线上"未尝味的点"(类似于已见的点和未见的点,第126节),在这里不会因为把不同的味觉性质赋予同一世界线的点而出现频繁的矛盾。嗅官觉性质的赋予也是以类似的方式顺利进行的。对听官觉来说,赋予则不是这样简单地进行的:我们不能把一度在一个事物那里听到的声音简单地总是继续赋予这个事物,否则我们就会因此而频繁陷入矛盾。某些官觉(例如平衡觉、动觉、机体觉)的性质很难或根本不能被赋予某些世界线或世界线束,亦即视觉事物。

不过,在可赋予的和不可赋予的官觉性质之间不存在任何截然分明的界限。例如,我们来考察一下情感,或许还考察一下意志(如果我们设定意志为一独立的性质区,即一种"官觉",但并不断定这种设定是必然的或仅仅是可能的,参阅第85节)。在科学之外,在日常生活中,人们把情感性质或意志性质也赋予外间世界的事物,这同我们经过科学训练的思维是相距甚远的。然而,我们必须认为,反对把情感和意志的性质赋予外界事物只是一种抽象过程的结果,从一开头就是站不住脚的。在儿童缺乏批判力的观念中,苹果不仅是"略带酸味的",而且是"好吃的",他肯定"吃了之后还想吃";但由此可见,被赋予苹果的不仅是一种味觉性质,而且是一种情感性质,乃至于一种意志性质。与此类似,我们说一座树林是"忧郁的",一封信是"悲痛的",一件大衣是"傲慢的"。(但是这些对象绝不能根据一种移情作用而被视为主体,而是要被看作具有所说的那些特性的客体。)我们必须承认这种赋予是完全合理的;因为正如糖由于能引起人对相应的性质的一种味感觉而应被称为甜的,我们也应称一支曲子为"快活的",一封信为"悲痛的",一种行为为"令人气愤的",因为这些相应的情感就是这些对象引起的;还有,我们说一只苹果看起来"诱人渴欲一尝",一张脸似乎"惹人要给他一巴掌",一片喧哗之声"使人避之唯恐不及",因为这些对象引起了相应种类的意欲。一般地说,情感性质和意志性质之被赋予外界对象随着概念思维的发展是逐渐减少了的,这大概不会是因为这些性质在同一事物那里发生了剧烈的暂时变化(因为在这里发生的变化经常要比在例如热觉、冷觉和嗅觉那里发生的变化小），而是由于后来（在构造主体间世界时）不同的主体对事物性质的分派之间产生了矛盾之故。根据这些考虑，下面这个假定可能是对的，即：情感（和意志，如果它们构成一个独立的领域的话）与感官感觉（通常狭义的感觉）从根本上说完全处于同一等级，只是由于不同的主体对同一对象在情感、意志方面有愈见剧烈的变异，人们才习惯于不把它们看作应归诸外间世界的性质，而认为它们以特殊的方式属于我们的"内心世界"。但是，反对把情感、意志的性质用之于感觉事物也完全是站不住脚的；前面我们曾谈到儿童的思维、抒情诗的世界也常有类似的情形。

我们这里谈的只是一种程度的差异，从下面这个情况也可以明白看到，在科学发展过程中，味觉和嗅觉的性质也不被赋予外界事物了，最后甚至连触觉和视觉的性质也不再归诸事物了。这是下面这个认识的必然结果，即：这些感觉道的性质之被赋予事物在不同主体那里是各有不同的，因而不可能以单一而不相抵牾的方式去做。换言之，知觉世界的概念构成（以及随后进行的构造）只有一种暂时的有效性；随着知识（或构造）的进展，它必须让位于一个极其明确然而不具任何性质的物理学世界（见第 136 节）。

第 134 节 知觉的事物

以上述方式被赋以其余官觉性质者几乎无例外地都是触觉视觉事物的点。在做了这种赋予之后，我们就称这些事物为"知觉的事物"。整个的时空世界及其各个世界点之被赋以官觉性质，我们称之为"知觉世界"。

正如前面看到的，我们已经可用其空间形状和位置关系把我的身体的各个部分作为视觉事物加以特征描述（第131节），那么现在我们就可以在最广大的范围上把各个对象或对象种类作为知觉的事物分别予以特征描述。这样，我们就可以据此进而对个别的颜色、个别的气味等等（例如，作为树叶的颜色的绿，如此等等）做构造性的特征描述。正如我们从语言史看到的，这种构造与代表各个感觉性质的概念和语词的实际形成过程是同时进行的。在此处和其他一些地方，自我心理东西的构造都借助于更高等级的构造而得到补充完善；不过对其他地方自我心理东西的构造及其补充问题我们不可能再详加讨论。

第135节　通过类比使知觉世界完善化

如果在两个时空领域中有很大一部分被赋予的官觉性质是一致的，而在一个时空领域的其余部分中某些官觉性质被赋予给这样一些点，另一时空领域中与它们相应的那些点却不具有被赋予它们的该官觉性质，那么我们在这里就是在从事类比的赋予。

照通常的看法，这种"根据类比进行赋予"的构造方法的使用按其余领域与很大一部分领域在时间或空间方向上的联系具有完全不同的外观。在第一种情形中，这种方法的意义大致可以这样表述（用实在论的语言）：如果一个已知过程的时间较长的一部分以相同的或相似的方式重复，而在其余时间这个过程则未被观察到，那么我们就假定（如果没有其他推论与之矛盾的话），这第二个过程在其未被观察到的时间中是以一种与第一个过程类似的方式进行的；

或者简言之，这两个过程可相互类比。第二种情形是在空间方向上完善化的情形，我们可以将这种方法的意义大致表述（用实在论的语言）如下：如果一曾被知觉的事物的一个空间部分以相同的或相似的方式又被知觉到，而其余的空间领域仍未被观察到，那么我们就假定（如果没有其他推论与之矛盾的话），在未被观察到的空间部分中，有一个与第一个事物的相应部分类似的事物部分；或者简言之，这两个事物可相互类比。

这种方法的两种使用方式前面已出现过，在那里我们讨论了用未见的颜色点补充已见的颜色点以达到世界线（第一种使用方式见第126节规则10和规则11的c、d；第二种使用方式见规则11的c、d）；同样，已触的触觉点被补充以未触的触觉点（第130节）。

在某种意义上，根据类比进行赋予的方法的第一种使用方式可以看作实施一种因果性设准，第二种使用方式可被看作实施一种实体设准。或者也可以反过来说：因果性和实体性这两个范畴意指将同一类比构造应用于不同的坐标。

仅就颜色点来说，使用这种方法已经相当完善地赋予它们以性质。这样，通过各种不同官觉的相互补助，这种赋予会得到进一步的补充。通过这样的补充，我们对事物及其过程的规律又会有新的或更精确的认识，于是进一步的补充又借此而成为可能了；因此，一方面是对适用于事物和事件的一般规律的认识，另一方面是对知觉世界点的性质赋予之补充，这二者是互相促进的。

第 136 节　物理学的世界

我们必须把物理学的世界与通过官觉性质的赋予而构造出来的知觉世界区别开来，在物理学世界中，四维的数量空间被赋予以纯粹的数值，即"物理状态值"。这种构造的目的是要设置一个根据可数学地把握的规律来确定的领域。这些规律必须是可以数学把握的，这样我们才能借助于这些规律从其他一些规定计算出某些规定，这些规定是被那些其他规定所决定的。构造物理学世界之所以必要还基于下面这个情况，即：只有物理学世界而非知觉世界（参阅第 132 节的结尾一段文字）才使明确而无矛盾的主体间化成为可能（第 146—149 节）。

物理学如果要建立一个普遍规律性的领域，必须消除性质而代之以纯粹的数量，这一点并不是从一开始就不言自明的。与此相反的观点（例如歌德在其"颜色学说"的论战部分就是坚持这种观点而十分尖锐地反对牛顿的）主张人们必须停留在官觉性质的领域之内，但又必须探明存在于官觉性质之间的规律性。因此这就等于说我们应当在我们称为知觉世界的那个领域中去找出规律性。物理学的自然律之类的规律对那个领域无疑是不适用的。但是，我们可以指出，如果对有规律的物理学世界的构造完全是可能的，那么无论如何必须有规律性存在，当然是比物理学规律具有更复杂形式的规律性。不过在这里我们不可能详细地讨论这个问题。为了达到一个具有普遍规律性和可计算性的领域，一个简便得多的方法无论如何就是把物理学世界作为一个纯数量世界构造出来。

为了构造物理学世界，究竟应该选择哪些物理状态值，这个问题还不能由上面所说的这种构造的目的加以明确的规定，至少在目前物理学知识的状况下还不可能。我们可以多种方式进行选择。由此得到的各种不同的物理学体系，以经验来衡量，是彼此平等、可同时并存的；但是，我们或许总有一天会对它们做出一个明确的判定（这种判定虽然要诉诸经验，但是须以方法论的原则，例如最大简化的原则，为指导）。

对自然律的表述也有赖于对物理状态值和物理学系统的选择。虽然如此，根据自然律提出的判定的性质和程度并不取决于物理学系统而是由经验确定的。这就是说，一切物理状态值之被赋予一切世界点乃取决于一个与第一坐标（与时间相对应）成直角的三维横断面上那些点的物理状态值。

决定物理学世界之构造的除了它所达到的规律性之外，主要是物理学世界和知觉世界间的一种特殊的关系，我们想称之为"物理的－质的配置"。首先，这就是说，物理学的世界点与知觉世界的世界点是一一对应的（虽然物理学世界的度量制可能与知觉世界的不同，例如是广义相对论所要求的一种非欧几何的度量制）。于是在性质和状态值之间就有这样一种一多的相互配置，使得具有任何（纯数量的）结构的物理状态值如果被分派给一个物理学世界的点及其周围，那么我们总是可以将与此结构相应的性质也分派给与物理学世界点相应的知觉世界的世界点，或者至少可以做这种分派而不会陷入矛盾。但是反过来看，这种配置就不是这样单纯明确的了。一种性质之被赋予知觉世界的一个世界点并不决定与之相应的物理学世界点的周围被赋予以何种状态值结构，而只是决定这个结构必然属于它的那个类。当然，这种物理的－质的配置不可能避免知觉世界一般固有的不精确性。

参考文献 关于对各种可能的物理学系统进行判定的问题，参阅卡尔纳普的"论物理学的任务"（《康德研究》，XXVIII，1923年，第90—107页）；该文对物理的－质的配置问题亦有详细的论述。关于对物理学世界的判定的性质和程度，参阅卡尔纳普的"空间的三维性和因果性"（《哲学年鉴》，IV，1924年，第105—130页）。石里克（《现代物理学上的空间与时间》，第93页及下页）和卡尔纳普（《物理学概念的形成》，1926年）都曾指出，物理学世界是完全没有官觉性质的；卡尔纳普还对质的知觉世界转为量的物理学世界的理由做了说明（《物理学概念的形成》，第51页及以下诸页）。

第137节 生物学对象；人

在构造了物理学的世界之后，我们就可以分别对每个过程和每个事物的特征进行描述了，无论是通过指明其地点和时间加以描述，还是通过与其他过程和事物的关系或者被赋予的特性加以描述。前面我们假定我的身体的各个感官的特征是已被描述了的（第131节）；现在对我的身体的所有其他部分和过程，进而对与之有联系的其他各个物理的事物及其部分和过程做构造性的特征描述也是可能的了。因此我们就可以按其相一致的特性把这些物理的事物编入不同等级的类或整个类的系统。这样我们就得到了例如无机物和有机物，进而又得到各个无机和有机的对象以及整个生物、植物和动物的系统，乃至人造的东西。物理对象的全部领域就是如此构造出来的。

有机体的特征表现在发生于其身上的一些过程的特殊的特性或基于这些过程去进行构造的"能力"，例如新陈代谢、繁殖、调节作用等等。对于作为有机体之特征的这些特性此处无须详加讨论。重要的只在于，它们是物理的特性，亦即在构造了物理学世界之后，我们在这里可以假定它们为已被构造了的一些特性。有机体及其本质特性和关系以及只在有机体中才发生的过程，我们称之为"生物学的对象"。

经验表明，前面已构造的事物"我的身体"是属于有机体的，它首先是作为视觉事物（第129节）被构造的，然后通过进一步的性质赋予被纳入知觉世界。我的身体属于生物学上有机体分类的一个类，这个类被构造为"人"的类。要在构造上对这个类的特征做出描述，必须通过指明其分子究竟应在何种程度上与我的身体在大小、形状、运动及其他过程等等方面是一致的。在"我的身体"这个事物之外但也属于这个类的"其他的人"（作为物理的事物）构成一个对象种类，这个对象种类对于构造系统具有极其特殊的重要性。他人心理的构造（第140节）以及所有更高级的对象的构造都是与这个对象种类有联系的。

第138节 表达关系

我们在第129、131、137节中已经讨论了我的身体、它的部分、运动和与之有联系的其他过程的构造问题。至于所谓"我的身体"

是仅指最初得有此名的那个触觉视觉事物，还是指与触觉、视觉相应的那个物理的事物，相对说来这并不重要，因为进一步的构造所需要的那些过程，我们根据触觉和视觉的性质就足以表明它们的特征了。

"表达关系"对于后面他人心理对象的构造（第140节）具有根本的重要性。正如前面已解释过的，所谓表达关系是指表达活动，即面部表情、手势、身体动作乃至感官的过程，与"表达"在这些表达活动中同时的心理过程之间的关系。这个解释决不会是表达关系的构造性定义。它其实是一个循环定义。它只能指出已知的东西以便使人们更清楚地了解这个词。反之，表达关系的构造则在于，我们把一个物理过程的类作为"表达"配置于一个与我的身体的这个可感知的物理过程经常同时发生的自我心理过程的类。

我们也可以根据心物关系（第19、21节）而非表达关系来构造他人心理的东西，如果我们对心物关系已有确切的认识的话。在这种情况下，我们当以下述方式来构造这种关系，即：把我的神经中枢系统的某些物理过程的类同一个与这些物理过程经常同时发生的自我心理过程的类作"心理物理的"相互配置。

第三章 高等级：他人心理对象和精神对象

第139节 关于进一步的构造等级之表述

对于构造系统的更高的等级，我们只能满足于仅仅给出许多必要的提示，以使人们认识到根据前面进行的构造有可能将这些等级的对象构造出来。

首先，我们根据已作为物理事物被构造了的"其他的人"（第137节）身上的某些过程，借助于表达关系（第138节），把他人心理的对象构造出来（第140节）。然后其他人身上的某些过程又被看作是"符号给予"，我们就借此之助以构造"他人的世界"（第141—145节）。在迄已构造的世界即"我的世界"和这个"他人的世界"之间有某种相互配置，"主体间的世界"的构造就是以此为基础的（第146—149节）。最后，根据（自我或他人的）心理对象，我们有可能把最高等级的对象，即精神对象（第150节及下节）和价值（第152节），构造出来。在讨论了这些构造之后，我们还要探讨一下消除基本关系这构造系统中最后的非纯形式的要素的问题（第153—155节）。最后，我们把根据前面对构造系统的表述而提出的看法概括为一些论题（第156节），以区别于这个被表述的系统的具体内容,这种内容应当只有一种例证的性质。

第140节 他人心理的领域

我们在前面(第137节)已将"其他人"作为与我的身体有某些类似的那些有机体构造出来;因此他们是作为物理的事物被构造的。直到现在我们才着手去构造其他人的心理的东西,即"他人心理的东西"。这种构造就是根据在另一个人身上发生的物理过程,借助于先前构造的表达关系(第138节),把心理的过程赋予这个人。除了表达关系,我们还要利用"符号给予",即他人给我的信息(第141—144节)。

这里有两点值得特别注意。第一,对他人心理的东西的构造只能是对他人的身体而绝不是他的心灵的一种赋予,事实上他的心灵也只有根据对他的身体的这种赋予才可能被构造出来,因此,就构造而言,他的心灵对这个赋予来说还未存在;第二,这些被赋予他人身体的心理过程,由于恰恰相同的理由,也是自我心理的东西,这就是说,在这种赋予之前,还没有构造出不同于自我心理的其他心理的东西,也不可能构造出来,因为除了借助于这种赋予是不可能把它们构造出来的。

根据从原初经验得来的状态律(意即a类的原初经验常常与b类的原初经验同时出现)和过程律(意即a类的经验和经验成分及其序列常常有b类的经验和经验成分及其序列随之而来),我们还将对这种赋予加以补充,以便得到一个或多或少完全的他人的经验序列。因此,整个他人的经验序列不过是对我的经验及其成分的重新安排。不过，与我的经验不相一致的经验也可以对他人构造出来。但是，他人的新型经验的成分必须作为我的经验的成分出现，因为（用构造的语言说）除了原初经验和由之构造的东西即其准成分（在广义上也包括组分等等）之外没有任何可被赋予的东西，（用实在论的语言说）我也不可能从我在他人那里看到的表情变化推知按其种类说不为我所知的东西。

正如前面谈到的（第132节），如果我的经验或意识过程通过无意识过程的加入而补充成为一个完全的自我心理的领域，那么，这个领域就具有一种虽非独立的然而广泛适用的规律性。现在我们以极其相似的方式用"他人的无意识的过程"来补充经验序列或"他人的意识"，从而形成一个完全的"他人心理的东西"的领域。正如在形成自我心理领域的那种补充一样，我们在这里采用同样的起决定作用的规律。这个被如此构造的他人心理的东西，作为"他人的心理状态"的类，与"我心"相类似而被称为"他人的心"。"他人心理的东西"的全部领域包括所有其他人的心理的东西，这些其他人（即其身体）是作为物理的事物出现在被构造的物理学世界中的。

从上面对他人心理的东西的这种构造方式，我们可知：没有身体就没有他人心理的东西。因为（用构造的语言说）他人心理的东西只有以一身体为中介才能被构造出来，而且它是这样一个身体，其中出现某些与我的身体的过程相似的过程（表达活动）；（用实在论的语言说）他人心理的东西是要通过一个身体才能表现出来的，不与任何身体相联系的他人心理的东西是根本不可知的，因而不可能成为一个科学命题的对象（这里不去讨论心灵感应的问题；不过仔细的研究会表明，即使对他人心理的东西有一种心灵感应的知识，那也需要一个身体为其中介）。

假定我们有（现在还没有）足够的大脑生理学的知识（有了这种知识，心物关系的配置问题就会解决了，参阅第21节），那么我们借助于心物关系比借助于表达关系（连同符号给予）就可以更精确更完满地构造他人心理的东西了。如果他人的大脑过程作为物理学世界的一个部分被详尽地构造出来，那么我们就可以从这些过程把他人的意识的和无意识的东西都构造出来，亦即把他人的全部心理的东西一下子都构造出来。刚刚谈到的这些结论也是由于这种方式的构造而得以成立的。

参考文献 关于他人心理的东西的构造问题对于可知世界的构造具有很重要的意义，但是人们却很少把它作为一个课题提出来。至于为解决这个问题所做的尝试就更少了。我们能够特别提到的只有：考夫曼的《内在论哲学》（第106—121页）；丁格勒的《自然哲学基础》（第140页及以下诸页）；杜里舒的《秩序论》（第371页及以下诸页，并附有参考书目）；齐恩的《以生理学和物理学为基础的认识论》（第277页及以下诸页）；贝希尔的《精神科学与自然科学》（第119页及以下诸页，第285页及以下诸页）；雅可比的《关于实在的一般本体论》（第307页及以下诸页）。在这里提到的和其他的这类研究中，他人心理的东西大都是被推论出来而不是被构造出来的；只有在考夫曼和丁格勒那里是例外。这种推论意味着违反了罗素的"构造原则"（见第1节开头所引的题句和第3节），不过罗素本人并没有把构造原则应用于这个问题。关于他人心理的东西在认识论上还原于物理的东西的详细讨论，参阅卡尔纳普的《哲学上的似是而非问题。他人心理的东西和实在论的争论》。

关于行为主义不仅将他人心理的东西而且将一切心理的东西都还原为物理的东西，参阅本书59节。

第141节 符号给予

在作为物理事物的他人的身上，除了表达活动之外，还有其他一些物理过程，它们对于知识之扩大，因而对于构造系统之继续进行，都具有极其特殊的重要性。这就是提供符号的表达，主要是口头语和书面语；我们称之为"符号的给予"。这就使我们有可能广泛传布构造系统，增加几乎一切种类的可构造对象的数目。

我们在前面已经对符号关系做过解释，并强调了它和表达关系的区别（第19节）。符号关系的一个部分是"符号的给予"和符号的所指之间的关系。对这个关系的构造比至今所做的任何一种构造都更困难。诚然，我们可以提出一些规则，这些规则告诉我们如何通过对一种外国语言语音的出现和在说话人身上及其周围发生的过程进行比较来推知这些语音的意谓。但是，我们不可能一提出这些规则，就使得在这些语音最初出现时即可根据规则推知它们的意谓。毋宁说，我们只能指出，我们首先如何提出推想，又如何在这些语音频繁地出现之后或者否定这些推想，或者愈来愈证实它们，直至达到一种确实性。

为了得到符号给予关系的构造定义，我们必须将这样一些规则（关于认知符号给予的意谓的规则）翻译成构造的语言。因此这种

第三章　高等级：他人心理对象和精神对象

定义也要采取一种极其复杂的形式。首先，我们要规定，在一个他人身上发生的物理的过程，当随后的构造证明对它完全可行时，才被认为是符号的给予。这个构造本身也许表明，被看作一个他人的符号给予之所指的应当是这样一些对象，这些对象就其与这个符号给予的关系来说，按某种方法被赋以最大的重要性。符号给予的意谓愈是被认为很可靠，这些对象对于同一符号给予的重要性就愈是大于其余的对象。关于各种不同的对象就其与某一符号给予的关系而被赋以重要性的一些规则，我们在这里只能作一些提示。

这些规则的意思是说，例如，就其与某一符号给予的关系而被赋予一个物理事物的重要性在下面的条件下会增加，即：如果这个事物在符号给出时是靠近符号给予者的身体的；其次，如果它与符号给予者的感官有某种关系（即刺激关系）；再次，如果这个事物同符号给予者的靠近或对其感官的刺激虽不是在符号给出时，但是在此前不久；另外，如果这个事物是在运动着，或在改变其运动状态，或发生一个不连续的过程，或其物理特性在周围环境中显得异常突出，如此等等，那么它在符号给予上具有的重要性也会增加。举出这样一些简单的提示也就够了，仅仅这些提示就可以说明这类的规则是可能的。

根据上述的方法，符号的给予首先与物理的东西有关。正如上述规则所示，我们不仅把重要性赋予了物理的事物，而且赋予了一切种类的物理对象（过程、状态、特性、关系等等）。但是现在我们要根据类似的规则进而也把重要性（这总是就其与某一符号给予的关系而言的)分配给符号给予者的心理对象,而且是各个种类的心理对象(经验、成分、组分等等);更进而还要把重要性赋予包括其自我在内的他人的心理对象。在后面我们进行更高等级的构造之后,我们将把重要性也赋予由这些构造引入的对象,这种赋予要根据这些对象和符号给予者之间或远或近的联系而定。

重要性分配给对象,最重要的、当然也是最困难的恰恰在于(用实在论的语言说)从一个词的语境去理解这个词。就其与出现在一个句子中的某个词的关系来说,我们要给以愈来愈大的重要性的是那些与句中其他词所指对象有密切关系的对象(这种密切关系可能是由于它们属于同一对象种类,或在空间和时间上接近,或有某些特性是一致的,或被某件事情联系在一起,等等)。如果其他词的意谓还没有充分确定,那么我们就要按其重要性之大小为每个词都考虑几个对象。

第142节 他人的报道

上面指出的为解释某一个词而考虑其他词,这只是考虑语境的最初始的形式。一种更有成效的形式得自下面这种情况,即:语词组成语句,语句表示事实。组成一个完整的语句,因而表示一个事实的符号给予,我们称之为一个"报道"。(一个报道及其事实间的)报道关系要同(一个词和所指对象间的)符号给予关系一起被构造出来,因为这二者是相互关联和相互支持的。不过,报道关系的构造较之符号给予关系的构造尤为困难,因为它必须考虑各种可能的语句形式。

例子：为了指出这种构造大致具有什么形式，我们想援引一个尽可能简单的语句形式，即由前项、关系和后项三个词组成的句子（例如，"卡尔打弗里茨"）。报道关系的构造定义在这里大致要用下述的规定来表达，即：被看作一个报道的意谓的是对这个报道具有最大的全部重要性的那个事实。这个全部重要性是对某个报道有重要意义的事实的各个因素的函数（也许是它们的积）。为了确定这些因素，我们须提出一些特殊的规则，这些规则可能以下述的或类似的方式出现。一个事实涉及两个对象（上例中的卡尔和弗里茨）和它们之间的一种关系（打）。某个事实对于某个报道具有的全部分量的第一个因素是（按第141节的规则确定的）这个事实的第一个对象对于这个报道的第一个词（"卡尔"）具有的分量；第二个因素是这个事实的关系对于报道的第二个词（"打"）具有的分量；第三个因素是这个事实的第二个对象对于这个报道的第三个词（"弗里茨"）具有的分量。还有一个第四因素，对于这个报道具有的分量比上述三个因素大得多，我们也许可以下述的方式加以确定。当这个事实存在时（即上面所说的两个对象间的关系成立，在上例中，卡尔确实打了弗里茨），这个因素的分量最大；如果我们不知道这个事实是否存在，它的分量就小些；如果这个事实不存在，尽管至少第一个对象属于关系的前域，第二个对象属于关系的后域，那么第四因素的分量就更小些；如果这两个条件中只有一个被满足了，那么其分量还要更小；如果两个条件都没有被满足，不过这两个对象至少属于这种对象种类，或至少属于前域或后域的范围,那么分量还要更小;如此等等。

如果我们根据上述那类规则来估计的某一事实对于一个报道具有的全部分量超过了其余事实的全部分量,那么超过得愈多,这个报道的意谓就被认为愈是确实可靠。于是,根据由此确定的可靠性的程度,我们又可将已被发现的报道关系的相互配置应用于语词的符号给予关系,即报道的三个词的符号给予关系:如果在一个由报道与事实组成的序偶中,语词和对象在相互对应的位置上出现,那么这个序偶愈确实可靠,这个对象对于这个语词就获有愈大的分量,由此而被赋予对象的分量因素在确定其分量上就具有特别大的影响。"语境"对于确定一个词的意谓具有特别的价值就表现在这里。

第143节 直观的理解和函项的依存性

我们在前面已经谈过(第100节),构造并不描述实际认识过程的具体性质,而是要对其形式的结构做理性的重构。从构造的这个宗旨来看,是允许而且要求构造与实际的认识过程有所不同,而这种不同在上面讨论的情况下,即在使用表达活动、符号给予和报道时,尤为突出。一个儿童在学习去理解口语语词和语句的意谓时,是用联想的直观的方式,而不是(或极少)通过推理的思维。而且对他人表达活动的理解受直观方法的限制还要更大。在理解了一个句子之后,人们通常能够记得这个句子的各个成分,从这些成分的意谓推出整个句子的意谓,从而对直观的理解进行理性的检验。反之，在理解了他人面部表情的变化之后，人们在大部分情况下并不能确切清楚地回忆起那些个别的面部表情；对纯物理的事情的印象是转瞬即逝的，保存下来的基本上只有对已被理解的意谓的记忆。

现在符号给予或表达活动和其所指称或所表达的意谓之间有某种依存性，我们在构造中所要描述的就是这种依存性。在任何情况下这种依存性都是有的，无论我们对话语的理解是直观得到的还是理性把握的。这种依存性首先在于，对他人心理的东西的任何理解都以符号给予或表达活动的媒介为依据。但不仅如此，可理解的或已理解的内容的全部性质都取决于起媒介作用的话语的性质。换言之，他人心理的东西只有作为一个话语（表达活动或符号给予）的意谓才是可知的（甚至是可直观认知的）；一个话语的意谓是这个话语的物理性质的一个单值函项（数学意义上的而非心理学意义上的"函项"）。由于构造是陈述这个函项的，认识过程就绝不会被构造错误地描述即不会错误地把它当作一种理性推理的而非直观的过程来描述，甚至根本不会想象要以这种方式去重构认识过程。（后面这种情况只有在虚拟的构造语言中才会出现的，这种语言只能是一种附加的直观的辅助手段。）构造本身绝不陈述任何过程，而只是指出逻辑函项。

这些意见远不限于现下这个问题，而是普遍地适用于构造的意义的。为了简便和直观自明之故，我们在本章（第四部分第三章）中大多使用实在论的语言，这里我们要特别注意，即使在此处讨论的对象那里，构造本身（此处未做表述）也只具有逻辑函项的中立性质。

参考文献 我们对他人心理的东西的认知是通过移情作用或"统觉的补充作用"（B.埃尔德曼）产生的，关于对他人心理的东西的认知作认识论的逻辑的"辩护"或"合理证明"的必要性问题，参阅贝希尔的《精神科学和自然科学》，第285页及以下诸页。对于一般认识论的还原尤其是他人心理的东西之还原为物理的东西的意义，卡尔纳普在《哲学上的似是而非问题。他人心理的东西和实在论的争论》中有比较详细的分析。

第144节 利用他人的报道

在认识过程中，因而也在构造系统上，他人的报道是从两个不同的方面被利用的。首先我通过一个报告（假使它是可靠的）得知一个事实；其次我还知道，这个事实是他人所知道的。

我们先来考察一下对报道内容的利用。在利用一个报道之前，我们必须检验它的可靠性，这一方面是通过同或多或少已经确证了的事实及其相互关系的规律进行比较，另一方面是通过对报道者的可信性进行考察，其可信性的标准则是逐渐从经验获得的。我们在这里不打算详谈可信性的检验问题，而是假定已经对可靠的报道做了选择。

显而易见，对报道内容的利用会带来异常丰富的构造的可能性，更确切地说，是使各个领域的可构造的对象的数目多倍地增加。只有自我心理东西的领域扩充不大；相反，物理东西的领域则显著大增；他人心理东西的领域以及最后精神东西的领域的构造则几乎完全有赖于对报道的利用。对此这里无须详述。

我们要再一次注意下面这个事实，即：在构造系统的任何等级上，即使通过对他人报道的利用，都不会有任何新的要素进入系统，而只有对给定的要素的一种（当然是很复杂的）重新安排；重新安排带来的新的次序不是由某种处于所予之外的东西而是通过所予本身决定的，说得确切些，是由基本关系的存在表决定的。因而对他人报道的利用决不摒弃全部构造系统建立于其上的自我心理基础。但是，尽管如此，其他人并不是被构造成简单的机器，而是带有他们的一切经验内容，就此而言他们恰恰是（用实在论的语言说）可以认识的。构造理论的一个论点就是认为，构造系统虽然具有自我心理的基础，但是能够把关于任何对象的一切合法的命题都表达出来，更确切地说，能够把在一门实际科学中被认为可以成立或甚至只可作为问题被提出来的一切命题都表达出来（不包括形而上学命题）。

第145节 他人的世界

某个他人 M（根据第137节他是作为物理的事物被构造的）的经验是按照上面描述的方法，即借助于表达关系和报道关系被构造出来的。如果说他人的这种经验既不能像我的经验被给予我那样被构造得数目众多，也不能被构造得那样内容丰富，那么，尽管有这样的缺陷，我们还是可以把我们从构造系统一开头就用之于原初经验的同一些构造形式用之于他人的经验。更确切地说，先前利用基本关系 Er 进行的构造步骤，现在可以利用存在于 M 的经验之间的一种类似的关系 Er_M 来进行。因此，我们用 Er_M 替换 Er，将一个指示 M 的下标附于被定义符号（例如，qual$_M$、farb$_M$，等等），由此我们就把到目前为止得到的一切构造定义都变换了，从而提出了新的构造定义。"M 的对象"就是这样构造出来的，它们形成了"M 的世界"。

即使在这里自我心理基础也没有被摒弃：所有"M 的对象"毕竟还是一个构造系统的对象，因此归根结底要追溯到这个系统的基本对象，即追溯到原初经验（我的经验）间的一种关系。当然，在某种意义上，我们可以谈论"M 的构造系统"，但是，这不过是意指"这个"（或"我的"）构造系统的某个分支，这个构造系统到了较高的阶段就分成一些支系了。我们之所以能将这个分支也看作一个构造系统，只是因为它由于某种类似而再反映了整个构造系统；而它之所以被称为"M 的"构造系统，只是因为在"这个"（或"我的"）构造系统之内，它与 M 的身体有某种联系才被构造出来的。

第 146 节 主体间的相互配置

从上述构造"M 的世界"的方式，我们得知，在这个世界和"我的世界"之间有某种类似；更确切地说，在整个构造系统（S）和"M 的构造系统"（S$_M$）之间有某种类似。不过，S$_M$ 只是 S 内部的一个子系统；M 的世界是在我的世界之内被构造的，不能认为它是由 M 构造的，而是应当认为它是我为 M 构造的。

S 和 S$_M$ 之间的类似是一种虽然极其广泛但是并不完全的一致。首先，S 的几乎每一个构造在 S$_m$ 中都有一个相应的构造，与 S 的构造具有类似的定义形式，其符号都附有下标 M 可以识别。其次，相应的命题几乎毫无例外地也适用于相应地被构造的对象。对于时空世界构造之前的阶段来说尤其如此。但是，后来在构造物理的东西和他人心理的东西时，这种基于类似构造的简单的一致则不复存在了；然而却有一种新的一致代之而起。

如果说"我的身体"是以前面描述的方式（第129节）被构造的，而且首先是作为视觉的事物，然后作为物理的事物（用 ml 来表示）被构造的，那么，在 S_M 中则有一个对象 ml_M 即 M 的身体以类似的方式被构造出来（不是如物理的事物 M 亦即 M 的身体那样由我构造出来的，而是由 M 的经验构造出来的）。根据构造形式的类似，我们得知，ml 和 ml_M 在某些特性上是一致的，例如，二者都是物理的事物。但另一方面，它们在一些特性上又是不一致的。例如，如果 M 有一种与我不同的发色，那么我们由此对 ml 和 ml_M 就得出两个不相一致的命题。

S 之内其余的物理事物与 S_m 中相应的事物也是不一致的（因为与我的身体有某种空间关系的事物一般不会与 M 有同样的关系）。但是现在出现了一类新的一致：在 S 中的物理学世界和 S_M 中的物理学世界之间有一种一一对应的相互配置，使得存在于 S_M 的物理学世界点之间相同的时空关系和质的关系（即基于赋予而有的质的关系）也适用于 S 中相应的世界点。（根据后面要说明的理由）我们想把这种相互配置称为"主体间的相互配置"。S_M 中由于类似的构造而与 S 的一个对象 G 相对应的对象，我们用 G_M 来表示，而以 G^M 表示 S_M 中与对象 G 主体间相对应的对象。S 和 S_M 中主体间相互配置的两个对象代表（用实在论语言说）"同一个"对象，即它们是同一个对象，它有时被我所认知，别的时候，它

(就我所知)又为 M 所认知。

例子：第三个人 N 的身体在 S_M 中并不像在 S 中那样以类似的构造来描述其特征（因此我们决不能用 N_M 来表示它）；但是，在 S_M 中（在有利的条件下）有一个物理的事物，与 N 有主体间的对应关系，因此要用 N^M 来表示。N^M 代表 N 这个人一如其为 M 之所知。N^M 在 S_M 的物理学世界之内虽然可以与 N 在 S 中完全不同的方式在构造上加以特征描述，但是这两个对象却具有同样的物理学上的特性。在这种情况下，既然 S 中的 N 和 S_M 中的 N^M 都是作为"一个他人"被构造的，因而就构造形式来说就得出了某种一致。

S 和 S_M 中主体间相互配置的对象的构造形式尤其在以下两点上大有不同。首先，虽然 ml（我的身体）和 ml^M（M 所看到的我的身体）都是物理的事物，但是 ml^M 并不像 ml_M（M 自己所看到的他的身体）那样具有一种与 ml 类似的构造形式；因为 ml 在 S 中是以"我的身体"的形式被构造的，反之，ml^M 在 S_M 中则是以"他人身体"的形式被构造的。其次，情况恰好相反，M（我所看到的 M 的身体）和 M^M（M 自己看到的他的身体）虽然也都是物理的事物，但是除此而外它们的构造都是不同的。在 S_M 中没有一个对象是类似 M 那样构造出来的（因此没有一个对象要用 M_M 来表示）。(ml^M 的构造形式虽然与 M 的构造形式相似，但并不精确地类似)。在 S 中 M 是以"他人身体"的形式被构造的，而在 S_M 中 M^M 则是以"我的身体"的形式构造的（$M^M = ml_M$）。

第147节 主体间的相互配置适用于一切对象种类

主体间的相互配置不仅存在于物理对象之间，而且存在于心理对象之间。而且他人心理的对象也大都是与他人心理的对象相对应的。在 S 中被赋予一个他人身体 N 的他人心理的东西和在 S_M 中被赋予与 N 主体间对应的对象 N^M（亦即一个他人身体）的他人心理的东西是主体间相互对应的。而且 S 中 N 的心理的东西和 S_M 中 N^M 的心理的东西在质的状况上是一致的（一般就二者的构造是可行的和已行的而言）。

这里，在构造心理的东西时，主体间相互配置的对象在构造形式上的最大的区别又得自如下两点，这两点与刚才谈到的两点有联系，即在构造与 ml 和 M 相配置的那些心理的东西（即我的心理的东西和 M 的心理的东西）时我们谈到的那两点。

前已谈到，这种主体间的相互配置不适用于低级的构造，而只适用于从空间－时间－世界的构造开始的更高的构造等级，而对于较低的构造等级我们则只是指出构造的对应性。但是，在最初为物理学世界设置的主体间的相互配置现在也已施行于心理的世界之后，我们在心理世界中就有了 S 和 S_M 的全部对象的一种完全彻底的相互配置。与 S 的较低等级对象如 Er、erl、qual、sinn、gesicht 有主体间对应关系的决不是在构造上与之相应的如 Er_M、erl_M 等同 M 及其经验有关系的对象，而是某些对象如 Er^M、erl^M 等等。

例子: erl是("我的")原初经验,erl_M是他人M的经验,但是erl^M又是我的经验,其所以如此,是因为它们是在S_M中被构造的,又是(用实在论的语言说)被M所认知的。当然,这些对象如所有的对象一样也是在S中(即"被我")构造出来的,因为别的对象是没有的。S_M就是系统S的一个部分。用实在论的语言说,erl^M是我的经验,但并非如其为我所知道的那样,而是如他人M根据其对我的观察和从我得到的报道所知道的那样;更确切地说,是如我从M的报道以及其他的推论得知其为M所知道的那样;因而erl^M代表着就我所知M对我的经验所知道的东西。类似于erl和erl^M的相互配置关系也适用于较低构造等级的其他对象。

S和S_M之间的主体间相互配置并不是从一开始就涉及这两个系统的所有对象,而只是在它们都得到某些补充的时候才如此的。例如,二者中每一个系统的物理学世界都总是不完善的,而且其缺陷之处决非都在同一些地方。因此,在一个系统中对物理学的世界点有所分派的地方,在另一个系统中则无这些分派或者有另外一些与之不相容的分派。(互相矛盾的分派的情况是比较少见的;在出现这种矛盾情况的地方,我们必须按照一些特殊的标准——此处无须讨论它们,做出一个判定,根据这个判定,我们只能承认这两个分派中的一个是正当的,而另一个则要去掉。)然而在绝大多数的情况下,如果分派不相一致,那么一个系统中的这种分派在另一个系统中相应地就是一些空位。在这种情况下,遵照前面提出的补充规则(第135节),我们要在另一个系统中做出补充的分派。(用实在论的语言说）这两个系统的相互配置的对象首先在其特性上是一致的；在这种一致还不能证明的地方，我们就把它作为假设提出来。如果这一点普遍做到了，那么这两个系统的主体间相互配置就无处不有了。

S_M 包含在 S 中并且是 S 的一个真正的部分；但另一方面，这两个系统的对象通过主体间的关系而一一对应。这两个命题彼此并不矛盾，因为 S 和 S_M 这二者都是不可能达到完满的系统。第二个命题的意义是：对于在一个系统中被构造的每个对象来说，在另一个系统中都有一个与之主体间相应的对象可被构造出来，如果这另一个系统得到足够的扩充的话。

第 148 节 主体间的世界

如我们已经看到的，S 和 S_M 的主体间相互配置的对象一般是由于其被构造的方式不同而互相区别的，但是它们与被构造物的特殊形式无关，而与也许可称之为内容的特性却是一致的。我们想把它们彼此一致的这些特性和关于这些特性的命题称为"主体间可传达的"（更确切地说，"在 S 和 S_M 之间的主体间可传达的"），与此相反，那些只适合于 S 中的对象或只适合于 S_M 中的对象的特性和关于这些特性的命题则被称为"在 S 或 S_M 中主观的"。不难看到，例如，关于两种性质的相似性的命题，还有关于某个物理事物的颜色、大小、气味等等的命题，关于某人在某一时刻的情感的命题，等等，都属于主体间可传达的命题。但是也有一些关于构造形式的命题是主体间可传达的，例如，关于一个对象要作为类还是作为关系来构造的命题以及诸如此类的命题。但是，关于一个对象在 S 或 S_M 中的构造形式的命题大都应当说是在 S 或 S_M 中主观的命题，例如，关于某个对象构造的必要次序的命题，关于在构造某个物理对象时必需使用补充（根据第 126 节规则 7、10）或类比推理（根据第 135 节）的命题，以及诸如此类的命题。

到现在为止我们只是考察了系统 S 和系统 S_M 之间的主体间相互配置，即我的世界的对象和某个他人 M 的世界的对象一一对应的配置。我们对 M 这个人所说的一切同样适用于所有其余的"他人"，即也适用于例如 N，P 等其他的人。因此，在系统 S 和系统 S_N 之间，以及在系统 S 和系统 S_P 之间，等等，也都有一种一一对应的主体间相互配置。关于 S 和 S_M 间的相互配置所说的一切同样适用于所有这些配置关系。如果在 S_M 和 S 之间以及在 S 和 S_N 之间也有一种一一对应的相互配置，那么在 S_M 和 S_N 之间就有一种与此性质相同的一一对应的相互配置。于是，在所有这样的系统之间，即在包括我在内的一切（我所知道的正常的）人的一切世界之间，有一种普遍的一一对应的相互配置。所谓"主体间的相互配置"，我们以后就指这种普遍的相互配置，而不再仅指某两个系统间的配置关系。与此类似，所谓"主体间可传达的特性"和"主体间可传达的命题"，我们现在也是指那些当其对象被代之以任何其他系统的主体间相互对应的对象时仍然有效的特性和命题。各个系统中所有与任何系统的某个对象有主体间配置关系的对象的类，我们称之为"主体间的对象"。一个这样的类基于其诸分子的一种主体间可传达的特性而具有的特性，我们称之为"主体间的特性"；关于一个主体间对象的主体间特性的命题被称为"主体间的命题"。

例子，例如，如果关于系统 S 的对象 G 的命题 f(G) 是主体间可传达的，那么这就表示，与之相应的命题 $f(G^M)$、$f(G^N)$ 等等也是有根据的，这些命题的对象就是在 S_M、S_N 等系统中与对象 G 有主体间对应关系的对象 G^M、G^N 等等。这个事实可以用一个关于包括对象 G、G^M、G^N 等在内的类的适当的命题极简便地表达出来。如果我们用 Int 来表示主体间的相互配置，那么这个类就可表示为 $\overrightarrow{Int'G}$；但我们同样可用 $\overrightarrow{Int'G^M}$ 或 $\overrightarrow{Int'G^N}$ 等等来表示它。根据已有的定义，这个新的命题，例如 $F(\overrightarrow{Int'G})$，是一个主体间的命题，从主体间可传达的命题 f(G)、$f(G^M)$ 等推导出来。上面提到的这样的类，例如类 $\overrightarrow{Int'G}$（$Int'G^M$、$Int'G^N$ 等等与之完全相同），又如与一个别的对象 H 有关的对象 H、H^M、H^N 等的类 $\overrightarrow{Int'H}$，我们现在必须称之为主体间的对象。

主体间的对象（正如我们从上面例子中很容易看到的）是主体间相互配置的抽象类（第73节）。这些对象的世界我们称之为"主体间的世界"。前面指出的根据各个系统的彼此有主体间相互对应关系的对象来构造一个主体间对象的操作过程，我们称之为"主体间化"。

与其他一些看法（例如，克雷斯蒂安森的《康德认识论批判》）不同，我们不是将主体间化建立在一种虚构上的。构造系统只限于利用他人的报道来进行构造，首先是用于对物理世界做构造上的补充，然后也用于构造他人心理的东西；但是这些构造不是假设的推论或对一种子虚乌有的东西的虚构的设定，而是对所予的一种加工改制（参阅第 140 节）；关于主体间世界的构造也是如此。在构造系统内，不会对这些通过加工改制而被构造出来的对象提出形而上学的论断。

第 149 节　主体间的世界即科学的世界

主体间的世界（在上述构造的意义上）是科学的真正的对象域。但是科学不仅有主体间的命题，而且包含这样一些非主体间的命题，这些命题或与主体间的命题相一致，或可转换为主体间的命题。这种转换属于科学的任务；科学力图使其库存中只有主体间的命题。这个任务通常并不被人们明白地宣布，因为这种转换总是在不为人察觉中进行的。因为我们通常几乎毫无例外地使用同一个符号（语词或特有的符号）来表示主体间相互配置的不同的对象，而且我们也常常用同一个符号来表示与所有这些对象相对应的主体间的对象（我们已将它作为它们的类构造出来）。

但是，我们不能因为科学的这个特点而把非主体间的主观的命题从科学的领域彻底排斥出去。通过一种把主体一起带入命题的加工改制，这些主观的命题也可以得到科学的表达。

后面要去构造的对象，特别是精神的对象，在 S_M 等系统中也有其主体间对应的对象。因此，甚至从它们中推导出主体间的对象也是可能的。就此而言，主体间化的方法总是一样的；因此在下述更高等级的构造中我们不必详细地说明这种方法。

第三章　高等级：他人心理对象和精神对象

第 150 节　最初的精神对象

　　前面我们对精神东西的对象种类（在文化对象的意义上）的特点做过简略的说明，并且强调地指出它对物理的东西和心理的东西的对象种类的独立性（第 23 节）。对于精神对象的构造来说，显现关系（第 24 节）尤其具有根本的重要性。最初的精神对象，即并不以其他已被构造的精神对象为前提的那些精神对象，就是完全根据它们的显现而被构造出来的（参阅第 55 节及下节），亦即根据那些使它们现实化或表现出来的心理过程构造出来的。根据其显现构造精神对象与根据感知物理事物的经验构造物理事物有某种类似之处。我们在这里还不能详细说明这些构造，因为我们对文化方面的认知心理学（或现象学）还没有像对知觉心理学那样做过彻底的研究和系统的论述。因此我们只能给出一些例子，对其普遍化的问题做一些提示。因为我们在这里主要是讨论从心理对象构造精神对象的可能性问题，而不是讨论这种构造应当采取什么具体形式的问题，所以有了这些提示也就够了。

　　例子：脱帽表示问候的习俗也许应当用如下的形式来构造："'脱帽表示问候'的习俗在某个时候存在于一个民族（或其他某个社会区域）中，如果这个民族的成员在这个时候有这样一种心理倾向以致在某某情境下就会产生一个某某种类的意志过程。"

一切最初的精神对象都要根据它们的显现以上述的方式构造出来。各个文化领域的哪些对象要作为最初的精神对象来构造，必须由一种精神科学的逻辑加以研究；然后一种精神科学的现象学必须为各个最初的精神对象探明要在哪些作为它们之显现的心理对象的基础上并以哪种方式把它们构造出来。

第151节　更高的精神对象

其余的精神对象是在最初的精神对象的基础上构造出来的，不过心理的对象，有时还有物理的对象，也被用于它们的构造。在这里，比起在最初的精神对象那里，构造理论更加需要期待事实科学的研究，以便能够提供一些无可指摘的构造的实例。因此我们满足于只是提出一个例子而不能断定恰恰这个构造形式才是正确的或适当的。

例子："国家"这个对象也许可以如下的形式来构造：人们的这样一种关系结构被称为"国家"，这个结构的一些显现，即这些人的心理行为和这样的行为倾向，特别是一个人受他人意志制约的行为的倾向，以某某方式表现了它的特征。

高级精神对象中最重要的是社会学上的群体或社团。这样一种组织（例如，一个部落、一个家庭、一个协会、一个国家，等等）必须作为关系而不是作为类来构造，因为一个社会学群体内部成员间的秩序是这个群体的特性所在。群体不容许作为类来构造，从两个

第三章 高等级:他人心理对象和精神对象

不同群体的组成人员有可能重合这一点就已经可以看出了。

其余的社会学群体也要以与上面所举国家的例子相类似的方式加以构造;于是,根据最初的精神对象而有时也根据此前所构造的那些种类的对象,我们就可以这样或那样的方式把更高的精神对象完全构造出来。这样,我们就可以构造出所有文化领域的精神对象(它们有些是最初的精神对象,有些是派生的精神对象),即技术、经济、法律、政治、语言、艺术、科学、宗教等等的产物、性质、关系、过程、状况等等。虽然只有通过进一步的构造我们才能对这些领域做出区分并对各个领域的特点做出描述。

参考文献 真正构造(即直至还原到所予)一个精神对象的尝试在认识论、哲学史、历史学和社会学的文献中看来几乎还不曾有过;即使对由心理的东西开始的这些构造的最后一些步骤的说明也是比较少见的。我们可以提到的也许只有杜里舒的研究(《秩序论》,第421页及以下诸页,章E:精神东西次序的形式;《实在学说》,第194页):"因而,一个个别的国家就是很多个别的人的一种受某些书籍内容调节的心理态度。"

上述那种从心理的东西构造精神的东西的做法,正如上面提及的关于国家的例子中所描述的那样,也许会给人造成一种印象,觉得这样做使精神的对象不可容许地被"心理化"了。为了打消人们的这种疑虑,我们再一次强调指出,根据其他某些对象构造一个对象不仅不是说这个对象与其他对象是同类的对象,相反而是说,如果构造导致新的逻辑等级的形成(对精神对象尤其是较高等级的精神对象的构造情况显然就是如此），那么被构造的对象就属于一个不同的存在方式，更确切地说，属于一个新的对象领域（第29节、41节及下节）。因此，在我们对精神对象的构造方法中不存在任何的心理主义（亦请参阅第56节）。

另一方面，我们还要再强调一下，关于精神对象属于一个新的对象领域的论断无论如何不能从形而上学的意义去理解。正如我们从已经提出的关于对象领域概念的定义所看到的，它是指对象彼此间一种纯逻辑的形式的划界。按照构造理论的观点，在两个对象种类之间，如果有一种与依赖于这些种类的构造形式的纯逻辑的形式关系不同的关系，那么这种关系就不可能是一个科学命题的题材。

第152节 价值的领域

到目前为止，我们已对我们了解得最详细、最重要的前科学的和科学的对象即物理的、心理的和精神的对象做了描述或提示。最后，对价值的构造，至少就其一般方法论的形式我们还要做一点简略的提示。在这里较之其他的对象种类，更少谈得上有现成的表述，因为价值的领域，就其对象的性质及其认识的方式而言，还是人们极有争议和大有疑问的问题。

价值的构造并不是在已经讨论过的精神对象或他人心理对象的基础上继续建立的，而是与构造系统先前的一个阶段联系在一起的。必须把不同种类的价值区别开来，例如，伦理的价值、美学的价值、宗教的价值、生物学的价值（就广义来说，包括技术的、经济的、个人保健和人类卫生的价值）等等。从某种经验即"价值经验"来构造价值在许多方面有类乎从"知觉经验"（更确切地说，从官觉性质）来构造物理的事物。我们想只举几个这种经验的例子来提示一下就够了。例如，为了构造伦理的价值，我们要考察（除了其他一些东西）良心的经验、义务的经验或责任的经验，等等；为了构造美学的价值，我们要考察艺术欣赏中审美快感或其他审美态度的经验和艺术创作的经验，等等。价值现象学详细地研究了不同价值种类的价值经验的性质；我们在这里不可能对此做进一步的讨论。我们在进行了现象学的分析后，才能借助于先前构造的（第131节及下节）自我心理的东西的性质及其组分，尤其是情感和意志的性质，在构造上将各种价值经验的有代表性的特性表达出来。然后我们由此才能根据那些构造而着手构造不同的价值种类。这并不意味着价值的心理化，正如从官觉性质构造物理的对象并不意味着物理对象的心理化一样。用实在论的语言说，价值本身不是经验性的或心理的东西，无赖于被经验而存在，而只是在经验中（更确切地说，在以价值为其意向性对象的价值感中）被认识到的；正如物理的事物不是心理的东西，独立于知觉而存在，而只是在以物理事物为其意向性对象的知觉中才被认识到的。不过，构造理论并不使用这种实在论的语言，而是对实在论命题的形而上学成分持中立态度。但是，构造理论把上述这个关于价值和价值感关系的命题翻译为构造的语言，其做法类似于对关于物理事物和知觉关系命题的翻译，即把一个东西的存在由另一个东西的性质所规定的这种纯逻辑的关系抽取出来。

至此我们结束了对构造系统纲要的描述。

第153节 消除基本关系的问题
（第153—155节可略过不读）

每个构造系统都建立在作为未定义的基本概念引进的基本关系之上。因此所有被构造的对象都是基本关系的复合（第36节）。在构造系统中出现的一切命题都是仅仅关于基本关系的命题。按形式来说，它们最初虽也包含其他对象，但是通过使用这些对象的构造定义，我们可以把它们逐步地转换，使之在语句的表面形式上最后也只包含（除了逻辑符号之外）基本关系的符号。对于本书讨论的、在其方案中仅使用一个基本关系（Er）的构造系统来说，这一点在第119节关于颜色体三维性的第6定理的例子中就已解释过了。

但是一个构造系统的命题具有这种性质是与前面提出的这样一个论题不相一致的，即：科学的命题是纯结构命题，或者说，它们在原则上都可以被转换为纯结构命题，而且随着科学的进展也应该被转换为这样的命题（第15节及下节）。一个纯结构命题只能包含纯逻辑符号，其中不允许出现关于任何实在领域的未定义的基本概念。当我们在构造系统中把科学命题的形式化进行到如此的地步以至于只有关于很少几个（也许只有一个）基本关系的命题时，就发生了一个问题：我们能否把作为最后的非逻辑对象的这些基本关系从科学命题中消除掉，以此来完成这个形式化的过程。

通过如下的考察，这种消除的可能性是显而易见的。如果一个构造系统是建立在某些基本关系之上的，那么我们也有可能根据对基本关系的不同选择来构造这个系统。但是在这种情况下，对每个对象的构造就必然会采取一种不同的形式。如果我们试图干脆用新的基本关系代替旧的基本关系来改造旧的构造定义，那么被如此改造了的定义在较低的构造等级上诚然可能不是无意谓的或空无内容的，但是对于一个稍高一些的构造等级来说，这种偶然情况的几率是异常之小的。构造系统中关于被构造对象的经验命题甚至在经过转换之后依然有效的偶然情况则更是微乎其微的了。由此可见，我们可以这样来说明旧的基本关系的特征，即：以某某方式从这些关系构造出来的对象以某某方式处于经验的关系中；当我们能联系到一个足够高等级的对象的特征来描述这些基本关系的特征时，这种特征描述就会是清楚明确的了。这样，我们就有可能用纯逻辑的概念来定义最初作为未定义的基本概念被引进的基本关系了。

第154节 "有根据的"关系

消除构造系统中唯一的非逻辑对象的基本关系的任务还有一个困难，我们必须详细地讨论一下。我们曾经认为，在用另一些基本关系代替原来的基本关系时，这个系统的构造式就不适用了，而经验命题就更不再是有效的了。不过，只有当这些新的关系不是任意而毫无联系的序偶表，而是被要求（用初步的含糊的话来说）与某些可经验到的"自然的"关系相符合的情况下，我们的这个想法才是正当的。

如果并没有提出这个要求，那么肯定有另外一些关系，全部构造式都可施之于这些关系；当然在这种情况下构造会带来不同于具有原始关系的东西，但是对于这些不同的东西，正如对原始的东西一样，同一些经验命题还是完全适用的（亦即从符号来看，它们还是同一些命题，不过现在它们意指某种别的东西）。这就是说，我们只须对很多基本要素本身进行一一对应的转换，并且把其存在表为被转换的旧基本关系的存在表的那些关系确定为新的基本关系。在这种情况下，新基本关系与旧基本关系是同一结构的（"同构的"，见第11节）。由此可见，先前构造的每个对象都有一个具有相同形式特性的新对象恰恰与之对应；因此，构造系统的一切命题既然只涉及形式的特性，就仍然是有效的。不过，这样一来，我们就不可能为新的基本关系找到任何相互关联的意义；它们是没有任何（可由经验表明的）联系的一些基本要素的序偶表；而为被构造的对象指出一个以任何方式联系着的东西就更少了。

与上面这样的关系不同，我们要把下面这种关系称为"有根据的关系"，这种关系对应于一种可经验的、"自然的"关系，因而属于它的关系项彼此共同具有某种可经验的东西。

我们已经看到（第153节），要消除基本关系，我们必须根据由之构造的足够高等级的对象的性状来说明基本关系的特点。这种特征描述如果要清楚明确，就必须限于对有根据的关系的描述，有根据的关系的概念对于构造系统之所以重要，就在这里。因为基本关系并不是在所有关系（就任何序偶表的形式逻辑的意义而言）中而只是在有根据的关系中唯一被给以如此特征描述的。我们将以我们的构造系统为例进行这种特征描述（第155节）。

上面对有根据性概念的解释并不是要给它下定义，而只是使人们明白其意谓。有根据性概念是不可定义的。作为构造系统中最低的概念，它不可能从被构造的概念中推导出来。它也不可能从形式逻辑的（通常的）基本概念推导出来。但是它也不像所有其他非逻辑对象那样属于某个超乎逻辑的对象领域；我们把一个构造系统的基本关系的特征表示为某一种类有根据的关系，这个看法适用于任何领域的任何构造系统。由于这种普遍有效性，我们也许应该把有根据性看作逻辑学的一个概念，而由于它的不可定义性，应该把它设定为逻辑学的一个基本概念。至于这个概念涉及对任何一个对象域的应用，这并不能成为反对把它看作逻辑基本概念的一个有力的理由。因为概括性的逻辑的基本概念情形也正是如此："(x)·fx"意即函项 fx 在它对之有一个意义的那个事物范围内，对于每个主目都具有真的值。逻辑决不是一个独自的领域，而是包含着（作为重言式）适用于任何领域的对象的命题。由此可见，逻辑正是必须讨论可用之于任何领域的概念。有根据性就属于这种概念。根据上述的理由，我们可以把有根据的关系的类作为逻辑的基本关系（用逻辑符号 fund 来表示），但是我们并不因而认为这个问题是已然解决了的。

第155节 消除基本关系 Er

我们可以我们的构造系统为例指出，如果我们采取上述的假定，即认为可将 fund 看作逻辑的基本概念，那么我们就要指出如何着手去消除基本关系，并从而实现构造系统的最后形式化。我们以如下的形式来定义 Er 这个未定义的基本关系：Er 是唯一的有根据的关系，我们可以某某方式由之构造出某个有待选择的足够高等级的对象，这个对象处于如此这般的经验的关系中。

我们必须选择一个关于 Er 的足够高等级的经验定理。我们把这个定理简称为 L（Er）。我们把它看作通过引进主目 Er 而从命题函项 L（R）得出来的。我们现在要把"Er"明确地用符号表示为满足 L（R）的那些有根据的关系。于是我们这样来定义：

$$Er =_{Df} \hat{\imath}\{fund \cap \hat{R}(L(R))\} \qquad (1)$$

为了指出这是实际可行的，我们选择关于颜色体三维性的定理6（第118节）作为经验命题。我们在前面已经指出，如何可将这个定理作为仅仅关于 Er 的命题来表达（第119节［5］）。由于 Er 的这个命题的复杂性，我们也许可以认为它是一个相当高等级的命题。这个命题是命题函项 L（R）对 Er 的值，因此这个命题函项具有如下的形式（简写）：

$$〔\exists Q, \nu〕.3Dzhomum〔\check{\varepsilon}|Q|\varepsilon〕|\rangle Aeq'\{\hat{\alpha}\hat{\beta}(〔\exists \kappa, \lambda, \mu〕.\cdots〔\exists \delta〕. \delta\varepsilon Sim'〔R\cup\check{R}\cup R°〕.\alpha\subset\delta.x\sim\varepsilon\delta\}\cdot\alpha\uparrow\beta\subset R\cup\check{R}\cup R°) \qquad (2)$$

现在我们将基本关系 Er 定义为唯一满足这个命题函项的有根据的关系（简写）：

$$Er =_{Df} \hat{\imath}\{fund \cap \hat{R}(〔\exists Q, \nu〕.3Dzhomum\cdots〔E\delta〕.\delta\varepsilon Sim'〔R\cup\check{R}\cup R°〕. \alpha\subset\delta.x\sim\varepsilon\delta\}\cdot\alpha\uparrow\beta\subset〔R\cup\check{R}\cup R°〕)\} \qquad (3)$$

此处用以定义 Er 的这个表达式只包含逻辑符号和变项了。既然构造系统的一切对象和命题都可通过 Er 来表达，因而构造系统的一切对象和命题现在也就可以被纯逻辑地表达了。这样，我们所确定的使构造系统完全逻辑化的目标就达到了。我们证明了，科学的一切对象都可被看作结构对象，科学的一切命题都可被看作结构命题并且可被转换为结构语句，而且通过在构造系统纲要中提示的那些基本特点，我们也指出了这是如何可能的。当然这就要以 fund 为一逻辑概念为前提；而在这里还有一个未解决的问题。

第156节　关于构造系统的若干论题

在结束对构造系统的描述之际,我们要再一次强调一下,在这个系统纲要中哪些东西是重要的,哪些东西是不重要的。建立一个构造系统,首要的目的是通过例证来阐明构造理论的实际内容,亦即阐述建立这样一个系统的任务。为了达到这个目的,我们对这个构造系统纲要必须描述得详细一些,尽管它在内容上有欠缺之处;这种缺点不是由于一些尚未解决的逻辑问题带来的困难,而是来自个别实际科学中经验知识所遇到的困难和尚未弄清楚的问题。

构造系统纲要还有另外一个目的,就是使我们认识到建立一个所有科学对象的构造系统在原则上是可能的,不论我们具体地要如何去建立这个系统。但是在这里我们不仅要力主建立某种构造系统一般说来是可能的,而且要提出这样一个论断,即:把在我们的纲要中尝试性提出的这个系统的如下一些特性赋予任何构造系统是可能的(尽管未必在一切之点上都是可能的)。

(一) 形式的论题:

1. 基本要素全都是同一种类的。
2. 基本的次序安排是关系(第75节)。
3. 基本关系全都是同一等级的。
4. 一切基本关系都是第一等级的关系(即基本要素间的关系)。
5. 只有很少几个基本关系就足够了。
6. (可以设想):只有一个基本关系就足够了(第82节)。

（二）实质的论题：

7. 基本要素是作为不可分的单元的经验（第 67 节及下节）。

8. "我的"原初经验是基本要素（"自我心理基础"）（第 64 节）。

9. （可以设想）：Er（相似性记忆）可被当作唯一的基本关系（第 78 节）。

10. 在构造系统中有下面这些对象出现，而且是按我们指出的顺序出现的：性质类、官觉类、视官觉、视野位置、颜色（也许出现在视野位置之前）、时空次序、视觉事物、我的身体、其他自我心理的对象（也许出现在空间次序之前）、物理的对象、他人、他人心理的对象、精神的对象；各种作为主体间对象的对象（第 112—151 节）。

11. 物理学世界的构造就是将数（"状态大小"）赋予一个四维的数的组构（时空系统）的诸要素（"世界点"）；这种赋予是以对性质类的分派为依据的（第 125—136 节）。

12. 他人心理对象的构造是以表达关系（包括报道关系）或心物关系为依据的（第 140 节，第 57 节及下节）。

13. 精神的对象的构造是以显现关系为依据的（第 55 节及下节，第 150 节）。

主张只需一个基本关系的第六论题，尤其是关于这个基本关系的特殊性质的第九论题，显然应当说是一种设想。但是我们相信主张只有很少几个基本关系的第五论题则可能更为可靠。从亚里士多德到杜里舒，人们迄今试图提出的范畴表或基本规定表，在我们看来无论如何全都是过多了（参阅第 83 节）。人们之所以提出过多的范畴，原因在于他们所用的方法论手段有缺点。只有使用逻辑构造的方法才能认识到，在被认为不可还原的情况下，如何可进行还原，从而进行构造。

第五部分

根据构造理论对若干哲学问题的澄清

第157节　构造理论是哲学研究的基础

在前一部分我们描述了一个构造系统的纲要，现在我们要通过若干例证来指出这种系统对于哲学问题的澄清具有何等价值。构造系统在这方面的成就决不在于提供我们可用以解决那些问题的具有崭新内容的知识，而是实际上仅仅在于给我们一个统一的概念次序，我们由此可以更清晰明确地把握各个问题之所在，从而使我们更接近于提出一种解决。

由于我们对上述的构造系统只是提出了一个预备性的纲要，在下面作为基础的就不应是这个系统的个别细节，而只能是其整体的特性，即其作为一个统一的概念系统的可能性和按下列顺序从作为其基本概念的经验关系中构造这个系统的可能性：自我心理的、物理的、他人心理的、精神的；因此我们大致是以第156节中所说的那些论题为前提的。下面将要讨论的问题只是用来作为一些例证。本书着重点在构造理论本身，而不在其应用，因此在本书范围内我们不可能对这些个别的问题做详细的讨论；我们只能把它留给将来做单独的讨论。对于那些可与构造理论联系起来讨论的问题则更少可能给出一个详尽的评述。这里我们只能指出构造理论以何种方式明白揭示了这各种不同问题之所在，以及今后必须沿着什么方向进一步做详细的探讨。

首先我们要极简略地讨论几个关于本质的问题，包括同一性问题、自我问题、物理的东西和心理的东西的二元论问题、因果性问题（第158—165节）。然后讨论心身问题（第166—169节）和实在问题（第170—178节）；在这两个问题上，我们都要把问题的构造方面与形而上学方面明确地区分开来。最后我们要讨论（理性）知识的限度问题并对科学和形而上学做出明确的区别（第179—183节）。

第一章 关于本质的几个问题

第158节 个别概念和一般概念的区别

　　人们常常把概念分为个别概念和一般概念：拿破仑这个概念是个别概念，哺乳动物这个概念是一般概念。从构造理论的观点看，这个区分是没有根据的，或者更确切地说，这个区分是不明确的，按照不同的观点，每个概念既可被看作个别概念也可被看作一般概念。这一点我们在前面（第5节）已经谈过，而且由于这一点我们才有理由对每个概念都谈到与之相应的对象。现在我们已经知道了构造形式，更确切地说，等级形式（第三部分，第一章，尤其是第40节），我们就懂得了（几乎）一切所谓个别概念正如一般概念一样都是类或关系外延。

　　例子：试以下面这种下降的对象（或概念）等级顺序为例作一说明。狗（种）是一个类，我的狗卢赫斯属于这个类；卢赫斯是一个类，其分子是卢赫斯的"状态"；卢赫斯（作为一个感性的事物）的一个个别的状态是一个类，其分子是知觉世界的点；一个这样的点是一个多项的关系外延，其诸项是4个按次序排列的项（即时空坐标）和一个或多个官觉性质；一个官觉性质是"我的经验"的一个类；这里"我的经验"被看作基本要素。

按通常的看法，上面例子中的那些概念有的会被认为是个别概念，有的则会被认为是一般概念。但是这里的每一个概念（除了最后一个概念，即"我的经验"）都被构造为一个类或一个关系外延，而随后的一个概念总是这个类的分子或这个关系外延的项；因而每个概念都是其他一些对象的一般（概念）。

照通常的看法，狗这个种和褐色这个官觉性质被认为是某种一般的东西，而卢赫斯这只狗、某个世界点和某个经验则被视为某种个别的东西，有时甚至只有后者才被称为"对象"，而前者则被称为"纯粹的概念"，这种看法的理由何在呢？

对这个例子和类似例子的研究指出，首先，所谓个别的对象有一个共同之点，即它们都有时间的规定，或者属于某个时间点，或者属于一个有联系的时段。其次，就其都有空间的规定而言，它们或者占有某个空间点，或者占有一个连续的空域。反之，例如褐色这种感觉性质则被派定许多彼此没有联系的时空域（即这个褐色在经验中出现于其内的那些时空点的区域，也就是在构造知觉世界时它被归入的那些时空点的区域）。

但是也有一些次序（不过不是时空次序），在其中所谓的一般概念占有一个点或一个连续的区域。例如，如果我们是就其为一完全确定的色调来谈褐色，那么就有一个颜色体的点属于它，或者如果我们谈的是整个褐色，那么它占有的则是颜色体的一个连续的部分。同样，狗这个种也可以说占有动物体（动物种类的系统）的一个点，哺乳动物类占有这个动物体的一个连续的部分。

　　因此，个别和一般对象（或概念）之区别是建立在时空次序和其他次序的区别之上的。通常人们何以只把在时空次序上个体化了的对象看作个别的东西，这个问题因而实即时空次序之有别于其他次序的特征是什么的问题。正如下面将要看到的，这两种次序对于说明实在型的对象的特征也都具有根本的重要性（第172节及以下诸节）。我们所要探求的这种区别可追溯到性质类之间的两种关系外延。由于这里主要考虑的是视官觉，我们现在就只就视官觉来谈。然后讨论视官觉的两个性质类的同位性和同色性。对视野次序的构造和由此而间接地对空间次序的构造是基于性质类间的第一种关系外延的，颜色的质的次序、"颜色体"则是基于第二种关系外延的。如前所见（第91节），这两种关系外延有一个形式上的区别，这个区别的根源在于各个同位的性质类不可能属于同一个原初经验，而同色的性质类则是可能的。只有借助于这个区别，才可能把这两种关系外延并从而把两种次序（视野和颜色体）分开并把它们各自构造出来（第88节及以下诸节，第117、118节）。我们那时也已考虑到，这个区别不仅具有一种形式的－逻辑的意义；因为正是同位性的这种形式的－逻辑的特性，才使得从这种关系外延派生出来的空间次序在知识的综合从而也在构造上能够起着特殊的作用。空间次序以及（我们必须加上）在物理世界的构造中与之密切联系着的时间次序的这种作用就是作为个体化的原则和（按照后面第172节及以下诸节的叙述）作为"实在化的原则"，亦即首先把某物设定为实在型的然后又设定为实在的原则。时间次序之所以能起

第一章 关于本质的几个问题

这两种作用，即既是个体化的原则又是实在化的原则（而且在逻辑上先于空间次序的作用），其原因在于时间次序主要是使原初经验的规定性（特别是性质类）离析开来，因为非同一的经验的规定性被认为在时间上是不同的，反之亦然。

构造理论对个别和一般对象之别的看法可表述如下。有两类次序，最初是就性质类而言，后来则推而及于任何对象。这两类次序的不同是由于作为其基础的关系外延有一种形式的－逻辑的区别，这个区别关乎两个性质类是否属于同一个原初经验的问题。第一类次序包括我们所谓的时空次序，第二类包括其他的次序。作为第一类次序之基础的那种关系外延的形式的逻辑的特性使我们有可能把这种次序用作个体化的原则，并且随后也用作实在化（按其意义即以个体化为前提）的原则。这样，我们在那些（由其本身或通过其要素等等的中介）在第一类次序中占有一个点或一个连续的部分的对象即"第一类对象"和那些并不具有这个特性的对象即"第二类对象"之间就得到了一个可在形式上确定的区别。事实表明，对一个第二类对象来说，总有一个第二类次序（也就是说可以构造出这种次序），由于占有这个次序的一个点或连续的部分，这个对象与这个次序总是处于类似的关系。我们愿意的话，可以赋予这样区别开来的第一类和第二类对象以"个别"和"一般"这两个通常的名称，只要我们用这两个名称只是意指上述的那些区别的特性，而且特别注意到所谓的个别对象在任何意义上都不是比一般对象在逻辑上更简单更齐一的东西。

第159节 关于同一性

同一性问题是与上面讨论的个别对象和一般对象的区别问题联系着的。对这个问题的澄清以对那个问题的解决、对那个区别的逻辑意义的认识为前提。

同一性问题的产生只是由于每个对象不仅有一个名字（就广义而言）。因为从根本上说这个问题是两个不同的名称何时指称同一个对象的问题。同一对象有多个不同的名称，这不仅仅是符号系统的一个经验方面的缺陷。从逻辑上看，一物多名的情形毋宁说是由于每个对象不仅可以有一个专名（超过一个的专名是多余的），此外还可以有限定摹状词，而且常常有若干个（也许甚至可有任意多个）。正如前面已经说明了的（第13节），一个限定摹状词就是通过其所属的重叠的类或与其他对象的关系，或者通过对其在一关系结构中的地位的纯结构描述，来表示一个对象，以使这种描述唯独符合这个对象而不适用于任何其他对象。我们已经看到，正是在构造理论中限定摹状词具有何等根本的重要性；构造系统就是由带有构造定义形式的这样一些限定摹状词组成的。在所有其他关于认识论的而特别是科学的判定的问题上，限定摹状词也都起着重大的作用。"A先生的父亲"，"A先生的生日"，"此处这些甲虫的种"，"铜的特别阻力"，等等，都是可在问题中出现的限定摹状词。于是我们就需要另外一些关于这同一些对象的符号，即人名、日期、数目等等，作为答案。只是因为同一对象具有不同的符号，即问题中的符号（"A先生的生日"）和回答中的符号（"1832年3月22日"），问题才是有意义的。我们称同一对象的符号为"同义词"。但是我们必须注意一个对象符号的意谓（Bedeutung）和意义（Sinn）的区别；这个区别与命题的逻辑价值和认识价值的区别相对应（第 50 节）。"A 先生的生日"和"1832 年 3 月 22 日"这两个词语具有同一意谓，因为二者指称的是同一个日子。但是它们显然有不同的意义。下面这一事实就表明了这一点，即关于这两个词语的同一性命题并不是微不足道的。

同一意谓的标准在于可替换性：如果一个命题函项被置入一个符号而成为一个真语句，被置入另一个符号同样成为一个真语句，那么这两个符号就可以被认为是同义词。这就是逻辑同一性的定义。

例子："歌德死于 1832 年 3 月"和"歌德死在 A 先生的生日那一天"这两个句子都是真的。对于所有关于这个日子的其他语句也都可以这样说。至于这两个句子中有一个是有重要价值的，另一个则毫无价值，在这里是无关紧要的。关于两个符号具有同一意谓的标准，即"同一性"的标准，乃取决于语句的真值。

无论在日常语言还是在科学上，同一性一词并不总是在其严格的意义上被使用的。在语言上人们往往把一些并非严格逻辑意义上同一的东西也作为同一的东西来看待；通常根据"这同一个"或干脆"这个"等词的使用就可明白哪些对象被看作是同一的。通常同一性并非指其在语言上所涉及的那个对象，而是指它的种类，因而那个对象是被当作其种类的代表来看待的。

例子: "你已经有这本书了吗？已经有这种蝴蝶了吗？"这个问题并非意指拿给你看的对象本身，而是以此对象为其代表的种类。这种并非真正意义的同一也可有如下面四个句子所显示的几种互不相同的方向："A 处的有轨电车与 B 处的有轨电车有相同的车辆"；"我今天和昨天一样搭同一班车即 6 点 12 分的车出来的"；"这是一直行驶在 10 路线上的同一辆车"；"我坐在你看见开过去的那辆车上"。

正如上述例子所表明的，在许多情况下，同一性与什么东西有关，亦即此对象意在代表哪个种类，是明确的。例如，一般地说，一只动物或一棵植物意指一个物种。反之，在其他情况下，一个对象就其关联而言则可以看作是代表所有不同的类的；这种在语言上涉及对象本身的同一性总是仅仅适用于这些类中的一个。上面关于电车的四个句子的例子就是这种情况。为了把这些情况下出现的同一性方面的差异的特点表示出来，我们可以使用两种不同的考察方法或表达方法。按照第一种考察方法，我们讨论的（例如在那四个句子中）并不是同一性，而是其他一些不同的关系，不过我们把它们作为同一性来看待（仅仅是语言上的，也可以是理解上的）。反之，按照第二种考察方法，我们讨论的不是（这个或那个方面的）同类性，而是严格意义的同一性；当然不是在某一时刻出现的个别对象间的同一性，而是较高等级的对象（类或关系）间的同一性。个别对象是作为代表来指示这些较高等级对象的。

第一章　关于本质的几个问题

例子：如果用第一种考察方式来看上面所举关于电车的四个句子，我们就可以说：严格地讲，这里对象之间并不存在语言使用的同一性，而是有其他一些关系，即（a）构造和外观的类似性；（b）行车时刻表上的同一时间或同一地点；（c）"类同一性"（Genidentität）（见第 128 节），即各种不同的"事态"（Dingstände）之归属于同一个事物；（d）诸事态的主体间的配置（参阅第 146 节）。反之，在第二种考察方法上，我们则以车辆为更高等级对象的代表；可认为有严格同一性的这些较高等级的对象有四种情况：（a）制造类型（作为车辆的一类）；（b）规章制度规定每日 6 点 12 分有一班车驶出，这是行驶车辆的一类；（c）"车辆"这个物理的事物是其诸状态的类；（d）"车辆"这个主体间的对象是在主体间被互相配置起来的诸对象的类（第 148 节），因而是一个主体间意义上的个别的车辆。我们不难看到，严格的同一性仅适用于（a）处于两地的车辆制造类型，（b）我在今昨两天都需利用的行车规章制度，（c）处于不同时间的物理事物，但不适用于仅仅代表这些较高等级对象的那些对象本身；但是在（d）的情形中我们就不那么容易看出，同一性仅仅适用于被构造为一个类的对象，而不适用于在主体间互相配置起来的个别对象；不过这里我们只能指示读者去参阅前面关于主体间化的论述（第 146—149 节）。

从以上的考察可见，对每个同一性命题我们要注意其所指是否为严格意义的同一性。我们可以说，就大多数语言的同一性（即使用"同一个"或"这个也是"之类的词,或甚至重复使用同一个词)的情况来看,都非真正的同一性。不过在这里(按照第二种考察方法)我们把对象当作具有严格同一性的较高等级对象的代表(在第一种考察方法上):我们讨论的不是同一性,而是其他的相等关系(第11节)。作为这一类的关系我们要特别加以考察的有:就其有任何属性相一致而言的任何一种相等性、类同一性(第128节)和主体间的相互对应(第146节及以下一节)。后面这两种关系尤其经常被混同于真正的同一性;这部分也许应归咎于它们迄今还没有自己的名称。在所有存在这两种关系的情形中,可有同一性的较高等级的对象只是借助于所说的这种关系由不具同一性的对象构造出来的;而且只是由于这种构造,我们才有权利在这里谈论同一性。

参考文献 关于类同一性先前有过一些本质上正确的意见,不过这些意见把类同一性称为"同一性"。只有把这两种关系明确区别开来,这些意见才会得到应有的重视。因此,例如,科尔尼留斯要求"同一性"(他是指类同一性)必须是由经验间的某种一致性构造出来的。这个要求是正确的,虽然它曾遭到冈佩尔茨的反对(《世界观学说》,第163页)。其次,伏尔凯尔特对阿芬那留斯的批评(《确实性与真理》,第130页)也是正确的,他认为"同一性"(这里也是指类同一性)不是原初的所予,因而不应被视为"纯粹经验"。

值得指出的是,概念的进展有时经历这样的时间过程,以至于我们刚刚谈过的那一种关系首先在语言上被当作同一性,而使得这种语言用法具有合理根据的较高等级对象只是后来才被构造出来；而且可以说较高等级对象正是由这种不严格的语言使用构造出来的。这里也包括根据其他对象来构造一个对象的方法，即通过指出作为根据的两个其他对象何时应被视为同一的而由之构造出一个对象的方法。

例子：基于类同一性来构造知觉事物可采取例如下面的形式："如果被感知的事物a和被感知的事物b满足如此这般的一些条件（即类同一性标准），a和b就是同一个事物。"其次，例如，动物种属（植物种属也同样）是这样构造起来的，即如果某某标准被满足了，动物学就说这是"同一"动物。这里我们也可把上述关于"同一"车辆的四种说法作为例子。对不同分支的几何科学的特征描述是一个重要的例子，克莱因认为，可以把它们看作关于相对于各种形式的变化而保持不变的那些属性的理论。因此，我们可以这样来描述拓扑学的概念形成及其构造的特征，即，如果一些几何形体是同形的，它们就被认为是同一的（例如，两个画出的图像被认为表现了"同一"事态）；如果这些几何形体具有投影的类似关系，它们在投影几何学中相应地也被认为是"同一"的；在测量几何学中亦然如此，如果这些几何形体是相似的（同形的）；最后，在一门尚未存在、也许相当于地形学但纯系几何学的学科中，如果这些几何形体是完全重合的，它们就是同一的。（同形，投影类似关系，相似性和重合这些名称通常只用之于同一系统的事物，而不适用于两个图形即两个不同的东西；因此，我们应当说得更确切些,即:"如果这两个图形具有这样的性质,使得它们在被带入一个系统中时,就会具有同形的关系……")

第160节 心理的、物理的和精神的对象种类的本质

我们现在再简要地概述一下,根据构造系统如何表达各种不同的(这里只谈最主要的)对象种类的本质及其区别。这对于后面要讨论的问题有根本的重要性。为了避免详述细节,我们现在无须考虑这些主要的对象种类的区别。因此,我们从每个对象种类中挑出一个最重要的代表:在自我心理对象中我们选择经验及其特有的要素和性质(感官知觉、情感、意欲等等的性质);在物理对象中我们选择物理的事物;在他人心理对象中我们也选择经验及其特有的要素和性质;在精神对象中我们选择基本的精神对象和一般较高层次的精神对象。

构造系统表明,一切对象都可由作为基本要素的"我的原初经验"构造出来;换言之(这也就是"构造"一词的涵义):一切(科学)命题都可以转换为关于我的经验(更确切地说,关于我的经验间的关系)的命题而保持其逻辑的值不变。因而每个对象,如果其本身并非我的一个经验,它就是一个准对象;它的名字是用以谈论我的经验的一个缩略的辅助手段。而且这个名字在构造理论内从而也在理性科学内只是一个缩略词而已;除此之外,它是否还表示某种"自在的存在",则是一个形而上学的问题,这种问题在科学上是没有位置的(参阅第161节和176节)。

自我心理对象（即上面所说的其中最重要的那些对象）一部分是我的经验本身，一部分是借助于基本关系构成的这些经验的类，一部分是这些经验本身和这些类之间的关系；因而这些自我心理对象是我的经验本身和下一个对象等级的辅助语（准对象）。

物理对象是质（或者说代表质的数）的四维的次序，因而是我的经验的类的次序。经验首先被表达为类，类则被表达为四重的序列系统，而其某些子系统就是物理的对象。

他人心理对象是按照某些物理对象（即我的身体和他人的身体）对自我心理对象的一种新的安排。因而就其亦为自我心理对象的次序而言，它与物理对象是一致的。不过，导致物理对象的那种自我心理对象的次序具有一种与自我心理对象的次序完全不同的性质（即那种四重的序列系统），而产生他人心理对象的那些自我心理对象的次序则与自我心理对象本身的次序有很大的相似性，虽然这种相似性并不涉及个别情况下的邻近关系（即时间上的安排），而是关乎次序邻近关系的普遍规律的（即时间过程的心理规律）。

精神对象是他人心理对象（而且在较低的程度上也是自我心理对象）的次序，这种次序通常要高于它们几个等级。

第161节 构造的本质和形而上学的本质

对各种对象种类的本质问题已有的一些回答确实常常使人们感到不满意，因为人们所要问的不是构造的本质问题，而是形而上学的本质问题。关于一个对象的构造的本质问题是要了解这个对象在构造系统的联系中的情况,尤其是要了解这个对象是如何从基本对象引导出来的。反之,关于一个对象的形而上学的本质问题则是要了解这个对象自在地是什么。这种问题假定不仅有作为某种构造形式的对象,而且还有作为"自在之物"的对象,正是这一点表明了这种问题之属于形而上学的特征。这一点往往被人们所忽视,因而在非属形而上学的科学中也提出这种问题,而在科学中这种问题是既无根据也无意义的。

我们还须更确切地说明一个对象的构造本质究竟为何义。严格地说,在科学上我们根本不能谈一个对象的本质,即使是其构造的本质,因此我们也不能提出关于本质的问题。只是在某种不严格的意义上,我们才可以说一个对象有一个本质,一个对象的名字有一个意谓,从而一个对象的名字的意谓问题才有一种意义。严格地说,我们不应问:"这个对象符号有何意谓?"而要问:"哪些包含这个对象符号的语句是真的?"我们只能对一个句子的真假做出明确的判断,而不能明确判定一个符号(即使是一个对象符号)的意谓。说明一个对象的本质或者(这是一样的)说明一个对象符号的意谓因而就在于说明这个对象符号可能在其中出现的那些语句的真值标准。我们可以各种极不相同的方式表述这个标准;这些不同的方式就表现了相应的本质说明方式的特点。在说明一个对象的构造本质上,标准是作为一种转换规则的对象构造形式,我们可以借助于这种转换规则使每个可能包含对象符号的句子都能一步一步地被翻译为关于较低构造等级对象的句子并且最后被翻译为一个仅仅关于基本关系的句子。我们可将组合在基本关系表中的经验序偶(基本关系适用于它们)看作对原初事实的说明,因而刚刚谈到的这种标准就是一种还原,即将所有关于我们要寻问其构造本质的对象的语句都还原为可由原初事实证明其真假的语句。

前面曾经提到过的在讨论本质问题上起着重大作用(特别是对因果性问题和心物平行论问题的讨论)的"本质关系"概念与形而上学的本质概念是类似的。一个本质关系是不可能被安排在构造系统中的。因而关于本质关系的命题不可能被赋以可证实的形式。因而科学也就不可能提出本质关系的问题。由此表明这个概念是属于形而上学的。

参考文献 参阅赫尔茨:"力学原理导论"(载维也纳哲学学会出版的《力学经典著作的序言和导论》,莱比锡,1899年,第129、130页)中关于力或电之"本质"问题的论述。

第162节 关于身心二元论

身与心、物理的东西和心理的东西是世界的两种不同的实体(或本原或对象种类或方面),还是只有一种实体(或对象种类等等)?(这个二元论问题要区别于实际的"心物问题",即物理过程和心理过程之相互依赖的关系问题,这个问题我们在后面(第166—169节)要专门讨论。)我们从构造理论的观点来考察上述的问题,或许可以对二元论做如下的论证。虽然构造理论强调要从一个统一的基础出发去建立构造系统,但是要理解所有的科学对象及其系统,它却必须构造各种不同的对象种类,特别是物理对象和心理对象。于是二元论就说,由此可见,尽管基础是统一的,但还是有不同对象种类的区别嘛，尤其是物理对象和心理对象的首要区别。与此相反，我们应当指出，构造理论之谈论"对象种类"，一般地谈论被构造的"对象"，只是为了迎合实际科学的实在论的说话方式。在其自身范围内，构造理论则代之以更适当的说法而谈论"等级次序形式"及其种类。对于任何领域中的一元论抑二元论的争论问题，我们必须明确地区别我们所讨论的问题是关于要赋以次序的东西的统一性或多样性还是关于次序形式的统一性或多样性。在任何情况下，都有众多的乃至任意数量的各种不同种类的次序形式。因此这个问题只是对于要赋以次序的东西即基本要素才具有重要意义。就此而言，对于构造系统，从而对于心物一元论抑二元论问题来说，这个问题必须得到有利于一元论的解决，因为系统的基本要素是统一的。

我们借一譬喻形象地说明这一事实。我们仰观夜晚的星空，未见云，也未见月，只有星星。我们可以把星星加以区别和分类。我们看到按照光、亮度、颜色的种类而区别开来的各种不同的"对象种类"。因此这里要赋以等级次序的东西本身就是各种各样的。

反之，我们现在再假设一种（虚拟的）情况，即只有同样亮度、同样颜色的恒星是可见的。若问有多少对象种类，我们一定会答曰：我们只看到一种对象。即使有人反驳说："不，我们看到一系列各种不同的对象种类：首先是这些星本身，其次是任何两颗星之间的距离，再次是任何两个距离的长短关系，第四种是任何三颗星构成的三角形，第五种是两个三角形的重

第一章 关于本质的几个问题

叠关系，等等，事实上这些对象种类彼此是完全不同的，一段距离不是一颗星，两个距离的关系不是一种距离，等等。"这种诘难不会使我们对上述回答的正当性发生疑问。我们要回答这个诘难说：这里列举的各种对象种类（除了星本身这一对象种类之外）都不是独立自主的对象种类；它们根本不包括可与星相提并论的真正意义的对象，而只是星星之间的关系和关系结构；一般地说，如果我们看到了星，那么我们就会看到它们处于一定的位置，同时它们的距离、形状和关系也必然随之而得。我们看到的是一种、两种还是三种对象种类，这个问题与有多少种可以确定的要素的这些次序形式没有关系，因为正如我们已经从上面五个例子看到的，要素的次序形式的数目是没有限定的；因此这个问题只涉及要素本身的种类。

星的比喻（尤其是第二种情况，即关于没有特性而仅由关系联系起来的那些星的情况）对构造理论的意图提供了一个很好的形象的说明：一切实际科学的对象（除了原初经验本身，这相当于那些星）就是一些星座以及由无特性但可赋以次序的星所构成的这些星座的关系和联系；所谓对象种类的区别，特别是物理对象和心理对象的区别，乃仅指由于不同结合方式而来的星座（或它们的联系）的一种不同的种类。

现在我们若将在上面譬喻中明白看到的东西运用于一元论和二元论的问题，那么我们就会发现，我们无须把物理的东西和心理的东西看作世界的两种本原或两个方面，它们是无特性而只有关系联系的要素的唯一的、统一的领域的次序形式。这种次序形式有无限之多。如果我们要把物理的东西和心理的东西的区别看作世界的两种实体或两个方面的区别，那么我们就不能只见这二者而不顾其他。即使在今日科学中，也有大量的对象种类，它们有同样的独立性，因而可能提出同样的要求被视为世界的本质的方面。二元论这个古老的形而上学问题之所以只谈物理的东西和心理的东西，是因为科学首先注意到的就是这两种对象种类，更确切地说是这两种构造形式。但是现在其他一些对象种类（特别是精神的对象、生物学的对象和价值）已被承认为独立的对象种类，尽管对它们是否具有与物理对象和心理对象同样的权利人们还有争议（请参阅第25节关于其他对象种类的例子）。但是即使把这些对象种类列举出来也还是远远不够的，因为正如我们在构造系统纲要中已经指出的，每个对象种类都包括了各种不同的构造等级的对象。这种包括对于粗略的分类是适当的；然而我们不可忽略各种不同等级的对象属于各种不同的对象领域（第41、29节），因而属于逻辑上独立的、完全分开的领域。因而，二元论说到底是对两种虽然重要但并非根本特异的对象域所加的任意的限制；作为关于世界的根本性质的一个论断，它无论如何是站不住脚的，而不能不退让于一种承认世界有无限多的方面或实体的*多元论*。但这只不过是根据其基本关系对要素做次序安排的无限多可能的形式。结果还是这样：在认识对象的世界中（正如在每个可加以次序安排的领域中一样）有无限多*次序形式*，但是要加以次序安排的东西，即*要素*，却只有唯一的一种。

参考文献 照那托尔普的看法（与我们上述的观点类似），对心物二元论的这种批驳可以追溯到康德。那托尔普说（《根据批判方法的普通心理学》,第148页),康德认为,"'质料',即内感官感觉和外感官感觉,是同一的,只有'形式',即整序方式,是不同的"。那托尔普对上述问题还作过进一步的历史的评述和系统的讨论。我们上面的观点也同罗素的观点是一致的,他的《心的分析》(伦敦,1921年)一书列举了更多的参考书目(第22页及以下诸页);他的观点来自詹姆士,尤其援引了"行为主义者"的观点。在齐恩(《以生理学和心理学为基础的认识论》,耶拿,1913年,第19页及下页,第43页及以下诸页;《论认识论之现状》,维斯巴登,1914年,第66页及以下诸页,"超生物力学说")和罗素(《心的分析》,第287页及以下诸页)那里有另外一种但是类似的表述把物理的东西和心理的东西作为同一要素的两种规律性。马赫关于对同一材料有不同的研究方向的说法(《感觉的分析》,第14页,《认识和谬误》,第18页)与上述的观点也是类似的。

第163节 自我问题

"自我"是原初经验的类。人们常常正确地强调,自我不是一束表象或经验,而是一个统一体。这与上面提出的论点并不矛盾,因为(正如在第37节中已指出的而且经常反复强调的)一个类不是诸分子的聚集、总和或捆束在一起,而是表示诸分子所共有的东西的一个统一的表达式。

自我的存在不是原始所予的事实。从我思(cogito)得不出我在(sum);从"我经验"得出的不是我在,而是一经验在。自我根本不属于基本经验的表达式,而只是后来才被构造出来的,主要是为了区别于"他人",因此,它只是在构造了他人心理对象之后的更高的构造等级上才被构造出来的。因此,较之"我经验",更恰当的说法应是"经验",或者更好是说"此经验"。于是我们可以下面的说法来代替笛卡儿的那句名言:"此经验,故此经验在"("dies Erlebnis; also ist dies Erlebnis"),当然,这是一个纯粹的同语反复。正如我们在讨论自我心理基础时已经指出的,自我不属于原始事实(第65节)。哲学的深刻反思使不同倾向的哲学家得出了一致的结论:决不能把原始的意识过程看作一个行为主体即"自我"的活动。

参考文献 罗素说,不是"我思",而是"在我之中思"(《心的分析》,第18页),我们则要像李希顿贝格那样(根据石里克在《普通认识论》第147及148页中所说),连"在我之中"也删掉。在尼采(《权力意志》,第304、309节)、阿芬那留斯(《纯粹经验批判》,莱比锡,1888年)、那托尔普(《根据批判方法的普通心理学》,第41页及以下诸页)、杜里舒(《秩序论》)、石里克(《普通认识论》,第147、148页)那里都可以看到对原始事实中的活动的否定。亦请参阅第65节的参考书目。原始事实被错误地分裂为自我和对象会导致什么结果,哈特曼在《知识形而上学原理》(柏林和莱比锡,1921年)一书第38、40页已经指出,在那里他不是仅仅区别两个层面,而是最后区别了四个层面:主体、对象映象、对象、超客观的东西。

第164节 意向性关系的本质

意向性关系是具有内容的心理过程和它的内容之间的关系,例如,我此刻对科隆大教堂的表象和作为这个表象的内容或"所指"的这座建筑物之间的关系。因此,凡指向某物的"有所意向的"心理过程,如知觉、表象、情感等等(就其涉及某物而言),都属于意向性关系的前域。是否所有的心理过程都属于这种关系,都是"意向性的",这是一个有争议的问题,我们在这里可搁置不论。例如,如果在对一棵树的某种感觉经验和此感觉经验所意指的这棵树之间有意向性关系,那么,所谓"所意指的树"首先是指"表现于感觉中的"这棵树,它也可能是一棵被梦见的树或幻想的树;至于它只是这样一种非实在的树还是一棵与感觉经验所意指者相对应的实在的树,这是一个次要的问题,与经验的直接的性质无关。

通常对意向性关系的看法认为,这种意向性的心理过程以特有的方式指向其自身之外的、与之并非同一的"意向性的"或"所意指的"对象,因而这种关系是一类特殊的关系,不能还原为其他的东西。这个看法有一点是正确的,即认为经验和经验的意向性对象不是同一的。但是意向性关系并不是唯独在心理的东西及其表现的东西之间才有的一类极其特殊的关系。因为从构造理论的观点来看,所意指的树乃是对经验即我们所说以树为其意向性对象的那些经验的某种已甚复杂的次序安排;不过这些经验是一些统一体,不能分析,而只能纳入不同次序,在这里就是纳入表现所意指的树的那个次序。由此可知,一般地说,一个经验和一个经验次序,如果满足下面两个条件,它们之间就有意向性关系,这两个条件是:第一,这个经验必须属于这个次序;第二,这个次序必须是各种实在型对象借以构造出来的那些构造形式之一。("各种实在型的对象"是指甚至在作出实在与非实在的区分之前这个区分对它们就是有意义的那些对象(第172节)。这跟下面这一点是一致的,即就意向性对象来说,我们还无须对实在性问题作出判定。)

一个要素和它被安排于其中的某个结构的关系网的关系是应用关系理论中最重要的关系之一。意向性关系不过是一定范围内的这种关系,即一个经验(或经验成分)和一个实在型结构的次序之间的关系。当然,如果人们把这样一种关系表述为"指涉其自身之外的某物",我们并不反对,只要人们明白,所谓"之外"必须被理解为非同一的①,或者更确切地说,是在一种更广泛的联系上②。

例子:我们还可举出上述一般关系在其他领域的一些例子。在这些例子中我们也可使用"指涉"一词。某一植物指涉植物的生物学系统;某个色调指涉颜色体;一个人指涉其家庭、国家或职业等级,等等。

意向性关系与上述诸例中的关系属于同一种类。当然,在一棵树出现于其中的那个经验中,我们经常意识到这棵树的意指,而在我们意识到一个颜色时,我们通常却并没意识到颜色体。但这只是

---

① 意即意向性对象与指涉它的经验不是同一个东西。——译者
② 意即在意向性关系中,经验是处于一种更广泛的联系中。——译者

一个等级的差别；在某些情况下，也可能并没意识到树，不过这种情况在成年人身上是比较少见的。但是，如果人们说一个经验的本质就在于意向性地指涉某物，尽管并非在每一经验中我们都意识到它的意向性对象，那么，从构造理论的观点看，这也是普遍的情况。对于每个对象来说，重要的是它属于某一次序的联系，否则，它根本不可能被构造出来，因而也不可能作为一个认识对象存在。

参考文献 传统的意向性理论来自布伦塔诺，并由胡塞尔继续发挥了（《纯粹现象学和现象学哲学的观念》，第64页及以下诸页）。

我们的观点与罗素的观点（《心的分析》）基本上是一致的，与雅可比的观点（《关于实在的一般本体论》，第258页及以下诸页）也是接近的，在他看来，我们这里讨论的是两个系统联系即意识系统和另一系统（例如外间实在的系统）的相互交叉；雅可比正确地强调，根据这种认识，"外间实在的存在物之二重化为现象和物自体"就成为多余的而被废除了（《关于实在的一般本体论》，第257页）。

第165节 因果性的本质

在知觉世界中有某些规律，这些规律在很大程度上使这个对象域的构造臻于完善，而且正是这些规律才使得这个对象域的大部分的构造成为可能。这些规律具有蕴涵的形式，即在位置顺序上彼此有一定关系的两个位置或位置区的分派之间的蕴涵形式。知觉世界的事件是（部分地）由被赋以性质的世界点的四维的区域来表现的（参阅知觉世界的构造，第125、126节，第133、134节）。因此，这种规律具有下面的形式："如果一个四维区域的世界点以某某方式被赋予一些性质，那么与此区域有某种位置关系的另一区域的世界点就被赋予或要被赋予某某种类的一些性质。"如果由蕴涵关系联结起来的这两个区域是同时的，那么这里涉及的就是一种状态的规律，如果它们是前后相随的，那涉及的就是一种过程的规律。如果这两个四维的区域是邻近的，那涉及的就是一种邻近律；在这种情况下，状态规律有空间的邻近性，过程规律有时间的邻近性。在具有时间邻近性的过程规律的情形中，规律就被称为因果律。在两个四维的、时间上相邻近的区域中，即两个彼此依赖、前后相随的事件中，我们把在先者称为在后者的"原因"，把在后者称为在先者的"结果"。

因此，在科学内部，因果性仅指某种函数的依存性，这里我们还必须特别强调地指出这一点，因为人们一再地维护下面这种观点，即认为这两个事件除了函数的依存性之外还有一种"实在的"关系或"本质关系"，因为第一个事件"引起"、"产生"、"造成"第二个事件。令人奇怪的是，在今天甚至还有一些物理学家和认识论学者常常坚持这种观点，认为科学（这里即指物理学）决不能满足于研究那些函数依存性，而必须发现"实在的原因"。

如果我们讨论的不是知觉世界，而是与物理学相关的纯粹量的物理学的世界，那么这种观点的错误就暴露得更明显了。在物理学的世界中，我们根本不可能谈论彼此处于因果关系的事件。"原因"和"结果"的概念只有在知觉世界之内才有意义。因此，它们也就带有这个世界概念构成所感染上的那种不精确性。物理学世界的过程规律,即物理学的因果律所表达的不是各个事件间的一种依存关系,而是一种状态和相对于给定状态大小的某种极限值(即一种状态大小的时间上的微商)之间的依存关系。只有这种因果律,而非知觉世界的因果律,才是严格有效而无例外的;反之,知觉世界的因果律则不是严格有效的,也就是说,只有在"假如没有其他情况阻碍干扰"这种含糊其词的条件下才是有效的。因此,如果我们谈的是严格的因果律,那么这只能是指物理学的因果律;但是在这种情况下,也就不存在可称之为"原因"和"结果"的东西(因为人们不会把一个瞬间状态叫作"原因",更不会把一个微商叫作"结果")。而且这里更谈不上有一种所谓"引起"的本质关系。我们曾一再地谈过本质关系的形而上学的非科学的性质。亦请参阅第169节结尾对于本质问题的一般评述,对因果性问题这些评述也是适用的。

参考文献 从休谟以来,人们经常明确地说明在科学内部要否定"实在的因果性"(这里我们只需提及马赫、费尔沃恩[《因果条件的世界观》,耶拿,1912年;第2版,1918年]和法欣格尔[《似乎哲学》,莱比锡,1911年;第8版,1922年]就够了),因此从构造理论的观点详细地阐述这个问题似乎是多余的;罗素的"论原因概念"(载《亚里士多德学会会议录》,1912年)一文也许是对那种因果观念的最清晰的驳斥。

第二章 心物问题

第166节 问题之提出

此处所谓心物问题不是指是否一切心理过程在中枢神经系统中都有一同时的生理过程与之相配合（而且配合得使类似的生理过程都相应于类似的心理过程）的问题。这一点我们是作为一个经验的假设预先假定了的。其次，所谓心物问题也不是指与某一种类的心理过程相应的某个大脑过程的性状如何的问题。解决心物关系（见第22节）的这个"配置问题"是生理学的任务，哲学问题则以此问题为已然解决的问题或至少是可解决的问题作为自己的前提。我们这里讨论的是前面曾名之为心物关系的"本质问题"（第22节）的那个问题；在这里我要探讨的是究竟如何想象和说明这两个种类如此不同的过程系列的平行关系。自从近来自然哲学重又提起这个古老的问题以来，它已成为讨论最多、争论最大的哲学问题之一。

参考文献 杜波依斯·雷蒙德在《论自然知识的限度》（柏林和莱比锡，1872年；第5版，1882年）一书中是这样表述这个问题的："反之，如果我们同样假定对人脑有极其丰富的知识……那么对于在人脑中发生的一切物质过程，我们就会有完满的知识。……甚至经常因而也许是必然与精神的（我们的说法是'心理的'）过程同时发生的那些物质过程也会被完满地认识了。……但是就精神过程本身而言，我们即使对心灵器官有了极其丰富的知识，它们仍然像现在一样是完全不可理解的。……一方面是我的大脑中某些原子的某种运动，另一方面对我来说是原初的、不能进一步加以定义的、不能否认的事实，如'我感到疼痛'，'我觉得快乐'，……这两者之间有什么可想象的联系？……对于一定数量的碳原子、氢原子、氮原子、氧原子等等来说，它们处于什么位置和如何运动，并不是无关紧要的，而这一点正是我们绝对和永远无法理解的……我们绝对认识不到意识如何可能从这些原子的相互协作中产生出来"（此处重点号是引者加的）。我们详细地引述了这段话，因为它特别典型地表明，由于错误的问题提法，一个问题会被弄得暗昧不清乃至完全不可捉摸。

关于这个问题的特别丰富的参考文献，我们只提出布塞的《精神和物体，心灵和肉体》一书中明晰透彻的讨论；迪尔在该书的附录中提供了一份详细的参考书目提要；此外请参阅埃尔德曼的《关于肉体和心灵的科学假说》。

第167节　心物问题并非来自他人心理的东西

现在我们要更详细地考察一下，我们在这里所要加以解释的究竟是一种什么事实以及这种事实是在怎样一种状况下被发现的。

像杜波依斯·雷蒙德一样,我们也把关于大脑过程的知识作为前提;这一点我们用下面一种虚拟的情况来表示,即我们有一个"脑镜",也就是有一种器具,使我们能够精确地观察一个活的大脑。

首先我们想象可以下面的方式观察到心物问题所涉及的那种事实,即我们借助脑镜来看接受试验者的大脑过程,同时听取他对发生在自己意识中的东西的报告,而且还观察他的表情活动。不过这还不是对我们所说的那种事实进行观察的典型情况,因为在这里我们看到的并不是不同领域的两个平行的过程系列,而是两个平行的物理的过程系列:脑镜中视觉观察的系列和对接受试验者所说的话的听觉观察的系列(或许与对其表情活动的视觉观察结合在一起)。诚然我们是从第二个物理的过程系列推出一个心理过程系列的。但是我们所观察到的却是两个物理的系列,它们虽然表现出某种复杂的平行关系,但这种平行关系原则上并不比任何其他物理过程的平行关系更为可疑。无论如何,这不是我们所说的事实在其中出现的那种状况。

为了更易于理解,我们在这里用实在论的语言来描述这种状况。在使用构造的语言时,我们会更明显地看到,要在另一个人身上观察心物问题的基本事实是根本不可能的。这两个平行系列一方面是作为他人身体的物理过程被构造的,另一方面是作为在构造上被赋予这个身体的他人心理系列而构造起来的。但是他人心理过程之被赋予他人身体就是仅仅根据这个身体的物理过程赋予它以自我心理的过程。在这种情况下,在这个身体的物理过程和它被赋予的(心理过程)之间有一种平行关系,乃是不言自明而无须任何解释的。从他人心理的观点出发提出心物问题，因此就有点像那个在每次听到雷声大作时就习惯地想象有一个大发雷霆的宙斯的人最后提出了究竟如何解释宙斯的愤怒和雷鸣每一次都同时出现的问题。

第168节 心物问题的基本状况

既然心物问题的基本状况不可能来自他人心理的东西，那么它必然与自我心理的东西有关。为了得到这种状况，我因此必须通过脑镜来观察我自己的大脑。为了尽可能简化这种状况，我们也许得让听觉这样发生而使其注意力集中于自身（视觉观察则只能通过脑镜顺带地做到）。我也许可以通过创造某种物理条件，例如用一自动奏乐器演奏一支曲子，来引起听觉。但是，这样一来情形就恰如前面已被否定了的他人心理的试验那样：我看到大脑过程并听到自动奏乐器的音调；因而这里又是一种纯粹物理的平行关系。因此我们毋宁假定我只是生动地想象有这个乐曲。现在我们在这里实际上已经有了所要求的状况：我在想象中听到一支乐曲，而且反复地听到这同一支曲子（心理的系列），同时我在脑镜中看到我的大脑过程（物理的系列）；平行关系就表现在有同样的乐曲就总是也有同样的大脑过程。

如果从构造的观点来考察上面描述的基本状况，那么我们就发现其中有下面的事实。这是原初经验的一个时间系列。如果我们把这些经验在构造上分析为它们的一些成分（更确切地说，准成分），那么我们就看到这里有两个平行的成分系列：在对经验系列的每个经验中都有两个成分系列的一个成分；一度一起出现的两个成分，只要其中的一个出现，就会再度一起出现。如此互相联系起来的两个经验成分系列，我们一般称之为"成分的平行过程"。我们将看到，在不同种类的成分系列之间可有这样一种平行过程。就此处讨论的基本状况而言，成分的平行过程还有一个特点，即一个系列（视知觉）的成分可用以构造实际的物理对象，而另一个系列（听觉表象）的成分则不能用于这种构造；更确切地说，后者可以是任何一类的系列。

也有其他性质的平行过程。其成分都可用以构造物理对象的两个成分系列的平行过程是常见的。

例子：不同感觉道之间的平行关系（用物理的－实在论的语言来说）：如果一个物体显然以某种方式在振动，那么它就同时也在发出声响；如果一个物体具有某种视觉形状，那么它就同时也具有一种相似的触觉形状。在同一感觉道内，也常有平行关系：如果一个物体具有马的视觉形状，那么它就同时也具有一种马的颜色；如果一个物体的一个部分具有马头的视觉形状，那么这整个物体就同时具有马的视觉形状。

此外还有其成分都不能用以构造实际物理对象而是（或者可用以构造非实在的物理对象，或者）只能（像所有的成分系列那样）用以构造心理对象的两个成分系列之间的平行过程。

例子：（用心理的－实在论语言来说）如果我对一朵蔷薇的视觉形状有一表象（而非知觉），那么我就同时对一朵蔷薇的颜色和香味也有一表象；如果我对一只苹果的滋味有一表象，那么我就同时也有一种快感。

第169节 构造的问题和形而上学的问题

在心物问题的基本状况中发生的上述平行过程区别于所举其他平行过程的例子仅在于前者的成分系列可用于物理对象的构造，而后者的成分系列虽可用于构造物理对象，但并非必可用于这种构造。从构造的观点来看，这不是什么本质的区别。按所予自身的本质而言，经验之间没有本质区别，经验成分之间没有本质区别，根据下面这一事实则尤其不能有此区别，即一种成分可以某种形式加以次序安排，另一种成分则只能以另一种形式加以安排。因此，从构造的观点看，指出那种基本状况并没有带给我们任何新东西；这不过是经常出现的成分系列平行关系的另一种情况，并不比这种平行关系本身更成问题，我们可以举许多关于一般平行关系的其他例子，当然它们的问题也不少。上面所说的情况连同心物问题的状况一起引出了下面这个问题：如何说明成分系列的平行关系之出现？在构造理论上，从而在（理性）科学上，我们这里要达到的结果只是明确判定，所予不仅一般地说是可以作次序安排的，而且可以作如此程度和如此方式的次序安排，以致可以在构造上建立起这样的平行系列。关于这个结果的解释问题是超出了科学的范围的，我们不可能用可构造的概念来表达它，就已表明了这一点；因为这个意义上的"解释"、"说明"、"基础"等概念不仅在我们这种构造系统中，而且在任何一种认识对象的构造系统中，都没有位置。关于那种平行关系的解释问题其实是属于形而上学的。

众所周知，形而上学是通过实在论地或现象主义地设定物理的自在之物来说明第一类的平行过程的：一方面作为视觉物显现于我的苹果和另一方面作为味觉物显现于我的苹果乃是同一之物。第二类平行过程可通过对心理的实在物的类似设定来说明：既是一只苹果的表象又具有某种感情色彩的那个东西是同一个心理物。因此在这两种情形中都是通过实在化（设定实在物）或实体化（在实体范畴的意义上）而提出形而上学的解释的。同样地，第三类平行过程，即在心物的基本状况中出现的平行过程，有时也是通过对具有两种不同特性的自在之物的实在设定来解释的。

就其在科学上是可能而且必要的而言，我们可以如上所示根据构造理论去说明心物问题；在这里我们应当满足于已经给出的解释。当然，这种解释并不超出已经指出的事实；但这就是说，在科学上是没有任何空隙的，没有任何一个问题继续研讨下去竟至不可能在科学内（即以科学的、可构造的概念）加以表达（参阅第180节）。

除了心物关系，我们在前面亦曾谈到不同对象种类之间的其他各种关系，而每一对象种类都提出一个相互配置问题和一个本质问题（第20、21、24节）。正如此处对心物问题所指出的那样，我们对其他问题同样可以指出：它们只能作为相互配置问题用构造的语言加以描述；在这种情况下，它们的答案就是一定的函项依存关系；

反之，作为本质问题，它们则属于形而上学的领域。对意向性关系（参阅第164节）、因果关系（参阅第165节）、精神对象的显现关系和文物记录关系来说，尤其如此。

参考文献 关于科学只能探讨函项依存关系而不论及"本质关系"这个观点特别受到马赫的强调（《感觉的分析》），目前则有深受马赫影响的一些思想家屡屡为之辩护。

丁格勒（《自然哲学基础》，第158页及以下诸页）试图借助于"脑镜"对自己大脑的思想实验寻求心物问题的解决；但是在即将达到已经准备好了的答案之前，他的思路却转入了歧途：他认为，指出工具传送所耗费的时间，我们就能证明在脑镜影像和相应的意识过程之间不可能具有同时性；不过，这种时差对问题来说并不重要，况且在静态的或周期的现象中这种时差是可以略而不记的。

第三章 构造的或经验的实在问题

第170节 实在的和非实在的物理对象

在实际科学中出现的唯一的实在概念，我们称为"经验的实在概念"。把一座在地理上可以确定的山和一座传说的或梦想的山，或者把一种亲身感受的情感和一种矫饰的情感，区别开来的正是这种经验的实在概念。只有关于这种经验实在意义上的实在问题才能用可构造的概念加以表述，只有这种实在问题才能在构造系统内提出和讨论。因此我们在这里谈论的是"构造的"或"经验的"实在问题，以区别于后面将要讨论的"形而上学的"实在问题（第175节及以下诸节），在那里我们要讨论另一种实在概念，"形而上学的"实在概念。这种实在概念只在传统哲学中才有，在实际科学中是没有的。

我们首先考察一下有关物理对象，亦即物理的事物这种最重要的物理对象的（经验的）实在概念。这些事物如果是作为物理学的点的类构造起来的，它们就被称为"实在的"，这些物理学的点位于相互联系着的世界线束上面并被安排在物理学时空世界的四维的总系统中（第136节）。反之，那些本身具有与实在的物理事物相同的或相似的特性，而尤其是也具有四维的世界点的次序及物理配置，但并非一个广大的四维的物理学世界系统的部分的事物，我们因其与实在的物理事物具有同类的性质而亦称之为"物理的"，又因其不属于物理学世界的总系统而称之为"非实在的"物理的事物。

非实在的物理事物之构造可以不同的方式进行。一般地说，物理的事物，包括实在的物理事物，首先只是作为物理的事物来构造的，至于其为实在的还是非实在的，则只有尔后根据其能否安排在总系统之内才可判定。对于作为物理学世界之预备步骤的知觉世界来说，亦然如此。

例子：根据一系列视知觉，我们还不能按第126节及以下诸节所讲的那些规则立即指定四维系统的世界点，而是首先要建立相应颜色的一种特有的四维的次序，这种次序可能在一段时间里表现一视觉物。现在我们要仔细检查一下，知觉世界系统中的这个视觉物能否按这个系统的构造形式构造起来。如果它能够被构造起来而并不与知觉物的其他构造（在这里他人的报道往往起着决定性的作用）相矛盾，那么它作为实在的知觉物（而且首先是作为视觉物）因此就被认为是合法的。如果它不能被构造，那么它就是一个非实在的知觉物。

在构造一个非实在物时，我们可以通过更详细的研究判定它属于哪种非实在的物理的事物，比如说，如果一个视觉物（如上述的例子）是由视知觉构造的，那么我们考察的就可能是梦、幻觉、催眠术的暗示等等。反之，如果这个构造是根据他人的报道（第144

节）产生的，那么按照更切近的情况（他人的"意图"），它涉及的则可能是（一个他人的）谎言、谬误、诗意的虚构等等。但是构造也可随意构成一个物理的事物而无赖于自身的经验或他人的报道；这里的对象应当称之为自我想象的对象，都可用之于（自己的）谎言、诗歌、理论虚构、假设或自由的想象活动。

上面给予的这些提示足以使我们认识到，实在和非实在（梦、诗歌等等）的区别即使在一个建立在自我心理基础上的构造系统内也保持其完全的意义，而绝不以任何超越为前提。

第171节 实在的和非实在的心理类对象和精神类对象

对于其他对象种类中实在对象和非实在对象的区别，我们要用区别实在和非实在物理对象完全相似的方法去理解。一个对象，不论是根据自我的经验还是他人的报道或随意设定构造出来的，如果被构造得使它就其自身和内在结构而言具有已被我们构造为自我心理过程或状态的那些对象的特性，我们就称这个对象为"心理的"。如果这个对象能被安排在一个相互联系而有时间次序的自我心理对象系统中，我们就称之为"实在的自我心理对象"。如果一个对象能以前面（第140节）描述的他人心理对象的构造形式归之于一个他人（在刚刚讨论过的那个意义上他是一个实在的物理对象），那么我们就称之为"实在的他人心理对象"。如果我们不可能对一个对象做上面这二者中的任何一种安排，那么我们就称它为"非实在的心理对象"。在这里我们也必须以上述同样的方式区别梦、谎言等等。

对精神对象来说，实在与非实在的区别在逻辑上还要更容易些（虽然在经验上更困难些）。一个对象，如果被构造得使其自身即具有我们称为精神对象的那些对象的特性，我们在任何情况下都称之为"精神的对象"，无论它是实在的对象还是非实在的对象。如果一个精神对象的显现属于实在的心理对象，我们就称之为"实在的"精神对象，否则，则称之为"非实在的"精神对象。这个标准只适用于作为基本的精神对象被构造起来的那些对象；对于高级的精神对象来说，情况要复杂些，因为我们必须考虑到作为其基础的那些基本的精神对象的实在性或非实在性。对此我们在这里就不作进一步的讨论了。

通过对物理的、心理的和精神的对象域中实在和非实在的这些区别之比较，我们发现下述几个一致的特点可作为实在对象之区别于非实在对象的表征。

1. 每个实在的对象都属于一个广大的具有规律性的系统；就是说，物理对象属于物理学的世界，心理对象属于一个主体的心理系统，精神对象属于精神的世界；

2. 每个实在的对象或者本身即是一个主体间的对象，或者是构造这样一种对象的直接的机缘。一个对象如果属于主体间配置的范围（第146节及下节），我们就可以说它是后面这种实在的对象；

3. 每个实在的对象在时间次序上都有一个位置。

第172节 实在型对象的概念

较之前面讨论的实在对象与非实在对象的区别更为困难的是

把那些或为实在的或为非实在的对象与那些根本不可能有实在与非实在之别的对象区别开来；我们把前者称为"实在型的"对象。

如前所见，一个对象域中实在的和非实在的对象在一些特性上是一致的；这些特性是该对象域中实在型的对象所特有的特性，我们将更详细地予以考察。例如，如果一个物理对象具有实在与非实在物理对象的这些共同特性，那么它就是一个实在型的物理对象。这样我们就可以知道它是实在的对象还是非实在的对象；但是我们也可能还没有区别出它是实在的还是非实在的，也许根据现有的知识我们还不可能做出这种区别。但无论如何，我们能够知道它是实在型的对象。

参考文献 在克利斯蒂安森的《康德认识论批判》一书中，实在型对象的概念被称为"经验的客观性"；"一个对象必须具有怎样的性质，才使我们能够提出其实在性的问题？"照克氏的看法，康德所谓的"对象"实际上即意指实在型的对象。迈农的对象理论则把实在型的对象都称为"实在的"。

实在性概念还不是一个科学上已经确定的概念。其界限不是按照统一的原则来划分的，而是部分地仅仅根据传统，亦即实际上是偶然地加以划分的（正如一个国家的历史疆界之划分）。不仅如此，这个界限（与一个国家的疆界不同）也是没有明确划定的。如果我们在下面想就其主要特征来确定各个领域的实在型对象的界限，那么我们就要遵守在科学上通用的而且通过科学思维对日常生活也有明显影响的那种语言用法。不过，这种语言用法往往也是变动不定的。

为了在某一对象域中找出实在型对象和非实在型对象的区别，为简便计，我们可以局限于我们曾借以把实在和非实在对象分别开来（第171节）的那些领域——物理学的（全部）世界、心理的（全部）世界或精神的（全部）世界——的统一系统。根据前述的实在对象的标准，这样一个系统内部的实在型对象就是实在的。因此，如果我们局限于这样一个系统，我们所寻找的实在型对象的界限与实在对象的界限就恰好一致了。我们可以作这种限制，因为这样一个系统之外的实在型对象的界限与这个系统之内的界限是类似的。

第173节 物理领域中实在型对象的界限

我们首先要探讨一下物理的对象种类中实在型对象和非实在型对象的界限。在此我们将只谈物理学世界的全系统，在这个系统内实在型对象与实在对象是一致的。我们在下面的讨论与其说是要确定精确的界限，毋宁说是要指出这个界限是相当随意的而且往往是变动不定的。

首先，按照一般的语言用法，（属于这个系统的）物理的事物应称为实在的；就我们的问题而言，由此可见物理的事物，无论实在的还是非实在的，都属于实在型对象。不过即使在这里，在有些情况下也可能还有疑问（例如，关于一个光学的虚像）。但是更大的困难还在另一方面。现在我们必须问：除了物理的事物之外还有哪些物理的对象被称为实在的？首先，相当普遍流行的语言习惯是把这些物理事物的过程和状态叫作实在的。在很大程度上，这也适用于感性的质的特性，尽管这里已有所不同。然而，对于由物理事物组成的整体来说，语言用法的差异则更广泛地出现；此指由作为其空间部分的事物构成的那些类似物理事物的对象，但其本身并不必是有空间联系的（参阅第36节关于整体的概念）。如果构成整体的这些个别事物在空间上是互相邻近的，那么我们就常常把这个整体称为实在的，有时甚至把这个整体本身也叫作事物（例如，一个沙堆、一座树林）。如果这些个别事物在空间上是互相远离的，那么这些个别事物愈是彼此类似的，我们就愈是称这个整体为实在的。

例子："我的家具"、"德国地下尚未开采的煤矿资源"通常被人们承认为实在的对象；而对于"中欧现存的植物"（意指以现今生存的各种植物个体为部分的那个总体）这个对象，人们则肯定已提出了疑问。我们对于由一定的树木组成的对象的实在性是否产生疑问，这要看这些树木具有何种标明特征的特性：如果这些树木是紧密相连的，那么这个对象就是一座树林或树林的一部分，其实在性不大会发生疑问；但是如果我们说的是欧洲的橡树或欧洲超过20米高的树或其拥有者的名字以A字打头的那些欧洲的树，那么人们就可能更强烈地认为，这已不复是实在的对象，而是一种或多或少任意的、并没有一个"实在的"对象"为其基础"的"概念的总括"。

事物的类（关于类和整体的区别，参阅第37节）不像由事物构成的整体那样容易地被称为实在的。类与事物的区别更大，这也不无道理，因为它属于另外一个对象领域，而整体则与事物本身属于同一对象领域。但是即使在这里也没有一个简单明确的界限。有一些常常被视为实在的事物的类，即其特征性的特性是可被感官感知的或者被认为可以其他方式不难认识的而且是重要的那些事物的类；这同前面关于特性所说的话是一致的，因为一个物理的事物特性通常是要以具有这个特性的那些事物的类的形式来构造的。

例子：物理的物质有时被称为实在的，例如，作为由黄金构成的物体的类的黄金这种物质（区别于作为世界黄金储藏总量的相应的黄金整体）。

在物理的事物之间的关系方面，语言的用法还要更加变动不定。

例子：以一个事物对另一事物之碰撞为特点的那种关系一般被认为是实在的。两个事物彼此在空间上的距离有时被认为是某种实在的东西，但有时又被认为是纯粹概念的东西，不过被人们当作实在的事物本身。后面这种看法在两个事物状态的时间距离问题上表现得更为强烈，在事物间基于质的相同或类似的关系问题上也许表现得还要强烈得多。

如果我们从类进入类的类和类的关系，从关系进入关系的类和关系的关系，那么我们一般就不再把这样的一些对象称为实在的了。但是，即使在这些比事物高两个（或两个以上）等级的对象中也有例外，即也有某些对象有时被认为是实在的。在这里尤为明显地表现出实在型对象的界限之随意性和偶然性。(另外，在这些对象等级上甚至对"物理的"一词的语言用法也是变动不定的。)

例子：一代动物和由其生殖的最近一代的关系是一种物理事物的类之间的关系。这种"上代"的关系虽然不是普遍地但有时也被认为是实在的。

第 174 节 心理的和精神的领域中实在型对象的界限

根据语言的习常用法为实在型对象所划的界限在心理对象域较之在物理对象域中要更恒定一致。一般只有经验和单个的经验成分才被认为是实在的（或非实在的），这也包括那些无意识的经验成分，如果这些成分是被构造来补充有意识的经验成分的话（第132节）。有时甚至某个人的某个官觉（例如，N 先生的视官觉）也被认为是某种实在的东西，但是某个性质的类（例如某个普遍而非个别地被看到的蓝的色调）则很少被看作实在的。在经验或经验成分之间的关系方面，这个领域里的界限也是颇为变动不定的，正如在物理的领域里那样。

在精神的对象域中，划分（实在和非实在的）界限的情况最糟。在这个领域中，不仅对界限的某一种观点经常变动不定，而且从一种观点转为另外一种观点时界限的变动异常之大。人们往往不承认整个精神对象的领域有实在性；认为精神对象只涉及"概念的总括"。但是如果我们承认精神对象是实在的，那么我们就可以在极不同的等级上划这个界限，而且常常只能把这个或那个等级的对象的一部分纳入界限之内。精神对象的领域分成很多的等级。因此，在精神对象领域中就产生了很多各种不同的划分界限的可能性。语言用法实际上也体现了许多这种可能性，因而颇多歧异，这主要是因为只是不久之前精神对象的领域才被认识到和承认为一个独立的对象领域。

我们在这里不是从事实的或系统的观点而只是就语言用法考察了实在型对象的概念。这样，我们看到的当然就是一个缺乏联系的、根本不明确的概念。为这种概念划界限就带有某种随意性。人们也许有理由认为，这种变动不定主要是由于对经验的主观态度和注意力的诱导造成的。根据前述用语的状况，我们有必要确定一个明晰的统一的界限，亦即确定一般要用哪些概念把实在的和非实在的对象区别开来。我们的阐述的目的主要是指出，我们在这里讨论的并不是一个事实问题，而是一个（尚付阙如的）约定问题，并指出我们迫切需要这样一种约定。

第四章 形而上学的实在问题

第175节 实在论、唯心论和现象论

我们现在要讨论的是与迄今所讨论者不同的另一种类的实在问题。我们已经确定，为使一个对象归入在实际科学的通常语言用法上被称为实在的那些对象的领域，必须满足哪些构造的（经验确证的）条件。除了这个"构造的"或"经验的"实在问题之外，还有一个问题，即是否要赋予这些经验实在的对象一种特殊意义的"实在性"。对这种特殊的意义有各种不同的说法；人们通常以对于认识着的意识的独立性为其特征。因此我们必须把"实在"一词的两种不同的意义区别开来。必要时我们将分别称之为"经验的实在"和"形而上学的实在"以资区别；我们将在后面（第176节）提出采用第二个名称（"形而上学的实在"）的理由。

例子：通过下面两个问题就可以清楚地看到这两种意义的区别。一个问题是："特洛伊战争是一个真实的事件还是纯粹的虚构？"另一个问题是："非虚构的或非虚假的对象，例如被感知的物理事物就是实在的吗（或者只是意识的内容）？"第

一个问题是历史科学探讨的问题，要用经验的构造的方法去解决，因而不同哲学派别的信徒对它的回答是一致的。第二个问题则是哲学上常常讨论的问题；不同的派别对它有不同的回答；正如我们在下面将要看到的，这是一个构造之外的因而是超乎科学的形而上学的问题。

参考文献 这里我们照通常的做法，把"实在的"（wirklich）和"真实的"（real）二词作为同义词来使用。曲尔佩在《实在化》一书中把被设定的、推导出来的（亦即被构造出来的）对象作为"真实的"对象而与"实在的"意识过程区别开来；不过这个用法与通常的用法差别似乎太大了。

第二个实在概念（就其独立于认识主体的意义而言）是实在论、唯心论和现象论这些派别分歧的要点所在。这些派别之不同就在于它们把第二种意义的实在性赋予不同范围的对象领域（在经验实在的范围之内）。实在论认为，被构造出来的物理的和他人心理的对象是实在的。主观唯心论认为，虽然他人心理的对象是实在的，但是物理的对象却不是实在的；更为极端形式的唯我论则甚至否认他人心理对象的实在性。（客观唯心论把实在性赋予一个超个人的绝对的主体，这种主体在我们的系统中是构造不出来的；因此我们在这里不去讨论这一派的观点。）现象论像实在论一样，认为实在的对象存在于自我心理的东西之外，但是又像唯心论一样否认物理对象的实在性；按照这派的学说，实在性应当归之于不可知的"物自体"，物理的对象乃是"物自体"的现象。

第176节 形而上学的实在概念

　　实在概念（就其独立于认识着的意识的意义而言）不属于（理性的）科学，而属于形而上学。这就是我们现在要指出的。为此我们要研究一下这个概念是否可以被构造出来，亦即是否可用我们讨论过的那些最重要种类的对象（自我心理的、物理的、他人心理的、精神的）加以表达。乍一看这似乎是可能的。我所认识的、即根据我的经验构造的一个对象，如果其性质不依赖于我的意志，也就是说，如果一个想要改变这个对象的意志活动并没有产生这种变化，那么我们就一定会说它是"独立于我的意识的"。但是这并不符合实在论和唯心论一致意指的那个实在概念，实在论主张物理事物的实在性，唯心论则否定其实在性。按照我们刚才试图提出的定义来看，一个握在我手里的物理的事物不应被称为实在的，因为（即使照实在论的观点看）如果我对之有一适当的意志活动，它就会改变了，而这是与实在论的观点相矛盾的。另一方面，按照定义，我们必须承认一个处于我的技术能力范围之外的物理事物，例如月球上的火山口，是实在的，因为（即使照唯心论的观点看）如果我对之有一相应的意志活动，它并不会改变，而这又是与唯心论的观点相抵牾的。

　　人们还可以其他各种方式给实在（在独立于我的意识的意义上）下定义，以使这个概念成为可构造的。但是所有的情况都表明，这个被界定的概念与实在论和唯心论所说的那个实在概念并不一致。这不仅对以我们纲要的系统形式为基础的构造系统可以这样说，而且对于每一个关于认识的构造系统，甚至对于一个并非从自我心理基础出发而是从一切主体的经验或物理的基础出发的系统也可以这样说。这(第二个)实在概念不可能在一个关于认识的构造系统中构造出来；这表明它是一个不合理的形而上学的概念。

参考文献 上述关于非经验实在的概念是不可构造的这个观点，我们相信同罗素的观点("论哲学上的科学方法"，载《神秘主义和逻辑》，1921年，第2版，第120页及以下诸页)是一致的。不过在我们看来在有些地方似乎又是不一致的，即罗素往往提出下面一类含有实在论观点的问题(不论对它们作出怎样的回答)：物理的事物在未被观察到时是否存在？他人是否存在？类是否存在？等等("论哲学上的科学方法"，载《神秘主义和逻辑》，第123页；《心的分析》，第308页；《我们关于外间世界的知识》，第126页；"感觉材料和物理学的关系"，载《神秘主义和逻辑》，第157页，等等)。亦请参阅韦尔："数学和自然科学的哲学"，载《哲学手册》，第二部分A，第89页。

上述关于实在概念的观点与实证论的观点是类似的，这种观点可追溯到马赫。可参阅奥斯特瓦尔德的《现代自然哲学》，第101页及以下诸页；这里界定的实在概念与构造的实在概念大致相符。巴芬克所界定的实在概念也是如此(《自然科学的一般成果和问题》，莱比锡，1924年，第3版，第26、187页)；因此，巴芬克关于实在概念对实在论的争论是中立的这个说法很有道理。

关于"物自体"概念的定义要追溯到实在概念（在独立于认识主体的意义上）。据此，照我们的看法也要把这个概念交给形而上学。因为形而上学是超科学的理论形式（第 182 节）。

参考文献 如果物自体被定义为实在的然而并非感觉所予的对象（如石里克在《普通认识论》第 2 版，第 179 页所做的那样），那么它当然就属于可知的对象，因而属于（理性）科学而非形而上学的领域。因为在这种情况下，它与被构造的实在对象是一致的。不过我们觉得这个定义是不切实际的，因为它和习常的语言用法相距太大了（参阅曲尔佩：《实在化》，第 2 卷，第 213 页）。关于被构造的实在对象被称为"超验的"，同样也可以说是不切实际的（阿斯泰尔：《认识论原理》，第 180 页）。按照普通语言用法，超验（Transzendenz）的本质界限是可知的（用我们的说法是可构造的）对象和不可知的（不可构造的）对象之间的界限。如果我们想用一个专门的术语来强调感觉所予的对象和构造的而非感觉所予的对象的界限，那么"越界"（Transgression）（"超过界限的"或"越过界限的"对象）一词可供此用，这个术语是齐恩在《以生理学和物理学为基础的认识论》一书（第 279 页）中提出来的，他把"越界"和"超验"明确地区别开来是有道理的。

第177节　构造理论与实在论、唯心论或现象论并不冲突

关于各种不同对象种类的经验实在的对象（用构造论的语言说是被纳入某一对象种类的总系统中的那些对象，参阅第171节；用实在论的语言说是"被认识"或"被确定"为实在的对象），构造理论和实在论在下面几点看法上是一致的：一、这类对象与同一对象种类中非实在的对象（梦、幻觉、虚构的东西等）有明显的差别；仅就其有明显区别而论，它们才可被用以构造知识系统。二、它们是可主体间化的对象，就是说，它们在原则上也可以安排在属于他人的构造系统中（第146节及以下诸节），并可根据他人的报道在我的系统内加以证实或纠正（第144节）；只是在其可主体间化的限度内，它们才能被纳入知识系统。三、这类对象即使在不为我或他人所经验时亦然存在，就此而言是独立于对它们的认识的。四、我有改变这些对象的愿望，但这个愿望不导致对象特征的改变，除非有一个物理的因果链条使我的肉体相应的运动与其他对象相关联，却不可能改变它们的活动，就此而言，这些对象是独立于我的。五、这类对象有其自身的规律性，因而有时可对它们作出预测：如果我把自己的身体放在适当的位置，那么就会出现某种预先决定的经验，不论我是否有此愿望。但是这两种理论提出的主张不仅在上述几点上而且在一切点上都是一致的。构造理论和实在论在任何一点上都不互相矛盾。

构造理论和主观唯心论一致认为，所有关于认识对象的命题

原则上都可以转换为关于所予的结构关系的命题（而保持逻辑值不变，参阅第50节）。构造理论与唯我论亦有一共同的观点，认为那些所予是我的经验。构造理论又与先验唯心论一致认为，一切对象都是被构造出来的（用唯心论的语言说是"在思想中被创造的"）；而且被构造的对象只有作为以一定方式构成的逻辑形式才成其为概念认识的对象。说到底，构造系统的基本要素也是如此。因为这些基本要素虽然是作为不可分的单元而被当作基础的，但是随着构造的进展它们却被赋以各种特性并被分解为（准）成分（第116节）；唯其如此，亦即只有作为被构造的对象，它们才成为真正意义上的认识对象，尤其是心理学的对象。这里我们也可以说，在各式各样唯心论和构造理论之间存在着这两种理论提出的主张在一切点上的一致性。构造理论和唯心论（客观的唯心论、主观的唯心论和唯我论的唯心论）在任何一点上都不互相矛盾。

对现象论来说，情形是一样的。因为除了主张"物自体"的存在这一点之外，现象论与构造理论没有任何分歧；而构造理论对物自体是既不肯定也不否定的。因而在这里这两种理论主张的一切点上也是一致的。构造理论和现象论在任何一点上都不互相矛盾。

第178节 这三个派别只是在形而上学的范围内有分歧

在实在论、（各种）唯心论和现象论的学说中没有任何一个是与构造理论相矛盾的，虽然它们彼此之间却是互相抵牾的，这个情况并不奇怪。因为这三派在下面几点上是彼此一致的，也是与构造理论一致的，即一切知识最后都溯源于我的经验，这些经验处于一定的关系中、互相连结并被加工改造；因此知识才能通过一个逻辑的过程达到我的意识的各种构造物，然后达到物理的对象，再后借助于物理的对象达到其他主体意识的东西，即他人心理的对象，最后通过他人心理对象的中介达到精神的对象。但这是整个的认识论。构造理论对必需或适当的构造形式和方法所要讲的其他一切属于其逻辑方面的而非认识论方面的任务。认识论不超出刚才所说的范围，它包括这样一些问题：认识如何能从一个对象达到另一个对象？如何能构造一个知识系统的各个等级，以怎样的顺序和怎样的形式来构造它们？认识论不可能再提出更多的问题了。

但是实在论、唯心论和现象论这三种哲学派别互相抵牾的那些思想成分不属于认识论，又属于什么领域呢？这几种学说互相抵牾的主张都与第二种实在概念（第175节）有关，如前所见（第176节），这个概念属于形而上学。由此可以得出结论：实在论、唯心论和现象论这几种所谓认识论派别在认识论范围内是一致的。构造理论表现了它们共同的中立的基础。它们只是在形而上学的领域，因而（如果它们可算是认识论派别的话）只是由于超越界限，才发生分歧的。

人们有时说，实际科学，特别是物理学，是以一种（多半并不宣明的）实在论作为其实践方法之基础的。但是这里我们必须把使用某种语言和主张一个论点明确区别开来。物理学家的实在论态度首先表现在对实在论语言的使用；这是方便的而且合理的（参阅第52节）。反之，如果不止于此，而是把实在论作为一种明确的论点，这样一种实在论就是不能容许的了；我们必须纠正它，使之成为一种"客观主义"（如果我们愿意这样说的话）：规律性的联系（在自然律中被表述为蕴涵式）是客观的，独立于个人意志的；反之，"实在的"特性之被归属于某一实体（无论是物质、能、电磁场或别的什么东西）不可能源自任何经验，因而是形而上学的。

参考文献 上述的观点与盖岑贝尔格（《符号·认识论初阶》，第452页）关于一方面调和唯心论者和唯灵论者，另一方面调和唯心论者和唯物论者的说法很接近，他说："唯物论是唯灵论的改编"；"一切哲学家都是正确的，只是在不同程度上都不善于表达自己，而且不能不如此，因为他们使用现成的语言，故而可用上百种亚语言讲话，而没有造出一种普遍使用的书写符号"。这种中立的语言乃是构造理论的目标。

卡尔纳普的《哲学上似是而非的问题》一书详细地说明了经验的实在概念和形而上学的实在概念的区别，并且更透彻地论证了把实在论的争论从科学中驱逐到形而上学里去的理由。

第五章 科学的任务和限度

第179节 科学的任务

我们已反复地讲过,建立一个完全的构造系统是全部科学的任务,而构造理论只能对此作逻辑的研究。由于科学的对象被安排在一个构造总系统中,各门"科学"同时也就被看作一个总科学的不同分支而纳入一个系统。

从构造理论的观点来看,如何规定这个总科学的任务呢?科学的目的在于发现关于认识对象的真命题并加以次序安排。(不是所有的真命题,而是根据一定的原则选择出来的那些真命题;关于这些原则的目的论的问题此处不予讨论。)

为了能够着手执行这个任务,为了确实能够做出关于对象的命题,我们必须构造出这些对象(否则它们的名字根本没有意义)。因此,构造系统之建立是科学的第一任务。此所谓第一,不是就时间而言,而是逻辑意义上的第一。科学发展的历史进程无须等到一个对象已被纳入一个构造系统才去研究这个对象;对于高级的对象,尤其是生物学的对象和精神的对象,科学不应当作这样的等待,如果它不想长时期把这些重要的、在实际应用上极有意义的领域置之不顾的话。在实际的科学过程中,对象毋宁说是从日常生活的知识储备中提取出来,被逐渐地纯化和合理化的,在这个过程中,对象规定的直观成分绝未被排除,而是被给以理性的证明(参阅第100节)。只有做到了这一点,对象才能被构造出来;只有不仅对这个对象本身,而且对其一切构造的先型,都能做到这一点,构造系统才能被建立起来,直至这个对象。这就是实际的历史的过程。但是,从逻辑上来说,情况则是这样的,即只有从基本对象出发构造出一个对象之后,先前对此对象所作的论断才成为严格意义上的科学命题。因为只有对象的构造式——把关于此对象的命题翻译为关于基本对象即关于原初经验关系的命题的规则——才给这些命题一种可证实的意义。证实意即根据经验进行检验。

在第一个任务即构造对象之后,接着是第二个任务,研究对象的其他非构造的特性和关系的任务。第一个任务通过约定来解决,反之,第二个任务则通过经验来解决。(按照构造理论的看法,在知识中除了约定的和经验的这两种成分之外,没有任何其他的成分;因而先天综合的知识是没有的。)如前所说,在实际的科学过程中,这两个任务几乎总是互相联系在一起的。的确,通常只有在已知一个对象的大量特性之后,我们才有可能把其最适用于构造定义的那些特性选择出来。打个比喻说,构造一个对象相当于指明地球表面上一个地点的地理坐标。通过这个坐标,这个地点就被明确地标明出来了;关于这个地点的任何问题(例如,气候、土质等等)现在就都有了一个确定的意义。不过,对所有这些问题的回答则还是一个须由经验来解决的更进一步的而且永远不可能完成的任务。

参考文献 按照马堡学派的看法（参阅那托尔普：《精确科学的逻辑基础》，第18页及以下诸页），对象是永恒的x，给它以规定是一个不可能完成的任务。与此相反，我们必须指出，有限的许多规定就足以构造出对象，从而一般在对象范围内明确地给出它们的特征描述。如果有一个这样的特征描述被给出了，那么对象就不再是一个x，而是某种有明确规定的东西，不过对它作完全的描述仍然是一个不可能完成的任务。

第180节 关于科学知识的限度

科学，概念知识的系统，是没有限度的。这并不是说在科学之外没有任何东西，科学是无所不包的。生活的全部疆域除科学之外还有许多维度；但科学在其维度范围内是没有界限的。我们试以空间中一无限大的平面作类比，它绝未囊括全部空间，但它不同于例如一个平面三角形，它是没有限度，没有边缘的。所谓科学知识无限度，意思是说：没有任何问题是科学在原则上不可能回答的。所谓"在原则上"，是指：如果一个有关某一事件的问题由于该事件在空间或时间上距离太远而实际上是不能回答的，但是一个关于当前而且邻近可及的事件的同类的问题却是实际上可回答的，那么我们就说前一个问题是"实际上不能回答"但"原则上可回答的"；我们把这里的时空距离称为一种"纯技术性的困难"而非"原则性的困难"。同样，如果一个问题在今天虽然实际上还不能回答，但是我们可以想象一种（广义的）技术手段的状况，其实现将会使这个问题成为可回答的，那么我们就说它是"原则上可回答的"。

人们有时说，对一些问题的回答是不能用概念把握的，是不可表达的。但是这样一来甚至连问题也不可能提出来了。为了认识这一点，我们要更确切地研究一下，对一个问题的回答是什么。就严格的逻辑的意义来说，提出一个问题就是给出一个命题并提出判定这个命题或者它的否定式为真的任务。只有给出了一个命题的符号，即由语词或其他符号构成的语句，才能给出这个命题。现在，恰恰在哲学上，人们常常写出一些词串，它们具有语句的外在结构，因而被认为是语句，但实非语句。一串词不成其为语句，如果其中有一无任何意谓的词，或者（这是更常见的情况）个别的词虽有意谓（即可作为真正的而不是似是而非的语句的部分）但此意谓与句子的语境不相契合。在使用语词的语言中，要避免这种似是而非的语句是极其困难的，因为为了认识这些语句，我们必须注意每一个别语词有什么意谓；反之，在逻辑斯蒂语言中，则根本不必注意符号的意谓，而只须考察符号的"类型"（与对象的领域相对应，第29节）；相应地，在一种理想的、逻辑上无懈可击的文字语言中，我们只须考察语法上的词类和词形变化形式。识别自然语言中似是而非的语句的困难是同前面讨论过的文字语言的"领域混淆"（第30节）联系在一起的；对这个重要的逻辑问题此处不可能作更详细的讨论。

如果一个真正的问题已经提出了，那么对它作出回答的可能性如何呢？在这种情况下，就是给出通过形式上合法组合的概念符号来表达的一个命题。这时每个合法的科学概念在构造系统中原则上都有其确定的位置（"在原则上"，就是说，并非今天就已有其位置，但在科学知识发展的一个可以设想的更高阶段上却会有其位置）；

否则，这个概念就不可能被承认为合法的。由于此处所谈的只是原则上的可回答性，对于科学上的偶然情况我们不加考虑，而是设想自己已然达到这样一个阶段，在这里那个给定命题中的概念已在构造系统中作了安排。现在在这个给定的语句中，对每一个概念的符号，我们都代之以根据其构造定义来界定这个符号的表达式，并一步一步地继续进行构造定义的替换。正如我们已经知道的，这样一来我们最后就使这个语句具有这样一种形式，其中除了逻辑符号之外，就只有基本关系的符号了。（在第119节中讨论过这种转换，并曾举例说明。）因此，在问题提出时被给出的语句现在就被转换为对有关基本关系的某个（形式的和外延的）事实的表达了。按照构造理论，我们现在假定，在某两个原初经验之间是否有某种基本关系，应当被认为是原则上可知的。但是那个事实只是由这样的一些个别关系命题组成的；在那个事实那里，由基本关系联系起来的要素亦即原初经验的数目是有限的。由此可以推知，所说的事实之存在或不存在原则上可以有限的许多步骤来确定，因此所提出的问题原则上是可回答的。

现在我们可以更确切地理解所谓科学无"限度"是什么意思了：一切由科学概念构成的命题原则上都可确定其真假。

参考文献 参阅后面第183节中所引维特根斯坦《逻辑哲学论》的几段话[①]。

只有被构造出来的，因而可以回过来被翻译为关于基本对

[①] 指《逻辑哲学论》一书6.5, 6.52, 7诸节。——译者

象的表达式的那些概念词才应被承认为合法的,这个要求与实证论提出的,例如彼得楚尔特在"实证论哲学"一文(载《实证论哲学杂志》,第1期,1913年,第7页)中表述的那个要求是类似的,他说:"谁不能立即从最高的诸概念下降到归属于它们的那些最低的个别事实,谁就根本不具有这些概念。"盖岑贝尔格在《符号.认识论初阶》一书中也有类似的观点。

认为对一切问题都可作出判定这个观点,我们同实证论是一致的,同唯心论也是一致的;参阅贝克尔"论几何学的现象学基础及其在物理学上的应用"一文(载《哲学和现象学研究年鉴》,第4卷,1923年,第412页),他说:"按照先验唯心论的原则,一个原则上(本质上)不可判定的问题完全没有意义。没有任务可使其获得一个回答的事实与之相应。因为对意识来说在原则上不可企及的事实是不存在的。"

第181节 信仰和知识

按照上述的观点,如果概念的知识在自身范围内是没有限度的,那么还有一个问题悬而未决,即在概念知识之外,是否可能有另一种获得知识的方式,而这是概念思维所达不到的。这种可能性也许就在例如基于宗教启示的信仰之中,就在神秘的沉思默省或其他的玄览洞见(直觉)之中。

信仰(无论是宗教的信仰还是其他种类的信仰)和直觉的现象无疑是存在的,不仅对于实际生活而且对于认识都起着重要的作用。我们也可以承认,在这些现象中,无论如何总有某种东西被人们"把握"了。但是这种形象的说法不应诱使人们假定在这些现象中获得了知识。人们得到的是某种态度、某种心理状态，这在某种情况下诚然可能有利于人们去获取知识，但是知识只有在我们用符号把它表示出来、表达出来，只有用语词或其他符号给出一个命题，才可能存在。上面所说的那种状态有时当然也使我们能够断定一个命题或确定它是真的。但是只有可表达的因而是概念性的确定才成其为知识，而这必须同那种状态本身明确地区别开来。这个观点同我们对概念的看法有联系，我们认为，概念是可能在命题中出现的符号的意谓。

因此，例如对某种启示的信仰或对某人指示的信仰经过仔细的检验可以引导我们得到一种知识；因为这里的信仰意即坚持其为真的。反之，如果信仰不是指某种可用概念表述的东西，而是人的一种内心的态度，那么它和理论的领域就毫不相干，我们也不可以把这种内心态度的结果称为知识。直觉也是如此。或者它有一种可以言传的结果，这样我们就可通过概念的表述来把握这种结果并使之服从概念知识的规律。或者它意味着某种不可言传的东西，那么这样一种直觉就不可能再要求我们把它看作知识了。我们更不可能认为，科学回答不了的问题会以这种方式解决。因为如果所涉及的是不可言传的东西，那是谈不到问题和回答的。

我们在这里并不是要对信仰和直觉（在非理性的意义上）作出否定的或肯定的评价。它们不过是如抒情诗和恋爱那样的生活领域。像这些以及所有其他生活领域一样，它们当然也能成为科学的对象（因为没有任何东西不可能成为科学的对象），但是，就其内容而言，它们与科学是完全分家的。一方面是那些非理性的领域，另一方面是科学，它们既不可能互相证实，也不可能互相反驳。

对我们这种语言用法之辩护。有时人们对我们关于"知识"一词的用法提出异议，认为它不仅适用于概念的知识，而且也应包括其他的东西，如对某些事物的一种非理性的或直觉的把握。对于这种反对意见，我们想提出如下的建议以便在为"知识"一词的意义划定适当界限的问题上取得一致意见。我们就从我们和持异议者一致认为属于"知识"范围的东西着手。而且凡是同大家公认的这个范围的内容可能有一种从属关系（不论是肯定的还是否定的，因而不论是确证还是矛盾的关系）的东西也可以被看作是属于知识的范围；进而言之，凡是同这个已然扩大了的知识范围的内容有从属关系者亦可算入知识的范围，如此等等。如果我们谨慎从事，只把经验知识的领域（如"橡树是树"，"我有三只苹果"）作为共同的初始的领域，并且提出例如数学的内容应否称为知识的问题，那么上面建议的那个标准就可以下述的方式加以应用。"3+2=5"这个算术命题同下面假定的这些属于经验知识领域的命题（就是说，其肯定或否定都是经验知识）是矛盾的："我有三只苹果"，"你有两只苹果"，"我们共有四只苹果"。因此，这三个命题的有效性依赖于那个算术命题。因此那个命题属于知识的范围（就是说，其肯定或否定是一个真命题；至于两者何者为真，我们的标准并不给以判定，因为我们在这里讨论的只是对知识领域的归属，并不涉及真假之别）。同样，这个标准也适用于所有其他的算术命题，数学分析命题，几何命题。因此，数学的内容属于知识的范围；就其被确定为有效的而言，按照前面提出的一致的建议，数学应被称为"知识"。因此，理性科学的全部领域，包括形式科学和经验科学，都必须称为"知识"。

那么"非理性的知识"，例如一种神秘的不可言传的对上帝的直观，情形如何呢？它同迄今我们所划范围内的任何知识都没有关系，不可能被任何知识所证实，也不可能为其所否定；从理性知识的大陆通往直觉之岛的路是没有的，然而我们却能找到一条从经验知识的陆地通往形式知识的陆地的道路，由此证明这二者属于同一处大陆。由此可见，如果我们那个一致的建议被接受，那么就不可能把非理性的直觉和宗教信仰（就其不仅具有信其为真的形式而且是不可言传的而言）称为"知识"。

如果我们不用同一个名称去指称两个异类的领域，那么对于不同的生活领域之和平相处也是有利的。矛盾与争论之发生只是由于我们赋予不同领域以同一名称之故，一旦明确地看到和着重指出这些领域乃属完全异类，则矛盾与争论就绝不可能了。

第182节 直觉形而上学

形而上学究竟有无意义，有无存在的理由？如果有，则形而上学是否是一种科学？这是关于形而上学的两个主要的问题，对这两个问题的判定显然取决于何谓形而上学。而对此人们今天恰恰意见不一。有些哲学家把（概念的）科学的某一特定的领域称为形而上学。考虑到这个词由于历史的原因对许多人来说近乎指一种很不严谨的思辨，因而不把用严格的科学概念加以处理的那些哲学领域称为"形而上学"是恰当的。如果我们讨论的是初始的知识（就逻辑的、认识的、构造的次序而言），那么我们就可以"基础科学"这个名称代替"形而上学"；如果我们讨论的是最终的最普遍的知识，那么也许可以名之曰"宇宙论"或类似的名称。

另一方面，"形而上学"这个名称又被用以指一种不是理性的而是纯粹直觉的过程的结果；这也许是一个更恰当的用法。

参考文献 把形而上学放在非理性的领域，在这一点上我们同许多形而上学家是一致的。例如，参阅柏格森（《形而上学导论》，德译本，耶拿，1916年，第5页）：（形而上学是）"没有符号也能成立的科学"；这就是说，形而上学不是间接地根据作为符号的概念而是要直接地通过直觉来把握它的对象。石里克在"体验，知识，形而上学"（载《康德研究》，1926年，第31期，第146—158页）一文中对形而上学和知识的区别有极清楚的论述。

如果我们在这个意义上使用"形而上学"一词，那么由此立即可以得知，形而上学不是（我们的意义上的）科学。谁要想反对这一点，谁就应注意下面这个区别，即你是反对我们对"形而上学"一词的界定，还是（像柏格森那样）反对我们对"科学"一词的界定。我们注重的是后者而不是前者；如果人们一致把一般所谓"基础科学"或"宇宙论"称为"形而上学"，那么我们对此也可表示同意，并且因此也必须把形而上学称为"科学"；反之，根据第181节提出的理由，违背我们对"知识"和"科学"这两个词的意义的限定（即限定在理性的领域），是绝对不恰当的。

至于直觉形而上学也利用语词来表达，这不应使我们得出一种看法，似乎它还是在概念的领域内活动的，因而属于（理性的）科学。因为我们虽然只能把可通过语词或其他符号来表达的东西称为概念的，但是并非所有使用语词者都是概念的知识。除了概念知识的领域，其他生活领域也使用语词，例如，在实践中把一个人的意志加之于另一个人，在艺术上，在介乎科学与艺术之间的神话的领域（直觉形而上学或许就属于这个领域）以及其他的领域。语词只有在被定义或至少可被定义的情况下才能被看作概念的符号；更确切地说，只有在其被安排或至少可被安排在一个关于知识的构造系统中时才能被看作概念的符号（参阅第181节中彼得楚尔特的引文）。

第183节 理性主义？

上述这种观点，即认为（理性）科学不仅能够以一切事物为其对象，而且在任何地方都不会达到一个极限，都不会碰到一个原则上不可回答的问题，有时被称为"理性主义"，虽然这样说是不正确的。如果我们在旧时唯理论和经验论的认识论上对立的意义来使用这个词，那么它显然不适用于我们的观点。因为按照构造理论，一切科学命题归根结底都是关于原初经验之间的关系的命题，所以一切具有内容的（即不是纯形式的）知识都可追溯到经验。因此称之为"经验论"倒是更合理些。(由于构造理论赋予知识的形式成分以重要的意义,我们几乎无须强调它并不是一种粗疏的经验论。)

但是"理性主义"一词今天在大多数场合而且或许在上面这种情况下也是就其现代的意义来使用的,即作为非理性主义的对立物来使用的。但是即使在这个意义上我们也不乐于把"理性主义"一词用之于构造理论。人们不大用这个词指像我们这样赋予理性、概念思维的理智以认识范围内支配地位的那些思想派别,而毋宁是用以指那些想赋予理性以在生活中的这种支配地位的思想倾向。但是,无论在一般构造理论上还是在关于概念认识没有极限的观点上,都不存在这种倾向。对科学来说,没有任何问题是原则上不可解决的,这个高傲的论断同下面这个谦卑的看法是完全一致的,即纵然回答了所有科学的问题,人生向我们提出的问题肯定还是没有得到解决。认知的任务是生活中一个确定的、很明确的、重要的任务;无论如何,对于人类来说,总有一种要求去塑造生活中那些可借助于知识以最好的认识能力加以塑造的方面,因而也就是可以科学的方法加以塑造的那些方面。尽管现代的思潮一再地贬低科学对人生的意义,我们也不会因此而让自己被引向相反的错误。毋宁说,我们这些从事科学工作的人恰恰愿意明确地承认,为了解决人生的问题,我们需要尽一切种种的努力,而且切忌有下面这种目光短浅的信念,即认为仅仅借助于概念思维的力量就能满足人生的要求。

换言之,对我们来说不存在"Ignorabimus"(我们永远不会认识的东西);虽然也许有不可解决的人生之谜。这并不矛盾。"Ignorabimus"是指有一些问题我们根本找不到答案。但是"人生之谜"并非问题,而是实际生活的境况。"死亡之谜"乃在于对同类的死感到的震动或者对自身的死感到的忧虑。这与关于死亡所提出的问题毫不相干，即使有些人有时误以为说出了这样一些问题就把这个谜表达出来了。这些问题原则上可由生物学作出回答（虽然在现阶段它只能作出极小部分的回答）。但是这些回答并不能给那些伤心备至的人们以帮助，而这也就表明有些人以为这些问题表达了人生之谜的想法乃是一个误解。毋宁说，人生之谜是要"摆脱"生活的境况，克服痛苦，也许甚至使未来的生活变得丰富起来。我们关于一切问题都是可以回答的观点与这种克服人生痛苦的任务虽然有一定的联系，但是这种联系是如此之遥远，以至于根据这个观点我们并不能对这种克服在原则上是否永远可能作出任何说明。

参考文献 维特根斯坦一方面明确地提出了理性科学万能这个骄傲的论点，另一方面又明确地表达了就科学对实际生活而言意义甚微的谦卑的看法。他说："对一个不可能说出一个答案的问题也不可能有所言说。谜是没有的。一般地说，一个问题可被提出，也就可被回答。……我们觉得，即使一切可能的科学问题都被回答了，我们的人生问题仍然毫未触及。不过，在这种情况下，本来就不复有问题存在了，而这正是回答"（《逻辑哲学论》6.5、6.52）。很遗憾，这本论著至今几乎仍不为人们所知。虽然这本书有一部分很难懂而且没有充分地阐明，但是无论从其逻辑推导来说，还是从其表示的伦理态度来说，都是极有价值的。维特根斯坦用如下的话概括了这本论著的意义："凡是可说的都可以明白地说；对于不可说的则须沉默"（《逻辑哲学论》作者自序）。

本书提要

第一部分 绪论 研究的任务和计划（第1—9节）

第一章 任务（第1—5节）

构造理论从事形式的（逻辑的）和实质的（认识论的）研究，旨在建立一种构造系统。构造系统是一个（原则上）包括一切科学概念（或对象）的系统，但不是一个为概念（或对象）分类的系统，而是一个推导的系统（系谱）：每个概念都是由这个系统中先于它的概念构造出来的（第1节）。如果有关某个概念的一切命题都能转换为关于其他概念的命题，我们就称这个概念"可还原"为其他那些概念；有关某个概念的命题转换的一般规则就叫作这个概念的构造（第2节）。逻辑斯蒂，尤其是它的最重要的部分：关系理论，是构造的方法论的手段（第3节）。从可能建立一个构造系统所得到的结果是：一切概念都是一个结构的要素，因此只有一门科学（第

4节)。同时我们认为构造系统就是一切对象的系统;"概念"和"对象"只有一种说话方式上的区别(第5节)。

第二章 研究计划(第6—9节)

预先提示本书各章的内容。

第二部分 预备性的讨论
(第10—25节)

第一章 论科学命题的形式(第10—16节)

一个对象域的"特性描述"指明这个领域的诸个别对象的特性;"关系描述"则说明对象间的关系。构造理论认为后者是更基本的(第10节)。如果两种关系在形式特性上是一致的,更确切地说,如果它们可被描写为互相一一对应的,那么我们就称它们为"同构的"或"同一结构的"(用直观的说法:如果两种关系具有相同的箭头示意图,它们就是同构的)。同构的关系所共同具有的东西(逻辑斯蒂之所谓类)被称为它们的"结构"(第11节)。如果对在一个关系描述中出现的那些关系本身并不提及而只是指出它们的结构,那么我们就称这种关系描述为"结构描述"。我们可通过一个(未命名的)箭头示意图或通过一个数的序偶表给出一个结构描述。一个对象域的结构描述是最高等级的形式化表达。论题：在科学上对世界的表述基本上都是结构描述（第12节）。关于一个对象的所谓"限定摹状"是指对它做出唯一确定的规定，亦即给出这样一种说明，我们可据以将它从对象域中明确地辨识出来（第13节）。论题：每个科学对象在其领域范围内都可以通过纯粹结构陈述加以限定地摹状（第14、15节）。因此，把一切科学命题都转换为结构命题（在原则上）是可能的；如果科学要从主观的进到客观的，这也是必要的：真正的科学永远是结构科学（第16节）。

第二章　对象种类及其关系概述（第17—25节）

为了有一极粗略的划分，我们暂且把对象区别为物理的、心理的和精神的几个种类。"物理的"和"心理的"这两个词此处是就其通常的意义来理解的；"精神的"对象是指精神科学（或文化科学）的对象：文化的或社会学的过程、状态、存在物（第18、23节）。"心物关系"是一个心理过程和一个与之平行的神经过程之间的关系。"表达关系"是一个人的动作、面部表情、口语发声和从这种话语的发出可以认出的心理过程之间的关系。"符号关系"是一个物理的符号（文字符号、语音、记号等）与其所指的关系（第19节）。每种关系都引起一个"配置问题"（哪些对象有这种关系？）和一个"本质问题"（关系的本质是什么？把相互配置的对象联结起来的是什么？）（第20节）。对上述三种关系的配置问题的研究是科学的任务（即心理学和生理学的任务；心理学和性格学的任务；符号学各门学科的任务)。反之,对这些关系的本质问题的解决并不是要去发现事实,而是解释事实。这不属于科学的任务。下面这一事实就表明了这一点,即存在着互相矛盾的解决的尝试,没有任何(即使是仅仅设想的)经验能对它们作出判定。因此应该把本质问题从科学中驱逐到形而上学中去;对心物问题来说,这一点表现得尤其明显(第21、22节)。

其中有一精神对象(文化过程)出现的心理过程被称为这个精神对象的"显现";精神对象在其中显露出来的那些物理的事物被称为它的"文物记录"。这两种关系的配置问题是由精神科学探讨的;本质问题在这里也要分派给形而上学(第24节)。上述三个对象种类只是一些特别重要的例子;还有大量其他独立的对象种类(第25节)。

第三部分 构造系统的形式问题 (第26—105节)

第一章 等级形式(第26—45节)

我们引进符号是为了能够以缩略的方式谈论某一种类的对象,而此符号本身并不指称(这一种类的)某个对象。但是人们常常把符号(尽管严格说来它不指称任何东西)说得好像它也指称某种东西,即一个新种类的对象;我们则要说:符号指称的是一个"准对象"（相对于那个对象种类而言）（第27节）。语句是命题的符号，我们用空位或变项代换其部分符号就得出一"命题函项"；于是我们就可以在"主目位置"上置入"主目"。每一命题函项代表一个概念；如果它有一个主目位置，它代表的是一特性；如果有几个主目位置，则代表一种关系（第28节）。如果我们代入一"合法的"主目，就得出一（真或假）语句；如果作其他的代入，则产生无意义的符号。如果有两个对象是任一命题函项的同一主目位置的合法主目，那么我们就称它们为"领域同源的"，否则它们就是"领域相异的"。一个对象的"对象领域"（类型）是与其领域同源的那些对象的类（第29节）。如果一个对象种类中所有的对象都是彼此领域同源的，那么我们就称这个对象种类为"纯粹的"；大部分通常的对象种类都是不纯的，没有任何逻辑上无可指摘的概念与之相应。在普通语言中（甚至在科学上），几乎每一个词都表示几个不同领域的概念；由于这种"领域混淆"，就产生了许多逻辑的从而也是哲学的混乱（第30、31节）。

　　被同一些主目所满足的命题函项被称为"普遍等值的"或"外延相同的"；我们赋予这样的命题函项以相同的"外延符号"。我们说这些符号指称函项的"外延"。因而外延是准对象（第32节）。一种特性的外延被称为一个"类"，一种关系的外延被称为"关系（外延）"。因此类和关系是准对象（相对于类的分子和关系的项而言）（第33、34节）。我们从b、c"构造"概念a，是通过指出其"构造定义"，即指出一个翻译规则，这个规则说明所有关于a的每个命题函项如何可能被转换为一个关于b、c的外延相同的命题函项。如果有了这样一个规则，我们就说a"可还原"为b、c或b、c的一个"（逻辑）复合"。因此，类和关系是分子或关系项的复合（第35节）。一个（外延的）整体是与其部分领域同源的，不论它是一个"真正的整体"（"有机整体"、"完形结构"）还是一个单纯的"聚合"。但是既然类与其分子是领域相异的，它就不是整体，更不要说其分子的单纯聚合了；毋宁说它是一个代表诸分子所共有的东西的准对象（第36、37节）。

由 b、c 给 a 以构造定义的最简单的情况是在 b、c 中指出一个与"a"同一意谓的表达式："显定义"；如不能这样做，就必须给出一个把包含 a 的整个语句形式（命题函项）翻译为 b、c 的规则："用法定义"。（这两种形式的定义都被称为"广义的显定义"，以区别于隐定义）（第38、39节）。在建立构造系统时，如果有一与此前构造的对象领域相异的对象被构造出来，我们就说有了一个新的"等级"；这只有通过一个用法定义才能达到。通过这样的定义，我们引入一个外延符号，即一个类符号或关系符号。因此，类和关系是构造系统的等级形式（第40节）。通过对这些等级形式的反复的乃至交替的使用，构造系统中所有的对象就由系统的基本对象构造出来了。因此，一方面是（由系统的统一性而来的）对象领域的统一性，另一方面是由构造形式的繁多而来的（彼此领域相异的）对象种类的多样性（第41节）。每一构造等级和下一更高的等级之间有存在与效准的关系（第42节）。对构造理论的"外延方法"（每一概念都由一外延代表之），人们提出诘难，认为未必没有关于不能借助概念的外延符号来表达的概念的命题，即"内涵命题"。这个诘难为"外延性原则"所消解，即：没有内涵命题，只有外延命题（即可转换为外延命题的命题）（第43、45节）。这个原则的根据在于

"符号命题"、"意义命题"、"意谓命题"的区分;事实表明,关于一个概念的外延命题和被误认为内涵的命题所讨论的根本不是同一个对象(第44节)。

第二章 系统形式(第46—60节)

一 形式的研究(第46—53节)

系统形式问题:如何建立构造系统以使所有科学的对象都在其中找到自己的位置?(第46节)为此我们必须研究对象的可还原性关系。"a可还原为b、c",用(科学中常见的)实在论的或事实的语言说,意即:"对于每个关乎a(b、c)的事实都指出一个仅仅依赖于b、c的必要而充分的条件"(第47节),或者:"对于a来说,有一个可通过b、c来表达的既确实可靠又无时不在的表征"。因为科学能为每个概念(在原则上)都指出这样一个表征,因此每个科学对象都是可构造的(第48、49节)。"构造的转换",即借助一个构造定义对一命题或命题函项所做的转换,是一种"逻辑的翻译",而非"意义翻译";我们可以说,它使"逻辑价值"保持不变(即命题的真值或命题函项的外延不变),但是并不总是使"认识价值"保持不变(第50、51节)。

二 实质的研究(第54—60节)

如果对对象b的认识以对对象a的认识为前提,我们就称a对b来说是"认识在先的",而b则是"认识居次的"。就我们的构造系统纲要而言,我们应该选择"认识的系统形式":每个对象都是由在认识上先于它的对象构造出来的。因此,除了可还原性之外,我们还必须研究对象种类的认识上的在先性（第54节）。精神的对象可还原为它们的显现和文物记录；而且是借助于其显现和文物记录而被认识的。但是所有的文物记录都可还原为显现；因此所有的精神对象归根结底都可还原为心理对象并且在认识上是居于其后的（第55、56节）。所有的物理对象都（直接地或借助其他物理对象）可还原为（知觉活动的）官觉性质。但是反过来说，所有的心理对象也可还原为物理对象（或者通过心物关系，或者通过表达关系）（第57节）。因此有若干可能的系统形式："基础"（基本对象域）或在物理的东西中，或在心理的东西中。就认识的在先性而言，我们必须将心理的对象分为两个领域："自我心理的"对象在认识上先于物理的对象，"他人心理的"对象则后于物理的对象。因此，在认识的系统形式中，最重要的对象种类以如下的顺序出现：自我心理的、物理的、他人心理的、精神的（第58节）。也有具有物理基础的系统形式（"唯物论的系统形式"）（第59节）。认识的系统形式的基础在于自我心理的对象；也有具有一般心理基础的系统形式（第60节）。

第三章 基础（第61—83节）

一 基本要素（第61—74节）

一切其他对象都由之构造出来的基本对象是"基本关系"；它的关系项被称为系统的"基本要素"（第61节）。我们所选择的认识的系统形式的基础在于自我心理的东西（"方法的唯我论"）（第64节）。但是"自我"的概念不属于最初的设定（第65节）。尽管具有自我心理的基础，认识仍能够达到主体间的、客观的东西（第66节）。我们要选择"原初经验"作为自我心理东西范围内的基本要素（第67节），原初经验被看作不可分的单元（第68节）。虽然如此，概念的形成还必须达到经验的所谓"成分"；为此所需要的方法是"准分析"。这是一种本质上综合的方法，但是披上了分析的语言外衣。准分析导致这样一些构成物，它们替换了（实际并不存在的）那些成分，这些成分因而被称为"准成分"。准分析就是根据一种关系描述把（不可分的）对象有次序地安排在各种不同的亲缘关系网内；因而同一对象的这些不同的关联就是它的"准成分"（第69—71节）。准分析按照作为其根据的关系的形式特性而具有不同的形式。最简单的形式用于传递关系："抽象原则"；在这种情况下，准成分被称为"抽象类"（第72—74节）。

二 基本关系（第75—83节）

两个原初经验如果在一个成分上是一致的，我们就称它们为"部分同一的"；如果在一个成分上是接近一致的，我们就称它们为"部分相似的"。我们必须预先假定，对任何知觉认识来说，这两种关系都是可知的（第76、77节）。但是，我们把相当于部分相似性并且还含有时间方向的"相似性记忆"的不对称关系作为基本关系。如果通过对经验x的一个记忆与经验y的比较，x和y被认识到是部分相似的，那么在它们之间就存在着这种关系。从这种基本关系，我们可以更简单的方式把部分相似性推导出来（第78节）。通过准分析之应用于相似性记忆，我们可以推导出"相似圈"（第80节），从相似圈又可推导出"性质类"；后者代表各个官觉性质（包括情感）。从性质类不难得出部分同一性（第81节）。对进一步推导的展望使我们可以推想不需要任何其他的基本关系（第82节）。从某个方面来说，基本关系相当于传统哲学中的"范畴"（第83节）。

第四章 对象形式（第84—94节）

对象形式问题：要以何种形式去构造各个对象？在这里我们只是把对象形式作为例子来探讨的；只有对基础、系统形式和等级形式的选择才属于我们构造理论的论题，对象形式不在这个论题之内（第84节）。最低等级的对象前面已经提到了，而且我们已研究过它们的可推导性；从这些最低等级的对象我们可以继续推导出：性质类间的相似性关系，作为各个感觉道的性质类的官觉类（第85节），借助其维数对视官觉的特征描述（第86节），先行的时间次序（第87节），视野位置及其在视野中的次序（第88、89节），颜色及其在颜色体中的次序（第90—92节）。视野次序和颜色次序在构造上互相分开是基于这两种次序的一种形式的区别：在一个经验中不可能有两种不同的颜色出现在同一视野位置，但是两个不同的视野位置却可能有同一种颜色。也是基于这种形式的区别，视野次序和由之而来的空间次序可能被用作实在的个体化原则，而颜色次序则不可能（第91节）。再者，感觉就其为唯一的经验成分而言是可以推导的（第93节）。自我心理领域的其他对象可从上述的对象推导出来，从这些其他对象可推导出物理的对象，进而又可推导出他人心理的对象和精神的对象（第94节）。

第五章 一个构造系统的表达形式
（第95—105节）

　　构造系统是一个定义链条的结构。只有使用一种符号语言才最能保证概念的纯正。因此在我们作为举例提出的构造系统中我们使用了逻辑斯蒂的符号系统；我们把这种符号语言翻译为并行的三种其他语言，以便使人们易于理解（第95节）。我们是根据罗素和怀特海的系统采用逻辑斯蒂语言的，因为这是唯一具有一个较充分发展的关系理论的系统（第96、97节）。第一种翻译是（将构造系统的各个定义和定理）意译为日常的文字语言；其次是用实在论的事实语言的翻译（第98节）。第四种语言是一种虚拟的构造的语言：这里每个构造定义都被表述为一个构造程序的操作规则（第99节）。在这种情况下，我们就设想，"所予"是以"基本关系表"即基本关系的数的序偶表的形式提供的；操作规则从这个表引致关于一切对象的其他"成分表"（第102节）。因此，在这里所予内容的经验被虚拟地与对它们的加工改制分离开来；为此我们必须进而虚拟地假定，所予可随意保存下来（第101节）。建立构造系统不是要描述对经验内容的经验本身，而只是描述其间的逻辑关系；这是通过一种理性的重构来做的，即对于在实际经验中大都是直观进行的经验内容的综合加工加以理性的重构（第100节）。如果我们构造了个别对象，那么就有另外一个（此处没有解决的）任务提出来了，即要认识到这些构造是一般形式规则的应用实例（第103—105节）。

第四部分 一个构造系统的纲要
（第106—156节）

第一章 低等级：自我心理对象
（第106—122节）

这个构造系统纲要只是用以阐明构造理论的一个解说示例。我们将根据前面所做的形式的和实质的研究较详细地说明低等级的对象。对其他等级则只是做一些提示。除了构造定义之外，我们也指出几个定理作为例子；这些定理或者是"分析的"，即可由定义推演出来，或者是"经验的"。像所有科学命题一样，这些定理也可翻译为仅仅是关于基本关系的命题；这样，一个分析定理就产生一个重言式，一个经验定理则产生一个关于基本关系的经验的形式的特性的命题（第106节）。

首先我们要界定逻辑的概念和数学的概念（后者其实是前者的一个部分）；它们的前提只是逻辑的基本概念，而不是基本关系；它们不是实在概念意义上的真正概念（第107节）。下述这些概念都是根据基本关系（相似性记忆，第108节）构造的（这些构造相当于第67—94节中的推导而且是以前面所说的那几种语言表述的，第95—102节）：原初经验（第109节），部分相似性（第110节），相似圈（第111节），性质类（第112节），部分同一性（第113节），性质间的相似性（第114节），官觉类，视官觉（第115节），感觉、经验之分解为个别的和一般的成分（第 116 节），视野位置及其在视野中的次序（第 117 节），颜色及其在颜色体中的次序（第 118 节），先行的时间次序（第 120 节）。

一切科学概念都是只能由基本关系来表达的类或关系。我们以感觉道的概念为例来解释这个论题。一切科学命题都可转换为仅仅关于基本关系的命题，这个论题则是以关于颜色体三维性的经验命题为例来说明的（第 119 节）。

一个对象的"推导关系"是指某种指明该对象如何由基本关系得来的表达式；它表示一个纯逻辑的概念。如果我们以适当的推导关系替换每个构造，那么我们就以一种纯逻辑系统的形式建立了构造系统；通过基本关系的置入，于是我们就使这个系统变成了关于一切实在概念的真正的构造系统（第 121 节）。

第二章　中间等级：物理对象
（第 123—138 节）

从视野的二维次序构造三维空间（首先是视觉事物的空间）有各种不同的可能性（第 124 节）。我们选择的是只利用在经验中出现的视野的时间顺序（而不利用动觉）的那种形式；因此通过颜色之被赋予"世界点"而得到（四维的）"视觉世界"（第 125—127 节）。"视觉的事物"是这个视觉世界的某些部分（第 128 节）。视觉事物中特别重要的是"我的身体"；我们可以根据某些特点对它作特征描述（第 129 节）。我们可借助于它对其余的官觉（我们把情感界也算在其内）作特征描述（第 130、131 节）。现在我们已将经验分析为其质的成分；这些成分被区分为一些感觉道，并被分析为组分；借助于这些东西，我们就可以把一切意识过程构造出来了。为了表明有一个一以贯之的规律性，我们以所谓"无意识的"过程来补充这些意识过程，从而构成"自我心理的东西"的全领域。自我心理的状态的类就是"自我"（第132节）。

通过其他官觉性质的赋予，从视觉世界就得到"知觉事物"的"知觉世界"（第133、134节）。这种赋予由某些类比规则（相当于实体和因果性范畴）所补足（第135节）。"物理学世界"与知觉世界不同，在物理学世界中被赋予世界点的不是性质，而是数，即物理状态值。物理学世界较知觉世界具有这样的优点，即它能够以明确的方式主体间化，而且有严格的可以数学地把握的规律适用于它（第136节）。在物理学世界中所有可区别的物理的过程和事物都可作特征描述，因此例如有机体（其中尤其是"他人"）和其他生物学概念也是如此（第137节）。我们可借助"我的身体"的过程构造表达关系和心物关系（第138节）。

第三章 高等级：他人心理对象和精神对象（第139—156节）

他人心理的东西的构造在于借助表达关系把心理过程赋予一个他人的身体。因此，从构造来说，他人心理的东西是对自我心理的东西重新加以排列。如果心物关系已被确知，那么我们就可以不用表达关系而用心物关系给他人心理的东西一个更精确更完满的构造。他人心理的东西正如自我心理的东西一样由于加上了无意识的东西而得到补足（第140节）。为了构造他人心理的东西，除了狭义的表达关系之外，我们还必须利用"符号给予"，即他人的语言表达。符号给予关系之构造类似于没有翻译者之助去学习一门外语的方法，首先是语词（第141节），然后是语句、"报道关系"（第142节）。在实际学习一种语言时，理解大都是直观发生的；在构造中这种直观是被理性重构的（第143节）。他人的报道现在被用于进一步的构造：一切对象种类都得到充实，然而又不可能因此而有任何原则上新的东西在系统中出现。利用他人报道并不意味着放弃自我心理基础；因为这些报道就是在这个基础上构造出来的（第144节）。

正如"我的世界"是从"我的经验"构造出来的，"一个他人M的世界"是从M的被构造的经验中构造出来的。我们现在发现在M的对象和我的世界的对象之间有两种关系：(1)那些被认为主要是低等级的类似的构造的关系（第145节）；(2)经验上同一的对象间的"主体间相互配置关系"（例如我的柏林和M的柏林之间的关系）（第146节）。这种相互配置也可用以补充这两个系统的任何一个（第147节）。在我的系统和他人的系统中彼此主体间相互配置的那些对象的一个类，我们称之为一个"主体间的对象"（例如，在不同系统中的对象"柏林"的类）；它们构成"主体间的世界"（第148节）。这是科学的真正的对象领域（第149节）。

最初的精神对象（即在构造上不以其他精神对象为前提的那些精神对象）是根据其显现，亦即从心理的对象构造出来的（第150节）。于是我们就可借助于它们来构造其他的精神对象了。但对社会学的东西我们必须主要以关系的形式来构造。从心理的东西构造精神的东西决不意味着"心理化"，因为精神对象已构成新的对象领域（第151节）。

我们构造了自我心理的、物理的、他人心理的和精神的对象领域就构造了最重要的对象种类。价值是作为其他对象种类的一个例子提及的。我们要根据"价值经验"来构造价值，犹如根据官觉性质来构造物理对象那样（第152节）。

一切科学命题（原则上）都可翻译为关于基本关系的命题。基本关系是否也可消除，从而使一切命题都成为纯结构命题呢？（第153节）事实表明，这是可能的；但是只有给逻辑的基本概念附加上"有根据的关系"这个概念，才有这种可能。所谓有根据的关系是指与一种自然的可经验的关系相应的那些关系。这种附加是否合法，仍是一个问题（第154节）。我们用一个例子来说明（对基本关系的）这种消除（第155节）。

这里提出的一个构造系统的纲要只是要阐明理论。反之，我们认为正确有效的东西则表达在几个论题中。形式的论题所说明的是：基本要素是同一等级的，基本关系属于最初的等级，为数极少，也许只有一种。实质的论题说明：基本要素是作为不可分的单元的"我的经验"；仅以相似性记忆为基本关系可能就足够了；我们可依次先后构造出：性质，官觉，视官觉，视野，颜色，时空次序，视觉事物，我的身体，其他自我心理的对象；物理的对象，包括其他的人；他人心理的对象，精神的对象；作为主体间对象的各类对象；物理学世界的构造是根据性质的分配对数的排列；他人心理对象的构造是基于表达关系和报道关系，或基于心物关系；精神对象的构造是基于显现关系（第156节）。

第五部分 根据构造理论对若干哲学问题的澄清（第157—183节）

我们讨论了几个例子以便指出，构造理论对概念所作的次序安排使我们有可能更明确清晰地把握问题（第157节）。

第一章 关于本质的几个问题
（第158—165节）

对个别概念和一般概念的传统区别的研究表明，这里所涉及的并不是两类根本不同的东西。所谓个别概念也必须作为类或关系加以构造。个别和一般的区别只在于，与个别概念相对应的是时空次序中一个有联系的区域，而一般概念则仅与一其他的（质的）次序有关。从逻辑的观点看，前者并不比后者更简单更统一（第158节）。——同一性：如果两个符号到处可以替换使用，它们就是"同一意谓的"，即指称"同一个东西"。在日常语言用法中，甚至严格说来并非同一的东西也被称为"同一个东西"。在这种"非真正的同一化"那里有一种严格的同一性，不过不是有关对象本身的同一性，而是某些更高等级对象（例如那些有关对象所归属的类）的同一性；在那些有关对象本身之间则有另一种关系，例如，常常是类同一性关系，或相对于某种次序或主体间相互对应的相等性（第159节）。——物理的东西、心理的东西、精神的东西的本质是什么？这些种类的对象是准对象，是用以表达经验间的某些联系的语言手段（第 160 节）。这是它们的构造的本质。只有指明包含某个对象名字的那些语句的真理标准才能说明这个对象的科学的或构造的本质。这可以（例如）通过给出构造定义链来做到。超出这个范围的问题是不能以可构造的概念来回答的；它们涉及的是对象的形而上学本质，是科学范围之外的问题（第 161 节）。——身心二元论问题：是否有这样两类根本不同的对象？回答：物理的东西和心理的东西是基本要素的不同的次序排列形式（类似于不同的星座）。基本要素只有一种，但是其排列形式却不止两种，而是任意之多的。不过这并不是经验世界的特点，从分析来说一切有序的领域都是如此（第 162 节）。——自我是经验（或自我心理的状态）的类（而非聚合）。自我不属于基本经验的表达式，而只是在较高的等级上才被构造了的（第 163 节）。——一个心理过程及其所意指的东西之间的意向性关系不是一种独特的不可还原的关系，而是一个经验和一个包含此经验的实在型经验结构之间的关系的一个事例（第 164 节）。——在科学上，因果性只是指一种函项的依存性。从严格的意义上说，在知觉世界中是没有因果性的，因果性只存在于物理学世界中。在这里依存性存在于一个状态和赋予状态大小的某种极限值之间，因而不存在于两个过程之间。因此，如果说"原因"和"结果"的概念在知觉世界的不严格的规律中就已失掉了其拟人化的"引起"的涵义，那么在物理学世界这里，它们根本就没有任何意义（第 165 节）。

第二章 心物问题（第 166—169 节）

传统哲学的心物问题探讨对心物平行性的说明（第 166 节）。这种平行性最初不可能涉及他人心理的东西（第 167 节），而只能在经验上被看作一个自我心理的经验和自己大脑中被观察到的过程之间的平行性。但是，在进行这种观察时，这些过程是作为自我经验的内容出现的。因此，这并不是根本不同的东西间的平行性，而是经验成分的不同序列之间的平行性；这样的平行性在其他情况下也常常发生（第 168 节）。在科学上，我们只能确定有这种平行性的结果。对这个结果的解释则属于形而上学；在科学上，我们决不能谈论这种形而上学的问题（第 169 节）。

第三章 构造的或经验的实在问题（第 170—174 节）

我们可以根据经验的标准来区别一个"实在的"事物和一个"非实在的"事物，例如一个臆想的、伪造的或错误假定的东西："经验的"或"构造的"实在概念。即使在一个具有自我心理基础的构造系统中，这个实在概念也保持其有效性（第 170 节）。正如在物理的东西中那样，在心理的东西和精神的东西那里，也有一种相应的实在与非实在的区别。在各个对象领域中有一些彼此一致的关于实在事物的经验的表征，即：属于一个广大的具有规律性的系统，并处于一种时间次序中（第 171 节）。无论实在的还是非实在的对象，我们都称之为"实在型的"对象；至于其他的对象是实在的还是非实在的问题是没有任何意义的（第172节）。通常语言用法为各个对象领域中实在型对象所划的界限是不统一的、随意的、变动不定的（第173、174节）。

第四章 形而上学的实在问题
（第175—178节）

还有另外一种实在概念，通常被表述为"独立于认知的意识"。实在论和唯心论在肯定或否定外间世界的实在性时都是就这种实在概念而言的（第175节）。我们把这种实在概念称为"形而上学的"，因为它不可能用科学的即可构造的概念加以定义；"物自体"的概念也是如此（第176节）。凡是既被构造理论所回答，又被实在论派、唯心论派和现象论派所回答的问题，我们都可给以一致的回答（第177节）。这三个派别只是在它们离开了可构造的东西的范围即科学的领域才发生分歧；不过在这种情况下我们已不再讨论认识论，而是在搞形而上学了。实际科学的实用方法之为"实在论的"，只是在语言上，而不是在形而上学的意义上；对实际科学来说，本来意义的实在论是没有意义的，应当由一种关于规律性联系的"客观主义"去替代（第178节）。

第五章　科学的任务和限度
（第 179—183 节）

　　科学的任务是发现真命题并加以次序安排；这个任务的实现首先是建立一个构造系统，即引进概念，其次是确定这些概念的经验联系（第 179 节）。在科学上没有原则上不可回答的问题。因为任何问题都是提出一个（要弄清其真假的）命题。但是每个命题在原则上都可翻译为关于基本关系的命题。而且每个这样的命题在原则上都是可由所予来证实的（第 180 节）。非理性的（例如宗教的）意义上的信仰和直觉不涉及真假的区别，因而不属于理论的领域，不属于知识的领域（第 181 节）。所谓的"形而上学"，我们（也像许多形而上学家那样）不是指逻辑上最低或最高的科学知识（"基础科学"或"宇宙论"），而是指一种纯粹直觉的领域，因此形而上学与科学、与理性的领域不复有任何关系；二者之间既不可能彼此证实也不可能相互矛盾（第 182 节）。上面阐述的这种观点不是理性主义，因为它只要求科学具有纯粹的合理性，反之，对于实际生活，则承认有其他非理性的领域的存在及其重要意义（第 183 节）。

人名书名索引

人名之后的数字指本书的节。书中所引著作有几种版本者，引文均出自其出版年代不加括弧的那一版本。

（补）指在本文中未曾谈及而在此索引中补加的著作。

特别适用于对与构造理论有关的问题之研究的著作以如下方式标明：

1.适用于认识论问题（例如，实在的分析；对象种类及其关系；自我心理的东西和他人心理的东西；物理的东西和心理的东西的关系等等）之研究的：

EⅠ 表示初级的著作（引人入门的著作）

EⅡ 表示高级的著作（较难读的著作）

2.适用于逻辑问题（例如，命题，命题函项；类，关系，结构；定义；外延性；类型）之研究的：

LⅠ 表示初级的著作

LⅡ 表示高级的著作

Ahlmann（阿尔曼），65、94
"视觉表象活动之分析。论盲人心理学"，载《全心理学文献集》，第46期，第193—261页，1924年。

Aristoteles（亚里士多德），156

Aster, Ernst v.（阿斯特），65
《认识论原理》，莱比锡，1913年。

Avenarius, Richard（阿芬那留斯），3、64、159、163
《纯粹经验批判》，莱比锡（1888年）；第2版，第1卷，1907年，第2卷，1908年。
《人的世界概念》，莱比锡（1891）；第3版，1912年。　　　　　　　　　　EⅠ

Bauch, Bruno（鲍赫），75
《真理，价值和实在》，莱比锡，1923年。

Bavink, Bernhard（巴芬克），176
《自然科学的一般成果和问题》，莱比锡（1914年）；第3版，1924年。

Becher, Friedrich（贝希尔），57、58、140、

143

《大脑与灵魂》，海德堡，1911 年。

《精神科学与自然科学》，慕尼黑和莱比锡，1921 年。

Becker, Oskar（贝克尔），124、180

"论几何学的现象学基础及其在物理学上的应用"，载《哲学和现象学研究年鉴》，Ⅵ，第 385—560 页，1923 年。

Behman, Henrich（贝曼），3

《数学与逻辑》，莱比锡和柏林，1927 年。

Bergson, Henri（柏格森），57、182

《形而上学导论》（德译本），耶拿，1916 年。

《物质与记忆》（德译本），耶拿，1919 年。

Brentano, Franz（布伦塔诺），164

《论心理现象的分类》，莱比锡（1911 年），1925 年。

Burkamp, W.（布尔坎普）

（补）《概念和关系。逻辑学基础研究》，莱比锡，1927 年。

Busse, Ludwig（布塞），57、166

《精神与物体，灵魂与肉体》，莱比锡（1903 年）；第 2 版附有 Dürr（迪尔）所加的附录，1913 年。

Cantor, Georg（康托尔），37

Carnap, Rudolf（卡尔纳普），"空间"，载《康德研究》，补编第 56 期，柏林，1922 年。

"论物理学的任务"，载《康德研究》，XXⅦ，第 90—107 页，1923 年。

"空间的三维性和因果性"，载《哲学年鉴》，Ⅳ，第 105—130 页，1924 年。

"论空间属性对时间属性的依赖性"，载《康德研究》，XXX，第 331—345 页，1925 年。

《物理学概念的形成》，卡尔斯卢厄，1926 年。

"原本的概念和非原本的概念"，载《学术交谈》(Symposion)，Ⅰ，第 355—374 页，1927 年。

《哲学上的似是而非问题。他人心理问题和实在论争论》，柏林，1928 年。EI

《逻辑斯蒂概要，附有对关系理论及其应用的特别考察》，维也纳，1929 年。

LI

Cassirer, Ernst（卡西勒），12、64、75

《实体概念和功能概念》，柏林，1910 年；第 2 版（1923 年）。

Christiansen, Broder（克里斯蒂安森），148、172

《康德认识论批判》，哈瑙，1911 年。

Clauberg und Dubislav（克劳贝尔格与杜比斯拉夫），3

《系统的哲学辞典》，莱比锡，1923 年。

Cornelius, Hans（科尔内留斯），64、67、74、159

《哲学引论》，莱比锡和柏林（1911 年）；第 2 版，1919 年。

Couturat, Louis（库迪拉），73、107

《数学哲学原理》(1906年);德译本,莱比锡,1908年。

Descartes(笛卡儿),163

Dewey, John(杜威),59

Dilthey, Wilhelm(狄尔泰),12、23

《精神哲学引论》,第1卷,莱比锡(1883年);1922年。

Dingler, Hugo(丁格勒),58、64、65、140、169

《自然哲学基础》,莱比锡,1913年。

Driesch, Hans(杜里舒),3、36、64、65、67、89、129、140、151、156、163

《秩序论》,耶拿(1912年);第2版,1923年。

《实在学说》,莱比锡(1916年);第2版,1922年。

《整体和总和》,莱比锡,1921年。

Dubislav 见 Clauberg

Du Bois-Reymond, Emil(杜波依斯-雷蒙德),166、167

《论自然知识的限度》,柏林和莱比锡(1872年);第5版,1882年(1916年)。

Dürr 见 Busse

Erdmann, Benno(本诺·埃尔德曼),143、166

《关于肉体和心灵的科学假说》,科隆,1907年。

Erdmann, K. O.(K. O. 埃尔德曼),30

《语词的意谓》,莱比锡(1900年);第3版,1922年。

Fraenkel, Abraham(弗兰克尔),40

《集合论导论》,柏林,第2版,1923年;第3版(1928年)。

Frege, Gottlob(弗雷格),3、27、33、37、40、44、45、69、73

《算术基础》,布雷斯劳,1884年。

《函项和概念》,耶拿,1891年。

"论概念和对象",载《科学哲学季刊》XVI,第192—205页,1892年。

"论意义和意谓",载《哲学和哲学评论杂志》,第100期,第25—50页,1892年。

《算术基本法则》,耶拿,第1卷,1893年;第2卷,1903年。

"对施罗德逻辑代数讲义中一些论点的批判说明",载《系统哲学档案》,I,第433—456页,1895年。

Freyer, Hans(弗赖耶),12、19、56

《客观精神的理论》,莱比锡和柏林,1923年;第2版(1928年)。

Frischeisen-Köhler, M.(弗里塞森-柯勒),64、65

《科学与实在》,莱比锡和柏林,1912年。

Gätschenberger, Richard(盖岑贝尔格),60、65、95、178、180

《符号。认识论初阶》,卡尔斯卢厄,1920年。

Gerhards, Karl(格尔哈兹),124

"外间世界假定的数学核心",载《自然知识》,1922年。

Goethe, Johann Wolfgang von（歌德），136

Gomperz, Heinrich（冈佩尔茨），64、65、67、159

"作为有序事件的世界。评瓦勒的确定的哲学"，载《哲学和哲学评论杂志》，第118期，1901年，第119期，1902年。

《世界观学说》，第1卷（方法论），耶拿，1905年。

Hagen, F. W.（哈根），67

Hamilton, William（哈密尔顿），67

Hartmann, Nicolai（哈特曼），163

《知识形而上学原理》，柏林和莱比锡，1921年；第2版（1925年）。

Hausdorff, Felix（豪斯多尔夫），40

《集合论原理》，莱比锡，1914年；第2版书名改为《集合论》，柏林和莱比锡（1927年）。

Hertz, Heinrich（赫尔茨），161

《力学原理》导论，载《力学经典著作的序和导论》，维也纳哲学学会（A.赫夫勒）编，莱比锡，1899年，第121—164页。

Hilbert, David（希尔伯特），15

《几何学基础》，莱比锡和柏林（1899年）；第5版，1922年；第6版（1923年）。

（补）与Ackermann（阿克曼）合著：《理论逻辑的基本特征》，柏林，1928年。

LI

Hume, David（休谟），165

Huntington, E. V.（亨廷顿），107

Husserl, Edmond（胡塞尔），3、64、65、124、164

《一种纯粹现象学和现象学哲学的观念》，哈勒，1913年。

《逻辑研究》，哈勒，第1卷（1900年），第2版，1913年；第2卷（1901年），第2版，1913年，1921年。

Jacoby, Günther（雅可比），64、65、124、130、140、164

《关于实在的一般本体论》，哈勒，第1卷，1925年。

James, William（詹姆士），162

Kant（康德），67、106、162、172

Kauffmann, Max（考夫曼），124、129、140

《内在论哲学》，莱比锡，1893年。

Keyser, Cassius J.（凯塞尔），33、107

《数理哲学》，纽约（1922年），1924年。

Köhler, Wolfgang（柯勒），36、67

"完形结构问题与格式塔学说原理概述"，载《全生理学年报》，第3辑，（关于1922年的一辑）前半部，第512—539页，1925年。

Klein, F（克莱因），159

König, Julius（柯尼希），40

《逻辑、算术和集合论的新基础》，莱比锡，1914年。

Kronecker, L.（科洛内克尔），42

Külpe, Osward（曲尔佩），3、53、175、176

《实在化》，莱比锡，第1卷，1912年；

第2,3两卷是曲尔佩逝世后由梅塞尔（Messer）于1920和1923年编辑出版的。

Leibniz, G. W.（莱布尼茨），3、51、52

Lewin, Kurt（列文），128

"时间的发生次序"，载《物理学杂志》，XIII，第62—81页，1923年。

Lewis, C. I.（路易斯），3

《符号逻辑概论》，伯克利，1918年。

Lichtenberg（李希顿贝格），163

Mach, Ernst（马赫），3、64、65、67、162、165、169、176

《感觉的分析》，耶拿（1886年），第8版，1919年。

《认识与谬误》，莱比锡（1905年）；第4版，1920年。

Meinong, Alexius von（迈农），3、93、172

"论对象理论"，1904年，收入迈农的《论文全集》，第2卷，第481—530页，莱比锡，1913年。

《论对象理论在科学系统中的地位》，莱比锡，1907年。

Natorp, Paul（那托尔普），5、64、65、162、163、179

《精确科学的逻辑基础》，莱比锡和柏林，1910年；第3版（1923年）。

《根据批判方法的普通心理学》，蒂宾根，1912年。

Newton（牛顿），136

Nietzsche, Friedrich（尼采），65、67、163

《权力意志》，莱比锡，1887年。

Ostwald, Wilhelm（奥斯特瓦尔德），3、59、176

《价值哲学》，莱比锡，1913年。

《现代自然哲学》，莱比锡，1914年。

Peano, Giuseppe（皮亚诺），3、107

《数理逻辑符号系统》，都灵，1894年。

《数学文汇》，都灵（1895年），1908年。

Petzold, Joseph（彼得楚尔特），64、180、182

《从相对主义实证论观点对世界问题的历史批判论述》，莱比锡和柏林（1906年）；第4版，1924年。

"实证论哲学"，载《实证论哲学杂志》，I，第1—16页，1913年。

Pieri, M.（皮耶里），107

Poincaré, Henri（彭加勒），3、16、124、130

《科学与假设》，德译本，莱比锡和柏林（1906年）；第3版，1914年。

《科学的价值》，德译本，莱比锡和柏林（1906年）；第2版，1910年。

《最后的思想》，德译本，莱比锡，1913年。

Rehmke, Johannes（雷姆克），64

《作为基础科学的哲学》，法兰克福，1910年。

Reichenbach, Hans（莱辛巴哈），15、62

《相对论和先天知识》，柏林，1920年。

《相对论时空学说的公理系统》，不伦瑞克，1924年。

（补）《时空学说的哲学》，柏林和莱比锡，1928年。　　　　　　　　　　EⅠ

Reininger, Robert（莱宁格），64、67
《认知哲学》，莱比锡，1911年。
《心物问题》，维也纳和莱比锡，1916年。

Rickert, Heinrich（李凯尔特），12、64、75
《知识的对象。先验哲学引论》，蒂宾根（1892年）；第5版，1921年。
《文化科学和自然科学》，蒂宾根（1899年）；第5版，1921年。
《自然科学概念形成的界限》，蒂宾根（1902年）；第4版，1922年。
《哲学体系》，第1卷（《哲学的一般基础》），蒂宾根，1921年。

Russell, Bertrand（罗素），3、12、13、16、27、30、33、35、38、40、43、50、59、64、65、69、73、107、124、128、140、162—165、176
《数学的原理》，剑桥，1903年。　　LⅠ
"以类型论为基础的数理逻辑"，载《美国数学杂志》XXX，第222—262页，1908年。
《数学原理》，见 Whitehead（怀特海）。
《我们关于外间世界的知识》，伦敦，1914年；德译本，莱比锡（1926年）。　　　　　　　　　　EⅠ
《神秘主义和逻辑》，伦敦（1917年），1921年。　　　　　　　　　　EⅠ
"论哲学上的科学方法"（1914年），亦收入《神秘主义和逻辑》论文集，第97页以下诸页。
"物质的究极成分"，载《一元论者》（1915年）；亦收入《神秘主义和逻辑》论文集，第125页及以下诸页。
"感觉材料和物理学的关系"，载《科学》(Scientia)（1914年），亦收入《神秘主义和逻辑》论文集，第145页及以下诸页。
"论原因概念"，载《亚里士多德学会会议录》（1912年），亦收入《神秘主义和逻辑》论文集，第180页及以下诸页。
"亲知的知识和摹状的知识"，载《亚里士多德学会会议录》（1911年），亦收入《神秘主义和逻辑》论文集，第209页及以下诸页。
《心的分析》，伦敦，1921年；德译本，1927年。
《数理哲学导论》，德译本，慕尼黑，1923年。　　　　　　　　　　LⅠ
（补）《物的分析》，伦敦，1927年。
（补）《哲学大纲》，伦敦，1927年。
参阅 Wittgenstein。

Scheler, Max（舍勒），58

Schlick, Moritz（石里克），15、65、67、130、136、163、176、182
《现代物理学上的空间与时间》，柏林（1917年）；第4版，1922年。
《普通认识论》，柏林（1918年）；第2版，1925年。　　　　　　　EⅠ

"体验，认知，形而上学"，载《康德研究》XXXI，第 146—158 页，1926 年。
                                    E I
Schröder, Ernst（施罗德），3
《逻辑代数讲义》，第 1—3 卷，莱比锡，1890—1895 年。

Schubert-Soldern, Richard von（舒伯特-佐尔登），64、65
《认识论基础》，莱比锡，1884 年。
"论认识论的唯我论的意义"，载《科学哲学和社会学季刊》，XXX，第 49—71 页。

Schuppe, Wilhelm（舒佩），64、65、67
"内在论哲学"，载《内在论哲学杂志》，II，第 1—35 页，1897 年。
《认识论和逻辑概论》，柏林（1894 年）；第 2 版，1910 年。

Tillich, PauK（蒂利希），3

Vaihinger, Hans（法欣格尔），165
《似乎哲学》，莱比锡（1911 年）；第 8 版，1922 年。

Veblen, O（韦布伦），107

Verworn, Max（费尔沃恩），165
《因果的和条件的世界观点》，耶拿（1912 年）；第 2 版，1918 年。

Volkelt, Johannes（伏尔凯尔特），64、65、159
《确实性和真理》，慕尼黑，1918 年。

Wahle, R.（瓦勒），65

Watson, John（华生），59

Wertheimer, Max（魏尔特海默），36、67
《论格式塔学说》，柏林，1925 年，根据《学术座谈》(Symposion)，I，第 39—60 页抽印的单行本。

Weyl, Hermann（韦尔），38、40、62、73、107、176
"数学和自然科学的哲学"，载波依姆勒（Bäumler）和施罗德（Schröter）编：《哲学手册》，第 2 部分 A，慕尼黑和柏林，1926 年。（亦有单行本）   L II E II

Whitehead, Alfred North（怀特海），3、12、13、27、30、33、35、40、43、50、73、107、124
"空间、时间和相对论"（讲演录，1915 年），载怀特海著：《思想的组织》，伦敦，1917 年，第 191 页及以下诸页。
《自然知识原理研究》，剑桥，1919 年。
                                    E II
《自然的概念》，剑桥，1920 年。
（补）《科学和近代世界》，剑桥，1926 年。

Whitehead and Russell（怀特海和罗素）
《数学原理》，剑桥，第 1 卷，1910 年；第 2 卷，1912 年；第 3 卷，1913 年。第 2 版，第 1 卷（本文无改动，但加一新的绪论和补遗），1925 年；第 2、3 卷（无改动），1927 年。   L II

Windelband, Wilhelm（文德尔班），12
《历史与自然科学》，斯特拉斯堡 1894 年，第 3 版（1904 年）。

Wittgenstein, Ludwig（维特根斯坦），43、180、183

《逻辑哲学论》，附有罗素的序言。载《自然哲学和文化哲学年鉴》，ⅩⅣ，第185—262页，1921年。德英对照的单行本，伦敦，1922年。　　　　　　LⅡ

Wittmann（魏特曼），65、67

"空间，时间与实在"，载马丘斯（Matius）与魏特曼合著：《实在的形式》，莱比锡，1924年，第5—81页。

Wundt, Wilhelm（冯特），3、57

《生理心理学原理》，莱比锡（1874年）；第6版，第1—3卷，1908—1911年。

Ziehen, Theodor（齐恩），3、64、65、89、129、140、162、176

"认识论的论争。2.舒佩。素朴实在论。"载《心理学和感官生理学杂志》，ⅩⅩⅩⅧ，第91—128页，1903年。

《以生理学和物理学为基础的认识论》，耶拿，1913年。

《论认识论的现状》，威斯巴登，1914年。

图书在版编目(CIP)数据

世界的逻辑构造/(德)卡尔纳普著;陈启伟译.—
北京:商务印书馆,2022(2023.3重印)
(汉译世界学术名著丛书)
ISBN 978-7-100-20800-0

Ⅰ.①世… Ⅱ.①卡…②陈… Ⅲ.①逻辑实证主义
Ⅳ.① B085

中国版本图书馆 CIP 数据核字(2022)第 040513 号

权利保留,侵权必究。

汉译世界学术名著丛书
世界的逻辑构造
〔德〕卡尔纳普 著
陈启伟 译

商 务 印 书 馆 出 版
(北京王府井大街36号 邮政编码100710)
商 务 印 书 馆 发 行
北京市白帆印务有限公司印刷
ISBN 978-7-100-20800-0

2022年5月第1版　　开本 850×1168　1/32
2023年3月北京第2次印刷　印张 13½

定价:66.00元